KB235409

인터넷 매체와 국어교육

인터넷 매체와 국어교육

도서출판 **역락**

소위 지식정보의 시대, 디지털 시대, 인터넷 매체의 시대, 정보통신기술의 활용 시대가 도래하면서, 어느 사이엔가 책과 분필로 교수-학습의 다양한 방법을 고민하는 대신, 다양한 매체의 활용을 국어교육의 현장에 도입하는 방법을 고민하게 되었다. 이런 현상은 교육의 현장 역시 사회 문화의 흐름에 따라 변화하고 새롭게 모색되어야 한다는 점에서 어쩌면 지극히 당연하고 자연스러운 현상이라 할 수 있겠다.

여기에 실린 글들은 이렇게 새롭게 등장한 컴퓨터와 인터넷 매체를 어떻게 국어교육에서 받아들이고 활용해야 할 것인가에 대한 방향과 방법을 고민하면서 쓰여진 것들이다. 21세기의 시작을 두려워하기도 하고 희망하기도 하던 때에 새롭게 부상한 인터넷 매체는 이제 어느 사이엔가 우리의 생활 곳곳에 침투해 있어서 그 매체의 활용이나 등장을 논의하는 것이 진부하게 느껴지기까지 한다. 이러한 느낌이 틀리지 않다는 것은 당장에 이루어지고 있는 국어 수업을 들여다봐도 확인할 수 있다.

새롭고 다양한 국어교육의 방법을 실천해 보고자 하는 선생님들이 국어 수업 시간에 컴퓨터를 구동하고 멀티미디어 자료를 활용하는 것 자체로는 그리 새로워 보이지도 않는 시대가 된 것이다. 이런 현상은 정부와 교육인적자원부 차원에서 적극적으로 시행한 각종 교육정보화 사업과 이를 활용한 수업 자료의 배포, 교육과정 차원에서의 개정, 교과서의 개편 등 국어교육과 관련된 각종 분야에서 인터넷 매체와 정보통신기술 활용을 지원한 것 등에서 기인한 것으로도 볼 수 있다.

　그렇지만 그렇다고 하여 인터넷 매체를 어떻게 국어교육에 효율적으로 활용할 것인가라는 문제를 명쾌하게 혹은 체계적으로 정립한 상태는 아니라고 판단된다. 어떤 것이 효율적인가, 어떻게 하여야 국어교육적으로 바람직한 방향으로 활용할 것인가 등의 문제를 풀어가면서 인터넷 매체를 활용했다기보다는 우선적으로 교육 현장에서 활용하는 것 자체를 목표로 실천이 먼저 이루어진 것이다.

　필자는 이러한 과도기적 시점에서 인터넷 매체의 본질적 특성, 국어교육의 지향점, 인터넷 매체의 효과적이고 바람직한 활용 방법에 대한 나름대로의 방법론을 설계하고 체계화해 보고자 하였다. 그래서 가능하면 국어교육의 본질에 부합하고, 국어교육을 더욱 효율적으로 수행할 수 있는 매체로서 인터넷을 다루었으며, 인터넷 매체의 도입을 통해 달라져야 하는 국어교육의 범주도 함께 고민해 보았다.

　요즘 들어서 갖게 된 고민은, 처음에 인터넷 매체를 국어교육에 도입하게 된 긍정적 측면에서의 배경과 목적이 혹시 왜곡되어 부정적인 방향으로 현장에 적용되고 있는 것은 아닌가 하는 것이다. 국어교육의 내용과 방법으로 인터넷 매체 혹은 정보통신기술이 자리를 잡으면서, 국어교육을 위한 매체의 활용이 아니라 매체의 활용을 위해 국어교육을 끌어다 놓는 기형태까지 나타나는 것 같다. 가능하면 보다 많은 국어 선생님들이 실제 수업의 현장에서 이런 왜곡된 방식에 대해서는 비판적으로 수용하면서, 국어교육에서의 매체 활용이 바람직하게 이루어질 수 있도록 하는 마음을 같이 가질 수 있으면 좋겠다.

　이런 나름대로의 고민들이 완전하게 해결되고 정리되었다고는 할 수 없지만, 앞으로 더욱 폭이 넓어지고, 깊어져야 할 이 분야 논의를 위해 부끄럼을 무릅쓰고 우선 세상에 펼쳐 보인다. 여기에 실린 글들은 인터넷 매체의 속성과 국어교육적 활용에 관련된 이론적 탐구와 실제 국어 수업에서의 구체적 적용 방법에 이르는 광범위한 영역에 걸쳐져 있다. 어떤 경우에는 교실 수업에 아주 가까이 가기도 하고, 어떤 경우에는 국어교육 이론이나 교육과정 차원으로 옮아가기도 하고, 또 어떤 때에는 인터넷 매체가 만드는 사이버 공간 안에서 국어교육을 들여다보기도 하였다.

그래서 그런지 인터넷 매체와 국어교육에 관련된 문제들이 체계적으로 해결되기보다는 세부적인 문제의식에 따라 부분적으로 접근하고 있는 듯한 인상을 준다. 그러나 이 글들이 이 분야의 모든 문제들을 다룰 수 있다거나 해결할 수 있다고 만들어진 것이 아니라, 당면한 문제들을 풀고자 시도한 것에 의미를 두었다는 점을 독자들이 이해하고 읽어 주었으면 한다. 이러한 시도들이 필자 혼자만의 관심이나 노력은 아니라고 믿으면서, 이 기회를 통해 여기에 관심 있으신 많은 분들을 만날 수 있기를 바란다.

컴퓨터라는 매체와 국어교육을 관련짓기 시작한 계기는 인터넷과 컴퓨터를 중심으로 교수-학습 방법을 연구, 실천하는 멀티미디어교육지원센터(현 한국교육학술정보원)에 근무하면서부터이다. 여기서 국어교육과 매체를 함께 고민하며, 실제적인 국어교육의 방법을 만들어보기도 하고 적용한 경험은 다른 곳에서는 얻을 수 없을 귀중한 자산인 것 같다. 이런 경험을 갖게 해 주신 분들, 이곳에 함께 계셨던 분들, 지금 함께 계신 분들과 여기서 만난 선생님들께 감사드린다.

그리고 이러한 실제적인 국어교육을 시도하면서 가지게 된 고민들을 정리할 수 있도록 도움을 주신 분들께 감사드리고 싶다. 인터넷이라는 지극히 현대적인 영역과 고전소설이라는 지극히 고전적인 영역을 자연스럽게 연결지을 수 있도록 가르쳐 주신 김종철 선생님,

매체에 대한 국어교육적 관점을 가질 수 있도록 해 주신 김동환 선생님, 처음으로 국어과 멀티미디어 자료를 개발할 때 큰 도움을 주셨던 박인기 선생님. 이 분야에서 지속적으로 공부할 수 있도록 도움 주신 여러 선생님들께 깊이 감사드린다.

흔쾌히 출판을 허락해 주신 역락 출판사 사장님과 가족들께도 감사드리고 싶다.

2002년 10월
서 유 경

차 례

차 례

차 례

차 례

제 **1** 부

전자교과서-국어교육의 디지털적 구현

① 국어 전자 교과서 개발의 실제와 방향

② 웹에서의 국어교육 설계 방향 연구

③ 국어과 전자 교과서의 개발 방향 연구

국어 전자 교과서 개발의 실제와 방향

1.1 서론

컴퓨터 관련 기술의 발달은 우리를 과거와는 전혀 다른 문화 속에 살게 하고 있다. 이러한 문화적 변화 중에서도 특히 지식을 습득하는 방식의 변화 혹은 지식 자체의 개념 변화는 교육의 방식과 교과서에 대한 접근을 바뀌게 하고 있다. 이는 다름 아닌 '지식 창고로서의 교과서'라는 인식에서 벗어나는 것을 의미한다. 다시 말해 교과서의 개념이 정보 자체를 제시해 주기보다는 정보의 원천을 발굴하고 추적할 수 있도록 길잡이 역할을 수행하는, 일반적인 지식의 나열이 아니라 정보 탐색의 기준과 길을 제시하는 방향키와 같은 것[1]으로 바뀌고 있는 것이다. 이러한 교과서 개념의 변화는 교육의 패러다임 변화와 함께 이루어진 것으로 이 관점에 의하면, 더 이상 교육은 학습자에게 지식을 전수하는 것이 아니라, 학습자로 하여금 지

---

1) 한승희, 「지식혁명 시대를 향한 교과서의 모습」, 『교과서 연구』 32호, 1999. 6월, 한국교과서 연구원. 7쪽

식을 가질 수 있도록 인도하는 것으로 규정된다.

이러한 변화의 주된 원동력은 컴퓨터를 중심으로 한 네트워크의 발달이다.[2] 우리는 더 이상 직접 도서관에 가서 서지를 찾지 않고서도 도서 목록을 얻을 수 있으며, 서점에 가지 않고서도 원하는 책을 검색하여 살 수 있다. 책에서 지식을 얻을 수도 있지만, 수많은 사이트에서 제공되고 있는 정보들을 검색함으로써 좀더 쉽고 편하게 찾고자 하는 내용들을 얻을 수 있다.[3]

본고에서는 이러한 변화의 흐름에서 중요하게 부각되고 있는 전자 교과서에 대하여 개념을 정리하여 보고, 전자 교과서 개발의 실제를 살펴봄으로써 향후 전자 교과서 개발에 대비하여 고려해야 할 점과 전망을 짚어 보고자 한다. 여기서 논의와 검토의 주된 대상은 멀티미디어교육지원센터(현 KERIS 한국교육학술정보원)에서 개발, 보급하고 있는 에듀넷(www.edunet4u.net)의 사이버학습교재가 될 것이다. 물론 '전자 교과서'라는 보다 일반적이고 보편적인 관점에 부응하기 위해서 현재 개발되어 있는 다른 교재들도 검토의 대상 속에 포함하도록 할 것이다.

에듀넷에서 제공하고 있는 전자 교과서인 사이버학습교재는 1997년부터 교육정보화의 일환으로 개발된 사이버학습 시스템으로, 학습자 중심의 자기주도적 및 개별화 학습을 가능하게 하며, 멀티미디어

---

2) 이러한 변화를 이끄는 주된 축은 IT(Information Technology) 혹은 ICT (Information & Communication Technoligy)를 각 교과 교육에 구체적으로 도입하고자 하는 시도라 할 것이다. 이러한 교육의 변화 속에서 구체적으로는 학습의 자료가 인쇄 매체에서 전자 매체로 이동함으로써 새로이 부각되는 문제가 본 논의의 주제인 "전자 교과서 개발"이다. IT적용에 대해서는 「제7차 교육과정 대비 초·중등 정보기술(IT) 활용 교육 강화 방안 연구-1차 보고서」, 한국교육학술정보원, 연구보고 RR 1999-1, 1999. 및 「초·중등 정보통신기술 활용 교육 강화 방안에 대한 공청회」, 한국교육학술정보원, 연구자료 RM 2000-1 참조.

3) 이러한 변화는 전통적 수업과 웹기반 학습으로 대별해 볼 수 있다. 여기에 대해서는 『웹 기반 학습의 설계』(백영균, 양서원, 1999) 참조.

환경의 교수-학습 자료를 중심으로 학교 수업을 대치하는 것이 아닌 보완할 수 있도록 하기 위한 것이다. 특히 사이버학습교재는 온라인 학습 체제로서 다양한 교수-학습 자료를 제공하면서 학습자간의 상호작용이 최대한 증대될 수 있도록 개발된 것이다. 현재 초등학교 3학년부터 중학교 3학년이 사용할 수 있는 국어, 영어, 수학, 사회, 과학 등 5개 교과 학습 내용이 개발되어 제공되고 있다.

　본고에서는 전자 교과서가 무엇이고 어떻게 개발될 수 있는 지를 중심으로 살피고, 활용 측면4)에 대해서는 향후 과제로 남겨두고자 한다.

1.2 전자 교과서의 개념과 종류

1.2.1 전자 교과서의 개념

　그렇다면 전자 교과서란 무엇인가? 전자 교과서를 가장 일반적인 개념으로 정의하자면, '멀티미디어로 만들어진 교수-학습 자료'라고 할 수 있다. '멀티미디어'라는 용어를 한마디로 정의하자면, "영상, 음성, 데이터 등 이질적인 형태의 정보를 디지털 신호라고 하는 단일한 신호처리 방식에 따라 통합적으로 처리하고 전송하고 표시하는 미디어"라고 할 수 있다.5) 이를 교육공학적으로는, 문자정보, 음성

---

4) 전자 교과서를 활용한 수업 모델 및 교수-학습 지도안은 「에듀넷 활용성 제고 방안 연구」(한국교육학술정보원, 연구보고 RR 1999-5) 및 「인터넷을 활용한 교수-학습 지도안 자료집」(한국교육학술정보원, 연구자료 RM 1999-9)에 잘 소개되어 있다.
5) 김영석, 『멀티미디어와 정보사회』, 나남출판, 1999. 44쪽

정보, 영상정보 등을 동시에 다중적으로 제공할 수 있을 뿐만 아니라 상호작용적으로 정보를 검색해 보고 조작해 볼 수 있는 매체나 교수-학습 체제라고 개념화할 수 있다.6)

따라서 전자 교과서라는 개념이 이제까지 없었던 어떤 것이 아니라, 새로이 부각되고 급격히 발전, 적용되고 있는 학습 매체라는 것을 알 수 있다. 예를 들어 멀티미디어라는 개념도, 컴퓨터가 도입, 발달되기 전에는 시청각 자료 정도의 의미로 받아들여졌었지만, 컴퓨터의 보급으로 이제는 컴퓨터를 통해 제공되는 자료라는 좀더 좁은 의미로 사용된다. 이렇게 볼 때 전자 교과서라는 개념 속에는 요즘 통용되고 있는 CD형태의 프로그램이나 온라인 학습 교재 전체가 포함될 수 있다.7)

이러한 멀티미디어 교수-학습체제인 전자 교과서가 인쇄 매체로 통용되는 전통적인 교과서와는 어떻게 다른지를 정리해 보면 아래 표와 같다.

비교 기준	전자 교과서	교과서
자료 유형	생동감 있는 멀티미디어 학습자료	텍스트와 이미지 위주의 인쇄 기반의 학습 자료
자료 변환	학습자의 필요에 따라 능동적인 자료 변환이 용이	자료가 고정되어 변환이 어려움
자료 수집	전자 교과서와 연동되는 다양한 교육 자료 및 DB와의 하이퍼링크를 통해 풍부한 학습 경험 제공	교과서 외의 자료를 찾기 위해서는 많은 시간과 비용이 요구

---

6) 박성익, 「멀티미디어의 "개념, 교육적 기능과 활용 관점, 학습환경 설계원리"에 관한 고찰」 『교육 공학 연구의 최근 동향』, 교육과학사, 1998. 46~49쪽
7) 그러나 이러한 형태의 자료들이 모두 같다고는 할 수 없을 것이다. 이러한 자료들 간의 차이에 대해서는 다음절에서 다루어질 것이다.

전달 방법	컴퓨터를 활용	교사를 통한 전달
다른 교육 자료들과의 관계	교육자료들을 관련된 주제 등에 따라 엮는 기본 구조	개별적인 학습 교재
학습 방법	컴퓨터와 학생간, 교사와 학생간, 학생 상호간, 학생과 관련 단체간 쌍방향 개별 학습 가능	지식 전달 위주인 단방향 학습
수업의 효과	학습자의 능력에 따른 단계별 학습 가능	학습자의 능력에 따른 수업이 어려운 일제 수업

〈표 1〉 인쇄 교과서와 전자 교과서의 비교

위의 표에 정리된 대로 전자 교과서와 인쇄 교과서의 차이는 매체적 측면에서는 전자 교과서가 다양한 자료 활용의 가능성 확대이자 다중적 채널을 가진 멀티미디어 자료라는 것이고, 사용자 측면에서는 상호작용성이 강화된 형태라고 할 수 있다. 수업방식의 측면에서는 일대 다수의 일제식 학습에서 개인의 수준과 선택에 따라 자율적으로 공부할 수 있는 개인학습으로 변화할 수 있도록 하는 학습 매체라는 것을 알 수 있다.

1.2.2 전자 교과서의 종류

다양한 학습 매체 및 교육 자료에 대한 대체적인 분류는 교육공학적 측면에서 이미 잘 정리되어 있는 편이다. 그러나 특히 전자 교과서의 분류는 한국교과서 연구소[8)]에서 시도된 바 있다.

---

8) 곽병선 외, 『전자 교과서 개발 방안 연구(1)』, 한국교과서연구소, 1997. 7~

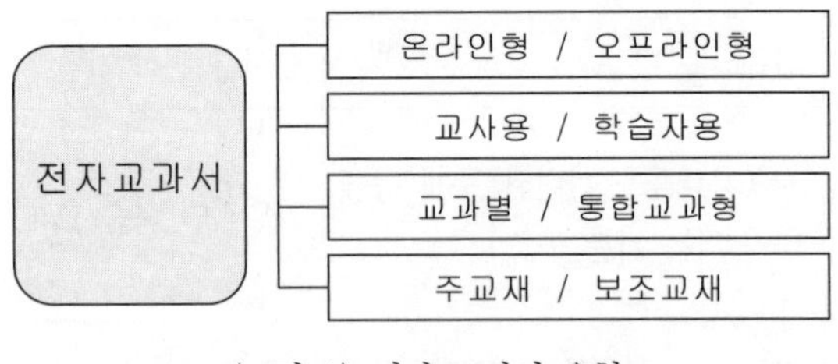

〈그림 1〉 전자 교과서 유형

위에 제시된 전자 교과서의 유형을 각각 대상별, 사용 목적별, 콘텐츠 특성별, 분야별로 체계화할 수 있는데, 이를 도표로 제시하면 아래와 같다. 아래 도표9)에서는 온라인과 오프라인 교재를 구분하지 않고, 전체적으로 '교육용 콘텐츠'로 범주화하여 정리하였다. '콘텐츠'라는 용어는 일반적으로 온라인 특히 인터넷으로 제공되는 정보 전체를 가리키는 말이다.

10쪽

9) 이 표의 분류 내용은 지금까지 개발, 보급되고 있는 교육용 프로그램을 귀납적으로 정리한 것이다. 멀티미디어 데이터에 대한 일반적인 분류는 「국내 공공부문 멀티미디어 데이터베이스 수요 및 진흥방안 연구」(고영만, 한국데이터베이스진흥센터, 1997)에 의해 시도된 바 있다.

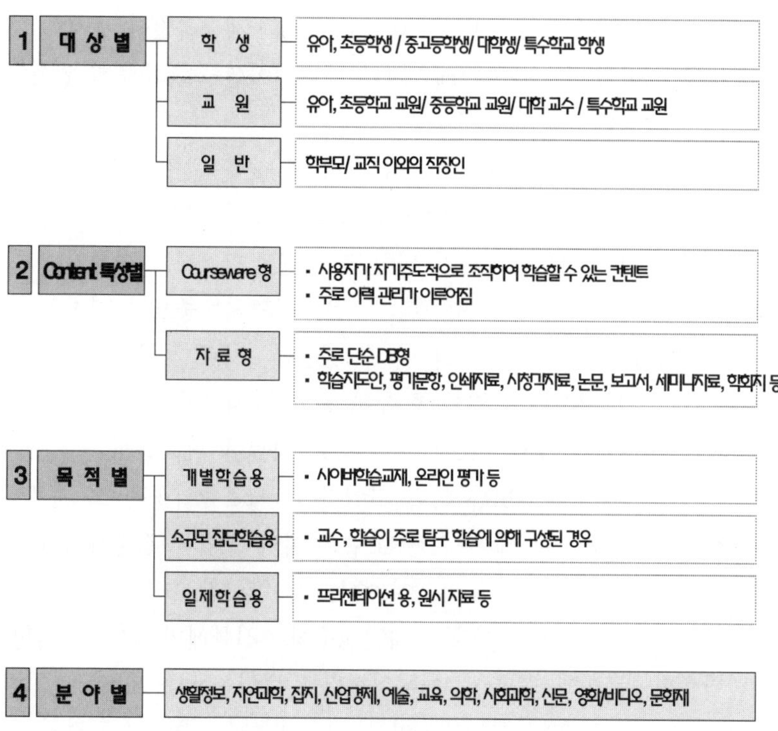

〈그림 2〉 교육용 콘텐츠 분류

위의 표에서 보듯이, 교육용 콘텐츠는 어떤 기준으로 보느냐에 따라 상당히 다른 형태를 띤다. 특히 교육용 프로그램은 사용자의 사용 목적에 적합한 형태로 제작되어야 한다는 점에서 위의 분류 자체가 중요하다기보다는 쓰임에 맞는 프로그램을 제작하기 위한 검토가 필요하다.

전자 교과서를 개발하기에 앞서 우선적으로 고려해야 할 것이 바로 위의 분류 기준으로 제시된 사용자별, 콘텐츠 특성별, 목적별,

분야별 측면에서의 선택이다. 사용자를 선생님으로 상정한다면, 선생님이 수업시간에 잘 쓸 수 있는 형태로 제작하여야 할 것이며, 학생, 그 중에서도 초등학생을 대상으로 한다면 해당 학습내용을 쉽고, 재미있게 공부할 수 있도록 내용을 구성·제작하면서 동시에 초등학생이 좋아할 수 있는 그래픽이나 애니메이션들을 충분히 활용하여야 할 것이다.

또한 사용 목적상, 선생님이 수업 시간에 쓸 콘텐츠라면 코스웨어 형태보다는 자료 제시형으로 초점을 맞추는 것이 적합할 것이고, 초등학생이 개별적으로 공부하기 위한 것이라면 코스웨어 형태가 적합할 것이다. 자료 제시형과 코스웨어형을 구분하는 중요한 기준은 교수—설계의 유무 혹은 방식이라 할 수 있는데, 자료 제시형이 학습의 흐름을 특별히 구성하지 않고 학습에 필요한 자료들을 선별하여 라이브러리 형태로 제작함으로써 해당 학습 자료를 편리하게 선택하여 언제든지 사용할 수 있도록 하는 것이라면, 코스웨어형은 그 자체로 특정한 학습 목표 달성에 필요한 교수—설계의 방법을 결정하여 학습의 진행을 프로그램으로 조정하여 주는 것이라 할 수 있다. 기존의 코스웨어 분류는 반복연습형, 개인교수형, 시뮬레이션형, 게임형, 발견학습형, 문제해결형으로 이루어졌다.10) 이는 보통 CAI로 일컬어지는 교수 매체의 분류인데, 이들 교수 매체는 주로 오프라인 상태로 사용하도록 제작되던 것이다. 인터넷의 발달로 새로이 부각되고 있는 WBI형도 한편으로는 CAI의 한 유형이라 할 수 있는 것으로, 온라인 CAI로 볼 수 있다. 그러나 상호작용의 측면이나 업그레이드의 유용성, 수용할 수 있는 자료의 분량 등의 측면에서 온라인 형태의 자료가 훨씬 뛰어나다고 할 수 있다.

어떤 사용자를 대상으로 하는 어떤 교육 자료를 제작하든지 중요한 것은 제작할 프로그램의 사용 목적과 함께 학습 내용을 설정하는

---

10) 권성호, 『교육공학의 탐구』, 양서원, 1998. 226~235쪽.

일이라 할 수 있다. 기존의 CAI형태로 제작된 프로그램들의 경우, 각 교과별 특성이 제대로 고려되지 않은 채 컴퓨터의 속성에 의지하여 그야말로 프로그램으로만 다루어지던 경우들이 많았는데, 이러한 문제들은 빨리 극복되어야 할 것이다.

1.2.3 전자 교과서 개발 현황 및 문제점

지금 개발, 보급되어 있는 전자 교과서를 살펴보면, 오프라인 형태의 CD와 온라인 형태로 PC통신, 인터넷으로 만들어진 학습 자료가 있다. CD로 나와 있는 전자 교과서들은 기존의 CAI로 통용되던 프로그램과 유사한 모습을 보이고 있다. 이들은 크게 개인학습 프로그램, 문제은행 DB, 수업용으로 쓸 수 있게 만들어진 프리젠테이션용 프로그램, 멀티미디어 자료들을 DB로 만든 것 등이 있다.

그렇지만, 국어 교과 학습과 관련된 기존의 프로그램들은 멀티미디어의 특성을 효과적으로 사용하기보다는 국어 교과서의 내용을 프로그램에 충실하게 옮기는 방향으로 개발된 것이 많아 컴퓨터로 국어 공부를 잘 할 수 있을지 오히려 의문이 들게 한다.[11] 이러한 문

---

11) 물론 목적에 맞게, 적절한 학습 내용으로 잘 만들어진 프로그램도 있지만, 그렇지 못한 프로그램도 있어서 프로그램에 대한 평가가 제대로 이루어지고, 프로그램의 보급에 이 점이 반영되도록 해야 할 것이다. 이러한 목적에서 한국교육학술정보원에서는 품질인증제를 실시하고 있다. 여기서 실시하고 있는 소프트웨어에 대한 품질 인증은 학습 내용, 내용의 전달 방법, 매체의 특성 활용, 학습 효과 등의 부분에서 평가를 하여 인증마크를 부여하는 방식으로 이루어져 있다. 이러한 프로그램에 대한 평가는 앞으로 지속적으로 이루어져서 보다 좋은 프로그램들이 보다 쉽게 공급될 수 있도록 해야 할 것이다.
품질 인증 절차는 다음과 같다.
인증 신청 → 담당자 검토(품질인증담당자는 해당 소프트웨어가 교육용 소프트웨어의 개념 및 범주에 비추어 인증 대상으로서 적합한지 검토) → **인증 접수**(검토 결과 적합한 소프트웨어에 한하여 인증 신청을 접수) → **심의 실시**

제는 프로그램 개발에 참여한 교과 전문가들이 컴퓨터의 기능을 잘 활용할 수 있도록 하는 기술적 바탕이 없어서이기도 하고, 특별한 교과 전문가의 참여 없이 국어 공부는 교과서의 내용과 참고서의 내용을 적당히 배합하면 된다는 오판에서이기도 하다. 어떤 프로그램의 개발에서든 교과 전문가에 의해서만 교육 내용도 제대로 구성될 수 있을 것이므로, 앞으로 이러한 분야의 활발한 개척이 필요하다.

특히 요즘 들어 인터넷에서 제공되는 학습용 콘텐츠들이 급증하고 있다. 그 양상은 다양한데, 주로 선생님들에 의해 개인적으로 제작되어 제공되는 것도 있고, 삼성과 서울대학교가 함께 개발한 인터넷 스쿨(http://uniweb.unitel.co.kr:8083/) 형태도 있으며, 하나넷 (http://home.hananet.net/index.htm) 등에서 제공되는 유료 학습물도 있다. 또한 인터넷이라는 매체를 활용하는 데 중점을 두기보다는 학습 정보의 유통이라는 데 주안점을 두어, 강의식으로 제공하는 학습물(예를 들면 VOD를 활용한 것 : http://www.capstudy.com/, http://www.iebs.net/ 등)도 있다. 앞으로 학습용 콘텐츠들의 유료 보급은 더욱 확산될 것이지만, 교육의 본질적 목적에 입각한 교육 내용의 보급이라는 측면이 아니라, 입시나 내신 성적에 대비하는 일반 사교육의 측면에서 접근하는 경향이 있어서 인터넷에

(해당 소프트웨어의 속성을 고려하여 품질인증 심의위원 POOL에서 3인의 인증위원을 선정하고 심의를 요청. 이때 심의기간은 약 2주간으로 하며, 3인의 심의 결과 적부가 불일치하는 경우 KERIS 품질인증 책임자가 필요에 따라 전문가를 선정하여 재심의) → **결과 통보**(적격 소프트웨어에 한하여 인증서 교부) → **홍보**(목록집을 작성·배포, 에듀넷 탑재)
심의 위원의 범주는 교과 전문가, 교육용 소프트웨어 개발·설계 전문가, 전산 및 컴퓨터 공학 부문의 교수 혹은 연구원, 정규 학교 또는 교육행정기관의 정보화 관련 담당자 등이다.
품질인증에 대한 보다 상세한 사항은 『교육용 소프트웨어 품질인증 체제 운영』(멀티미디어교육지원센터, 사업보고 PR 98-7) 참조. 이 보고서는 한국교육학술정보원(www.keris.or.kr)의 홈페이지의 자료실에서 다운로드 받을 수 있음.

서의 교육을 바른 방향으로 이끌어갈 수 있는 노력이 필요하다.

지금까지 개발되어온 전자 교과서의 공통적인 문제라면, 상호작용성, 평가, 사용자 관리 및 피드백 설계 부분으로 정리할 수 있다. 학습의 진행에 있어서 학습자의 반응을 고려하지 않은 설계라든지, 학습 내용에 대한 평가, 학습자의 학습 내용에 대한 관리는 앞으로 전자 교과서가 활발히 개발되면서 해결되어야 할 과제라 할 것이다.

1.3 국어 전자 교과서 개발의 실제
- 에듀넷 국어 사이버학습교재[12]를 중심으로

이 절에서는 실제 전자 교과서 개발의 사례로 에듀넷 사이버학습교재를 대상으로 하여, 개발의 실제 과정을 소개하고자 한다. 이러한 전자 교과서 개발의 실제적 과정의 공개는 앞으로도 활발히 이루어질 전자 교과서 개발 작업에 참고가 되게 하기 위해서이기도 하고, 특히 점차로 증가하는 인터넷 사용 인구에 힘입어 국가 차원에서 전자 교과서 개발이 조만간 이루어질 것으로 전망되기 때문이다. 물론 에듀넷의 사이버학습교재 역시 교육부 산하 기관인 멀티미디어교육지원센터(현, 한국교육학술정보원)에서 국가 차원으로 개발된 것이긴 하지만, 이 개발 과정에서 전 국민 혹은 전체 초, 중학생이 사용할 것을 전제로 하지는 않았기 때문에, 앞으로 국가 차원에서 제공할 전자 교과서가 개발된다면 새로이 고려해야 할 사항들이 있을 것이다.

---

12) '사이버학습교재'는 에듀넷에서 개발한 전자 교과서의 이름이다.

1.3.1 개발의 방향

에듀넷의 국어 사이버학습교재는 1997과 1998년 2년에 걸쳐 초등학교 3, 4, 5, 6학년과 중학교 1, 2, 3학년에 해당되는 학습 내용으로 개발되었다. 어떻게 보면 매우 짧은 시간에 엄청난 분량의 내용을 개발한 것으로 볼 수 있는데, 무엇보다 이러한 개발이 가능하였던 것은 이미 제6차 교육과정에 기반한 교과서가 개발되어 있었기 때문이기도 할 것이다. 앞서도 지적하였듯이, 어떤 프로그램의 개발에 있어서 주된 사용목적이나 사용자를 결정하는 작업보다도 더욱 중요한 것은 학습 내용을 구성할 내용 체계와 구체적인 활동 내용인데, 에듀넷의 사이버학습교재 개발에 있어서 별도의 내용 구성 작업이 필요하였다면 이렇게 짧은 시간 안에 개발될 수는 없었을 것이다.

에듀넷 사이버학습교재의 개발은 정보화 시대를 맞아 요청되는 '교수-학습 방법 면에서 질적으로 향상된 새로운 접근법으로 구성된 학습 교재, 전자 교과서'의 필요성에서 출발하였다. 이는 당시에 새로운 교육의 이슈로 떠오른 '교육정보화'의 일환이기도 하고, 교육 환경의 변화에 발맞춤과 동시에 교육 환경의 변화를 이끌어 가는 힘을 더하기 위해서이기도 하다.

그러나 국어 교과의 경우, 영어나 수학에 비해 멀티미디어 학습 교재 개발이 그리 활발하지 못한 형편이었고, 국어 교과의 특성상 학습 내용을 멀티미디어화하는 데에 어려움이 없지 않았다. 현재 개발되어 있는 CD 등의 국어 프로그램들도 보조 자료의 풍부함, 학습 방법의 참신성 측면에서 한계를 보이고 있는 것이 사실이다. 이러한 상황은 무엇보다 국어 교과의 특성상 텍스트를 중심으로 한 학습 활동의 구성 때문이기도 할 것이지만, 교육 공학적 접근이 그리 활발하게 이루어지지 않음으로써 인쇄 매체 교과서와 별 다른 특성을 가지지 못했기 때문일 것으로 판단된다. 이러한 교수 학습 자료들은 인쇄 매체 교과서를 보기 좋게 색을 입혀 컴퓨터에서 공부할 수 있게 하는 정도의 의미밖에 지니지 못할 것이다.

국어 사이버학습교재는 인터넷을 기반으로 개인 학습자가 수업을 보완할 수 있는 심화, 보충용 학습 프로그램으로 개발한 것이다. 대상별로는 학습자에 초점이 있는 프로그램이며, 콘텐츠 특성으로는 코스웨어에 속하고, 일제 수업보다는 개별 학습을 할 수 있도록 한 것이다.13)

국어 사이버 학습 교재 개발에 있어서 무엇보다 중요한 고려사항은 학습자였다. 다시 말해 학습자가 국어 교육을 개별적으로 받을 수 있는 체제를 설계하는 것이 주된 개발의 방향이었다. 학습자가

---

13) 에듀넷에서 제공되고 있는 국어, 영어, 수학, 사회, 자연 등 5개 교과 사이버 학습교재의 공통적인 개발 방향을 제시하면 다음과 같다.

  ○초·중·고등학교의 각 교과 내용을 사이버학습교재로 연차적으로 개발하되, 사교육이 많이 이루어지고 있는 교과와 컴퓨터 활용이 활발히 이루어지고 있는 학년을 우선 선정하여 단계적으로 개발한다.
  ○학교 수업을 대치하기보다는 보충 학습으로 활용할 수 있도록 풍부한 학습 기회를 제공하는 자료로 개발한다.
  ○각 교과와 영역 및 내용 등의 특성을 고려하여 인터넷 기반의 다양한 멀티미디어 학습 활동이 구현되도록 개발한다.
  ○모든 학습 내용과 문제를 데이터베이스로 구축하여 학습자 스스로 학습 내용을 검색할 수 있도록 하며, 학습자가 필요로 하는 멀티미디어 학습 환경을 조성하여 보다 적극적으로 학습에 참여할 수 있도록 유도한다.
  ○학습자의 개인 이력을 저장할 수 있는 학습자 관리 데이터베이스를 효율적으로 구축하여 학습자의 다양한 학습활동과 연계시킨다.
  ○게시판 및 대화방 기능을 활용하여 학생과 자원 인사(현장 교사) 간에 상호 의견 교환이 가능하도록 함으로써 학생들이 학습 중에 의문 사항이 있는 경우 직접 교사로부터 도움을 받을 수 있도록 한다.
  ○사이버학습교재를 중심으로 한 다양한 학습 활동 시 각 교과별로 구축되는 각종 지원 데이터베이스를 적극적으로 활용하도록 한다(멀티미디어교육지원센터, 사업보고 PR 98-14 『'98 사이버학습 정보 개발』, 4~5쪽).

인쇄된 교과서로 공부할 때에 가질 수 있는 한계들을 전자교과서 형태에서는 훨씬 효율적으로 보완할 수 있다는 장점을 고려하여, 가능한 한 다양한 학습 자료와 활동들로 구성하고, 참고할 수 있는 자료들을 DB로 구축하였으며, 학교 교육과 같이 정해진 시간에 정해진 분량을 학습하는 방식이 아니라, 항상 어느 때에든지 필요한 내용을 적합한 분량대로 학습할 수 있도록 하였다.

따라서 무엇보다 학습자 개인의 학습 능력에 적합한 속도와 학습 내용, 방법으로 학습할 수 있는 자기주도적 학습 설계와 진행이 필요하였으므로, 학습자가 주체적으로 참여할 수 있는 학습 활동을 중심으로 학습 내용을 구성하고, 학습자 스스로 자신의 학습 활동을 평가할 수 있게 하였다.

학습 내용 및 활동 내용 면에서는 국어 교과의 하위 내용인 말하기, 듣기, 읽기, 쓰기, 언어, 문학의 여섯 영역을 각기 적합한 방식으로 학습할 수 있도록 내용을 설계하였다. 말하기와 듣기 영역의 경우, 실제로 말하기가 이루어진 음성 자료와 동영상 자료를 많이 접할 수 있도록 하였고, 읽기 부분에서는 다양하고 풍부한 자료들을 학습 활동에서 참조할 수 있도록 하였다. 쓰기 부분에서는 학습자가 실제로 쓸 수 있는 공간을 확보하는 데 주력하고, 특히 여러 학습자들이 활동한 결과들을 공유하게 함으로써 상호 평가할 수 있는 시스템으로 설계하였다.

평가 면에서는 국어 교과 특성상 한계가 있을 수밖에 없었다. 아직까지는 단어 단위 정도만을 프로그램으로 평가할 수 있는 상황이고, 문장 단위의 평가가 가능하다 하더라도 있을 수 있는 다양한 답에 대해 피드백을 할 수 있는 방안이 없었으므로14), 학습자의 활동

---

14) 사실 글쓰기 부분에 있어서의 평가의 어려움은 상세하게 설명하지 않아도 쉽게 공감하리라 생각된다. 특히 어떤 생각이나 느낌을 표현하도록 하는 학습 활동에서는 평가 문제가 더욱 난감해질 수밖에 없을 것이다.

결과나 답에 대해 프로그램으로 피드백을 주기보다는 학습자 상호 간, 혹은 학습자의 활동 결과에 대해 직접 선생님이 평가해 줄 수 있는 시스템으로 설계하였다. 그리고 학습자가 학습 결과를 이력으로 저장하여 언제든 확인하고 싶을 때, 자신의 학습 결과물을 볼 수 있도록 하였다.

그 다음 중요하게 고려한 것은 학습자의 수준 문제이다. 학습 내용 측면에서 판단해야 할 적합한 활동의 수준이나 자료의 수준은 제6차 교육과정과 교과서를 기준으로 하였다. 전자 교과서라는 특성을 고려하여 학습자의 연령에 따라 필요한 멀티미디어 자료의 성격을 적합하게 배치하도록 하였다. 예를 들어 저학년일수록 그림이나 애니메이션과 같은 멀티미디어 자료들을 풍부하게 사용하도록 하였고, 고학년으로 올라갈수록 학습 내용, 익혀야 할 기능 중심으로 구성하도록 하였다.

이러한 사이버학습교재의 개발에서 기반으로 한 주요한 교육관은 구성주의이다. 구성주의는 객관적 진리가 학습자의 외부에 존재하기보다는 개인의 경험에 터하여 지식이 구성된다고 본다. 구성주의에서 말하는 의미의 구성이란 개인이 지식을 획득하고 스스로 의미를 부여하는 것뿐만 아니라 학습자와 외적 세계와의 상호작용적 과정으로서의 의미의 구성도 포함한다.[15]

따라서 이러한 구성주의적 교육관에서는 학습자가 능동적으로 학습 내용을 선택하고 학습하는 행위가 중요한 학습의 과정이 된다. 국어 교과의 특성상 특히 이러한 학습자 주체의 능동성은 중요하다. 말하고, 듣고, 읽고, 쓰는 행위 전체가 학습자의 자발적 행위로 이루어진다는 점에서 이러한 학습자의 능동성을 이끌어내는 학습 활동의 구성은 학습의 전반을 결정하는 주요한 요인이라 할 수 있을 것이다.

---

15) 한국교과서연구소, 위의 책, 18~19쪽

국어 사이버학습교재의 개발에서의 주된 방향을 결론적으로 요약하자면, 인터넷에서의 학습이라는 학습 환경의 변화를 고려하고, 국어 교과의 특수성에 입각하여 학습자 중심의 학습이 이루어지도록 한 것이다. WBI에서 일반적으로 언급되는 상호작용성이나 하이퍼텍스트, 멀티미디어 자료의 특성이 국어 교과 내로 들어 올 때에는 다른 교과와는 다른 성질을 지닐 수밖에 없는 것이다.

1.3.2 추진 방법 및 절차

국어 사이버학습교재를 개발할 때 이루어졌던 실제적인 절차를 제시하면 다음과 같다.

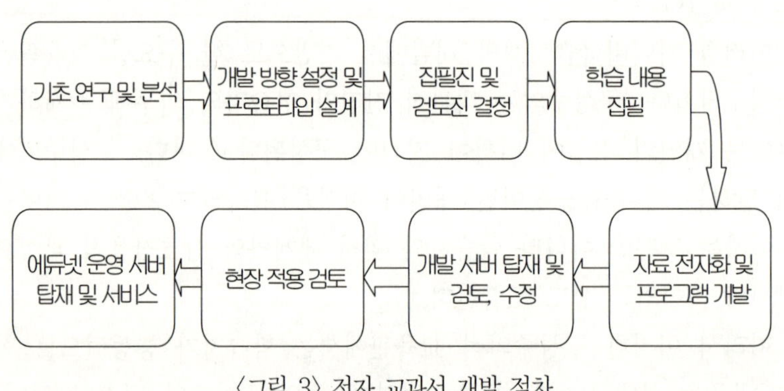

〈그림 3〉 전자 교과서 개발 절차

가. 개발 방향 및 방법의 설정을 위한 분석

국어 사이버학습교재 개발을 위해서 우선 관련 기초 연구들을 섭렵하고, 웹 사이트 및 프로그램을 분석하였다. 1997년 개발 당시에는 웹사이트든 프로그램이든 자료가 별로 없는 상황이어서, 다른 교과의 경우도 같이 살펴보았다. 이러한 기초 작업과 동시에 현장 학교와 에듀넷 사용자들을 대상으로 요구사항을 검토하였으며, 이 단계에서 국어 교과 관련 전문가들과의 협의도 이루어졌다.

나. 개발 방향 설정 및 프로토타입 설계

개발에 관련된 기본적인 방향 설정 이후 실제적인 개발을 위한 프로토타입 설계에 들어갔다. 프로토타입은 일종의 모델 단원과 같은 성격으로 전체 내용 설계를 위해 필수적이라 할 것이다. 전체 학습 내용의 설계가 프로토타입에 의해 결정된다고 해도 과언이 아니다. 국어 사이버학습교재의 프로토타입은 초등학교와 중학교로 나뉘어 설계되었으며, 실제 교과서의 특성상 초등학교의 경우는 말하기, 듣기, 쓰기, 읽기 활동이 통합되는 방식으로, 중학교의 경우는 각 내용 영역의 특성에 따라 말하기/듣기/쓰기, 읽기/문학, 언어의 세 가지로 나누어 설계하였다.

다. 집필진 및 검토진 설정

프로토타입 설계 이후, 실제적인 집필에 들어가기 위해 필요 인력들을 선정하였다. 전자 교과서의 집필을 위해서는 국어 교과 내용에 대한 전문적인 지식도 필요하지만, 교수-학습 설계에 대한 기본 지식도 필요하여 집필진 및 검토진을 구성하는 데 어려움이 있었다.

라. 학습 내용 집필

각 과정의 프로토타입을 기본으로 하여 실제적인 집필에 들어갔다. 사이버학습교재의 집필은 단순하게 내용만 구성하는 것이 아니라, 개별 학습 목표에 적합한 학습 방식까지 결정하여 내용을 구성하여야 하므로, 스토리보드 형태로 집필하도록 하였다.

일차적인 학습내용의 집필 후에, 검토 과정을 거쳐 2차, 3차에 걸친 수정 작업이 이루어졌다.

마. 자료 전자화 및 프로그램 개발

학습 내용 집필이 완료되면, 집필된 내용에 대한 전자화 과정과 프로그래밍 작업이 이루어진다. 전자화는 집필된 내용에 포함되어 있는 다양한 멀티미디어 자료를 제작, 확보하는 과정이며, 프로그래밍은 학습에 필요한 시스템을 설계하고, 구현하는 과정이다. 전자화 과정에서 특히 어려웠던 점은 자료의 저작권 확보였다. 국어과의 경우에는 기초적으로 필요한 텍스트들에 대한 저작권 확보도 큰 문제였고, 음성 자료나 동영상 자료를 모두 제작하기에는 너무 많은 비용이 필요하여 어려움이 컸었다. 국어 사이버학습교재의 전자화와 프로그래밍 작업은 외부 용역 업체에 의뢰하였다.

국어 사이버학습교재의 경우, 학습 내용의 구현에 있어서 웹페이지로 표현하는 문제뿐 아니라, 개인 학습자의 이력을 반영하고, 저장하는 기능이 함께 갖추어져 있어야 했으므로, 전문 프로그래머의 작업이 필요하였다.

바. 개발 서버 탑재 및 검토, 수정

전자화와 프로그래밍 작업이 완료된 후에는, 시범적으로 운영하는 개발 서버에 탑재하여 화면상으로 검토하는 단계에 들어갔다. 이때에 학습 내용의 오류와 함께 화면 진행, 프로그램 진행과 관련된 오류를 검토, 수정하였다.

사. 현장 적용 검토

개발 서버에 탑재된 내용을 검토, 수정한 후, 본격적인 서비스에 앞서 일선 학교 현장에서 어떻게 적용, 활용될 수 있는지에 대한 검토 작업이 이루어졌다.

아. 에듀넷 운영 서버 탑재 및 서비스

이 모든 과정을 거친 후, 에듀넷 운영서버에 탑재하여 서비스에 들어갔다. 본격적인 서비스와 함께 발생하는 오류는 수시로 수정, 보완하는 작업이 이루어졌다.

1.3.3 에듀넷 국어 사이버학습교재의 구성

국어 사이버학습교재는 현행 교과서의 단원을 중심으로 학습할 수 있는 공부방인 〔배움마당〕과 교과서 공부 외에 쓰기 활동, 토론 활동, 문학 작품을 찾아서 읽을 있는 메뉴 등의 각종 지원 DB, 학습 결과를 찾아 볼 수 있는 메뉴, 게시판 등으로 이루어져 있다. 전체 내용 구조도는 아래와 같다.

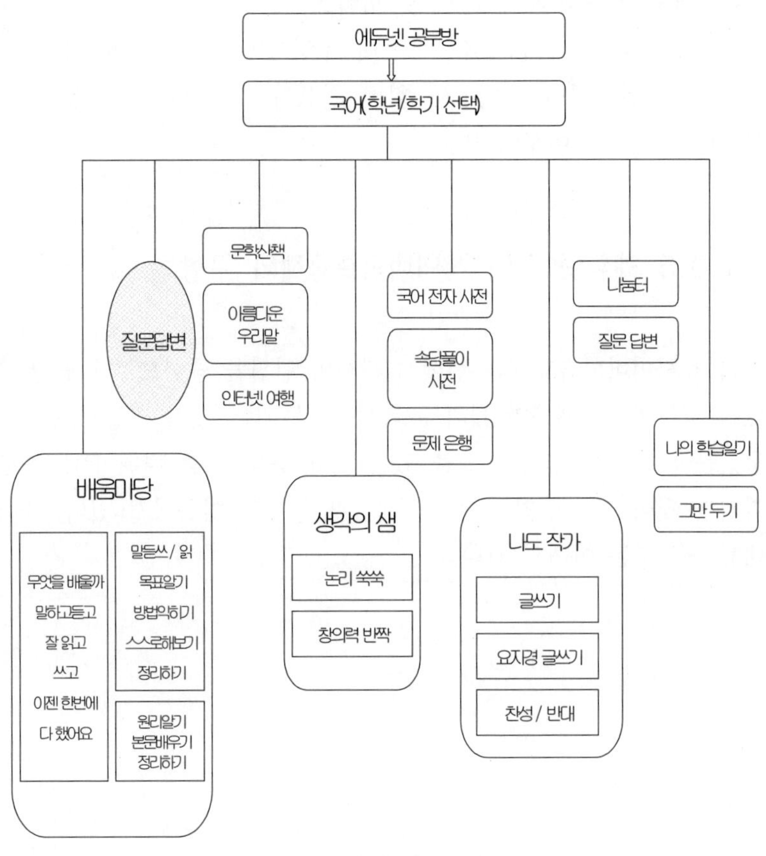

〈그림 4〉 국어 사이버학습교재 전체 구조도

○ 배움마당 : 교과서 내용을 학습할 수 있는 곳이다. 학년에 따라, 학교급에 따라 내용 구성이 조금씩 다르다. 예를 들어 초등학교 3, 4학년은 〔무엇을 배울까〕, 〔말하고 듣고〕, 〔잘 읽고〕, 〔쓰고〕, 〔이젠 한 번에〕, 〔다 했어요〕로 구성되어 있고, 5, 6학년은 크게 〔말하기·듣기·쓰기〕와 〔읽기〕로 양분되어 있고 이 각 영역은 〔목표알기〕,

[방법익히기], [스스로 해보기], [정리하기]로 구성되어 있다. 중학교 1, 2, 3학년의 경우 학년별에 따라 구성 방식이 달라지는 것이 아니라, 학습 영역에 따라 달라진다. 말하기, 듣기, 쓰기 영역의 경우에는 [원리알기], [따라하기], [스스로하기]로, 읽기, 문학의 경우 [원리알기], [본문배우기], [정리하기]로, 언어 영역의 경우 [원리알기], [자세히 알기], [응용하기]로 구성되어 있다.

○ 나도 작가 : 다양한 글쓰기를 할 수 있는 곳이다. 이 메뉴에서는 교과서에서의 쓰기와는 관련 없이, 자유롭게 글쓰기를 하고, 양식별 글쓰기에 대해 배울 수도 있다. 다양한 양식의 글쓰기를 배울 수 있는 [글쓰기]와 반짝이는 아이디어로 표현할 수 있는 [요지경 글쓰기], 여러 가지 주제로 주장과 반론을 펼 수 있는 [찬성/반대]로 구성되어 있다.

○ 문학산책 : 각종 문학 작품을 검색하여 볼 수 있는 곳이다. 작품의 개요와 간단한 해설이 같이 제공된다.

○ 생각의 샘 : 창의적이고 자유로운 생각을 할 수 있는 [창의력 반짝], 논리적인 생각을 키울 수 있는 [논리 쑥쑥]으로 이루어져 있다.

○ 아름다운 우리말 : 우리말 어원에 대한 소개를 주로 다루고 있다.

○ 국어 전자 사전 : 초등용 5000여 단어와 중학생용 20000여 단어에 대한 사전을 제공하고 있다.

○ 속담풀이사전 : 400여 속담에 대한 풀이와 만화와 함께 예시가 제공된다.

○ 나눔터 : 게시판으로 사용자들이 의견을 올리는 곳이다.

○ 질문답변 : 학습 도중 생기는 질문들을 올리고 답변을 받을 수

있다.

○ 인터넷 여행 : 국어 공부와 관련되는 여러 사이트들을 링크한 메뉴
   이다.

○ 문제은행 : 학습지 형태로 문제를 풀 수 있는 곳이다.

○ 나의 학습일기 : 자신이 학습한 활동 결과들이 저장되는 곳이다.

1.4 국어 전자 교과서 개발시 고려 사항

이제까지 전자 교과서의 개념과 종류, 전자 교과서 개발의 현황을
짚어 보고, 멀티미디어교육지원센터(현 한국교육학술정보원)에서 개
발한 에듀넷 국어 사이버학습교재의 실제적인 개발 절차, 내용을 살
펴보았다. 에듀넷의 국어 사이버학습교재 개발은 개발 분량에 비해
짧은 개발 시간, 기초 연구의 부족, 제공되는 환경에 대한 고려 부
족, 내용 전문가와 프로그램 개발자간의 연계 부족, 학습 내용의 구
성에 대한 적절성 검토 불충분 등의 문제가 있었던 것으로 분석된
다. 이러한 문제는 계속적인 개발로 이어지면서 보완될 수 있을 것
이다.

앞 절에서 검토한 에듀넷의 사이버학습교재나 지금 다른 사이트에
서 개발, 보급하고 있는 학습 내용들은 모두 전자교과서의 한 모델
이라고 할 수 있다. 이 중에서 어떤 것을 절대적으로 잘 구성되어
있다고 판단하기보다는, 여러 가지 전자 교과서의 형태가 갖고 있는
장단점을 분석하고 각 모델이 가진 장점을 수렴, 활용하여 앞으로
훨씬 나은 전자 교과서가 개발될 수 있도록 해야 할 것이다.

이제 앞으로 이루어질 전자 교과서 개발에서 고려해야 할 점을 점
검함으로써 본 논의를 마무리하고자 한다.

1.4.1 개발 방향 설정 측면

　어떠한 교과서 개발에서든 개발 초기에 수립하는 전체적인 방향설정은 교과서 개발 전체의 성패를 가늠하는 중요한 요인이 될 수 있다. 실제 전자 교과서 개발에서 결정해야 할 가장 중요한 문제는 매체에 대한 태도와 방법일 것이다. 인터넷 혹은 CD라는 매체에 종속되어서도 안되며, 이때까지 만들어지던 교과서 형태에 얽매여서도 안될 것이다. 매체를 중시하게 되면, 국어 교육의 특수성을 살리지 못하고, 교육의 내용은 없고 방법만이 존재하는 교과서가 될 것이며, 지금까지의 교과서와 같은 형태를 고집한다면 매체를 도입하고자 하는 의미가 상실될 것이다. 특히 매체의 특성을 교육에 어떻게 활용할 것인가에 대한 합의는 전체 개발 방향을 결정하는 주요한 요인이 될 것이다. 예를 들어 웹을 바탕으로 하는 전자 교과서를 개발한다고 할 때, 그때의 교육 매체로서의 "웹"은 일반적으로 사용되는 네트워크 매체로서의 "웹"과는 다른 관점에서 접근할 필요가 있다. 다시 말해 일반적인 정보를 제공하는 인터넷 사이트와 학생들이 교육을 받을 수 있도록 설계된 인터넷 사이트는 엄연히 변별성을 지녀야 한다. 국어교육의 매체로서 적합한 형태가 어떤 것인가에 대한 연구와 판단이 우선적으로 이루어져야 한다.

　이런 의미에서 무엇보다 국어 전자 교과서 개발을 위해 교육 과정에 설정된 교육 목표를 달성할 수 있는 내용 체계 및 요소 분석이 적절하게 이루어져야 한다. 특히 웹이라는 매체를 통해 구현될 수 있는 국어 교육적 요소가 무엇인지 밝혀져야 할 것이다.

　또한 개발의 시작 단계에서 사용 목적을 분명히 할 필요가 있다. 앞에서도 살폈듯이, 개발할 국어 전자 교과서의 쓰임이 교과의 본 학습용인지, 보조 학습자료인지, 수업용인지 개인학습용인지에 대한 고려는 필수적이라 할 것이다. 이는 글자 크기에서부터, 그림 크기와 종류, 화면 구성 방법, 학습 전개 과정 등을 결정하는 중요한 기준이 된다. 좀더 세부적으로는 국어 학습 요소에 맞는 적합한 교수 설계의 방향까지도 설정해야 할 것이다.

1.4.2 학습 내용의 설계 측면

내용 설계 측면에서는 수준별 학습에 대한 지원 시스템, 상호 작용성 강화, 사용자의 학습에 대한 평가 및 관리 문제, 자료의 저작권 확보 문제, 학습자의 학습 방법 결정 문제, 정보 검색에 대한 다양한 지원 문제 등이 고려되어야 한다.

수준별 학습에 대한 지원은 제7차 교육과정의 실시와 함께 더욱 중요한 문제로 부각되고 있다. 특히 국어 학습의 설계에서 학습의 수준과 수준에 따라 어떻게 학습할 수 있을지를 결정하는 것이 중요할 것이다. 다양한 자료를 연결해 주는 데에 초점을 맞출 수도 있고, 국어 능력에 따라 수준별 학습을 할 수 있도록 프로그래밍을 할 수도 있으며, 국어 학습 도중 인터넷의 다양한 자료를 링크하여 줄 수 있는 장치를 설계할 수도 있다.

상호작용성 강화의 문제는 새로운 매체의 교과서가 가지는 효과와 관련되므로, 어떤 교과의 전자 교과서 개발에서든 중요한 문제일 수 있다. 상호 작용성은 크게 멀티미디어 자료와 사용자간의 상호작용 ─피드백, 인터페이스, 멀티미디어 효과 등─ 측면과 사용자와 사용자 간의 상호작용 측면으로 나누어 생각할 수 있다. 특히 온라인, 인터넷과 같은 네트워크 기반의 전자 교과서라면 학습의 진행 중에 사용자간의 상호작용성이 효율적으로 반영될 수 있는 시스템으로 설계해야 할 것이다. 특히 인터넷에서의 소통이 글쓰기의 형태로 이루어진다는 점을 고려한다면 국어 교육과 더욱 밀접한 관련이 있음을 알 수 있다.

이러한 상호작용성의 문제는 평가 부분과도 연관된다. 국어 교육과 같이 학습의 결과에 대한 평가가 객관식보다는 주관식 형태로 이루어지는 부분이 많은 경우 프로그램에 의지한 방식은 효율적이지 못하다. 학습을 설계하면서, 프로그램으로 지원할 수 있는 평가와 반드시 사람의 인식을 거쳐야 하는 평가를 분리하여 지원할 수 있는 방법을 모색하는 것이 바람직할 것이다. 에듀넷과 같이 사용자간에 학습의 결과물을 공유함으로써 상호 평가할 수 있는 시스템을 구축할 수도 있지만, 여기에도 문제는 있다. 학습자의 학습 결과가 방치될 우려가 있으며, 상당한 운영 인력이 투입되어야 하고, 이를 모두 관리할 수 있는 시스템과 서버 지원이 필요한 것이다.

또한 제7차 교육과정의 적용과 함께 더욱 강화되는 수행 평가를 고려하여, 국어 전자 교과서 개발에서 보다 많은 자료를 사용자가 원하는 만큼 참고로 할 수 있도록 설계해야할 것이다. 또한 국어 교과의 내용 영역 중에서도 멀티미디어로 지원될 때 더욱 큰 효과를 거둘 수 있는 요소들을 추출하여 우선적으로 전자화하고, 국어 교육 내용 요소 전체를 전자 교과서로 개발할 것인지, 특정 요소를 중심으로 하여 개발할 것인지도 결정되어야 할 것이다.

1.4.3 사용자 측면

전자 교과서 개발에서 사용자 측면을 고려하는 것은 전자 교과서가 개발되어 사용될 때의 활용성에 직접적인 영향을 끼치므로 중요하다. 사용자의 환경이 어떠할지를 미리 예측하고, 어떤 환경에서 사용할 수 있는지에 대한 범위를 설정해야, 실제로 전자 교과서가 활용될 때에 제한되는 사용자를 줄이고, 보다 쉽게 많은 사람들이 사용할 수 있을 것이기 때문이다.

사용의 환경 측면에서 구체적으로는 사용자의 컴퓨터 사양이 어디까지 갖춰져야 할지를 결정하고, 사용할 때 필요한 보조 프로그램의 종류가 어떤 것인지, 어떤 방식으로 제공될 수 있는지도 고려해야 한다. 내용 구현을 위해 사용된 프로그램이 일반적으로 사용되지 않는 것이라면 보급 방안을 함께 강구해야 하며, 이러한 프로그램 사용의 제한을 최소화하기 위해서는 국내적 혹은 국제적 표준에 따라 개발하는 것이 바람직할 것이다. 이러한 결정 사항에 따라 CD로 개발할 것인지, 인터넷 자료로 개발할 것인지도 결정될 것이다. 인터넷을 매체로 할 경우에는 사용할 때의 속도, 동시 사용자 수 등도 함께 고려해야 한다.

이러한 사용자 환경 측면에서의 결정 사항은 학습 내용을 구성, 제작할 때부터 반영하여 개발 단계에서부터 사용 단계에 이르기까지 일관된 방향으로 진행되도록 해야 할 것이다.

1.4.4 내용 구현 측면

한편, 실제 개발 단계에서 고려하지 않을 수 없는 것은 내용 구현의 문제이다. 얼마나 유능한 프로그래머가 개발한 것이냐, 어떤 디자이너가 기획, 자료화한 것인가의 문제는 실제 사용자에게 학습 내용보다 먼저 주어질 화면에 대한 첫 인상을 결정한다는 점에서 중요하다. 콘텐츠가 가진 질적인 문제는 쉽게 그리고 객관적으로 평가하기는 어렵지만, 같은 내용을 달리 구현하였을 때 어느 것이 더 유용한가를 결정하는 중요한 부분이라는 점에 유의해야할 것이다.

쉬운 예로 현재 인쇄 교과서에도 삽화가 얼마나 중요한 지를 들 수 있다. 같은 내용의 그림이라도 어떤 독자를 위한, 어떤 분위기의 어느 수준의 그림인가에 따라 국어 공부를 하는 학습자에게 줄 효과는 엄청나게 다를 것이다. 특히 움직이는 영상 자료나 학습자와 상호작용 활동을 할 학습 자료에서 학습 내용을 얼마나 잘 구현하였는가 하는 문제는 특히 중요하다.

이렇게 사용자에게 보여지는 부분과 함께 고려해야 할 것이 사용의 편리성이다. 메뉴간 이동이라든지, 속도문제라든지, 필요한 프로그램의 지원 등에 대한 지침을 결정한 상태에서 개발이 이루어져야 할 것이다.

여기에서 특히 주의할 것은 구현 가능성에 대한 검토이다. 프로그램으로 지원될 수 있는 것이 어디까지인지, 어떻게 사용될 것인지, 효과는 어떨 것인지에 대한 철저한 점검이 있어야 한다. 개발의 수월성을 위해서는 집필자와 프로그램 개발자간의 계속적인 협의가 있어야 할 것이다.

이 모든 사항을 고려한 전자 교과서의 개발은 사실 매우 힘든 것이 사실이다. 그렇지만 한편으로 이러한 교과서 체제가 가져다 줄 교육적 효과를 생각하면, 인쇄 매체로는 지원하기 힘든 부분들을 잘 보완해 줄 것이라는 점에서 의미가 있다. 특히 국어 교과와 같이 다양한 자료에 대한 제공이 절실한 교과에서 CD나 인터넷 매체가 가진 하이퍼 텍스트, 하이퍼 미디어 특성은 긍정적인 면에서 기여하리라 본다. 또한 이러한 매체의 멀티미디어 자료에 대한 수용 가능성은 어떠한 종류의 읽기, 보기 자료도 통합하여 제공할 수 있다는 점에서 효과가 클 것이다.

또한 컴퓨터, 멀티미디어 교재의 특징인 하이퍼 미디어, 쌍방향성은 학습자의 능동성, 주체성, 자기 주도성을 필요로 하는 체제이고, 이러한 체제는 정보화 시대의 학습 주체의 개념, 교육에서 이상적으로 생각하는 학습자 개념을 상정하고 있다. 이는 개인별 학습을 가능하게 하는 시스템이며, 각 학습자에 따라 교수-설계를 통해 학습을 조정할 수 있게 할 수 있다는 점에서 보다 나아간 형태의 교과서라 할 것이다.16) 이러한 개념의 개인의 자기주도적 학습을 지원하는 국어 전자 교과서는 교육의 이상에 가까울 것이다. 그러나 이것이 실현된다면 보다 평등한 교육, 개인의 수준을 고려한 교육, 풍부한 자료가 지원되는 교육이 실현될 수 있을 것이다.

이렇게 볼 때, 개인학습형이 아닌 학교에서의 수업을 상정한 전자 교과서의 개념은 한시적이고, 제한적이며, 과도기적인 체제에 불과할 것으로 보인다. 그러나 "교과서"가 가져야 할 보편성과 현재 멀티미디어 사용 환경을 고려할 때 이 단계는 아직 필요하고 중요한 형태이기도 하다. 완전한 혹은 최고 수준의 개인용 전자 교과서의 구현은 사용자를 제한하는 문제가 생길 것이기 때문이다.

이제까지 제시한 고려사항이 반영되어 앞으로 이루어질 보다 보편적이고 효율적인 학습 교재로서의 국어 전자교과서 개발이 기대된다. 어떤 형태의 전자 교과서 개발에서든지 우리가 잊지 말아야 할 것은 국어 교육의 본질이며 목표일 것이다. 전자 기술과 교육의 내용이 효율적으로 통합될 수 있는 방향에 대한 끊임없는 검토와 연구가 계속되어 이러한 작업에 뒷받침이 될 수 있어야 할 것이다.

---

16) 이에 따라 교사의 역할이 새로이 규정되기도 한다. 이에 대한 개론적 설명은 백영균, 위의 책, 318~328쪽 참조.

참고 문헌

고영만(1997), 「국내 공공부문 멀티미디어 데이터베이스 수요 및 진흥
        방안 연구」, 한국데이터베이스진흥센터.
곽병선 외(1997),『전자 교과서 개발 방안 연구(1)』,
        한국교과서연구소.
교육부(1999), 「교육용 소프트웨어 개발·보급·활용 효율화 방안에
        관한 연구」, 교육정책연구 99-일-6.
권성호(1998),『교육공학의 탐구』, 양서원.
김대행(1998), 「국어교육과 미디어 교육」,『다매체 시대의 국어교육』,
        98한국국어교육연구회 봄 학술대회 발표 자료.
김영석(1999),『멀티미디어와 정보사회』, 나남출판.
멀티미디어교육지원센터(1998),『'98 사이버학습 정보 개발』,
        사업보고 PR 98-14.
멀티미디어교육지원센터(1998),『교육용 소프트웨어 품질인증 체제 운영』,
        사업보고 PR 98-7.
박성익(1998), 「멀티미디어의 "개념, 교육적 기능과 활용 관점,
        학습환경 설계원리"에 관한 고찰」,
        『교육 공학 연구의 최근 동향』, 교육과학사.
백영균(1999),『웹 기반 학습의 설계』, 양서원.
서 혁(1999), 「국어교육 정보화의 실태와 문제점」,
        『국어교육학연구』제9집, 국어교육학회
최영환(1998), 「매체의 변화와 언어기능 교육의 역동화」,
        『다매체 시대의 국어교육』,
        98한국국어교육연구회 봄 학술대회 발표 자료.
폴 길스터, 김정래 역(1999),『디지털 리터러시』, 해냄.
한국교육학술정보원(1999), 「에듀넷 활용성 제고 방안 연구」,
        연구보고 RR 1999-5.
한국교육학술정보원(1999), 「인터넷을 활용한 교수-학습 지도안 자료집」,
        연구자료 RM 1999-9.

한국교육학술정보원(1999), 「제7차 교육과정 대비 초·중등 정보기술
(IT) 활용 교육 강화 방안 연구-1차 보고서」,
연구보고 RR 1999-1.
한국교육학술정보원(2000), 「초·중등 정보통신기술 활용 교육 강화
방안에 대한 공청회」, 연구자료 RM 2000-1.
한숭희(1999), 「지식혁명 시대를 향한 교과서의 모습」,
『교과서 연구』 32호, 한국교과서 연구원.
Brent G.Wilson(1996), Constructivist Learning Environments,
Educational Technology publications, Ins.
Karen Littleton and Paul Light(1999), Learning with Computers,
routledge.

참고 사이트

에듀넷	http://www.edunet4u.net/
유니텔	http://uniweb.unitel.co.kr:8083/
하나로 통신	http://home.hananet.net/index.htm/
캡스터디	http://www.capstudy.com/
인터넷 교육방송국	http://www.iebs.net/
에듀 박스	http://www.edubox.com/
아이큐 뱅크	http://iqbank.net/
이상현의 국어책에 없는 국어 이야기	http://edu.nuguna.com/main.html
디그	http://www.dig.co.kr/
웹 클래스	http://www.ebsnet.net/

웹*에서의 국어교육 설계 방향 연구

2.1 서론

정보 전자 산업이 발달하면서, 이제 문화 전반적으로 매체가 문제
되는 시대가 되었다. 다양한 매체들이 우리의 삶 속에 들어오고, 소

---

* world wide web을 줄여서 웹(web)이라고 한다. 웹은 멀티미디어 매체를 활
용한 하이퍼미디어 환경을 제공하는 일종의 인터넷 서비스이다. 웹은 정보를 검
색하고, 검색된 정보를 획득하고, 이를 재구성하여 타인에게 정보를 제공하기도
하는 종합적인 기능을 제공한다(백영균, 『웹 기반 학습의 설계』, 양서원, 1999.
70쪽). '인터넷'은 간단히 말해 지역별 혹은 단체별로 운영되는 지역 네트워크
망(LAN)을 거대한 네트워크간의 자유로운 정보 교환을 가능하게 한 이른바
"네트워크의 네트워크'라 할 수 있다. 이것은 TCP/IP라고 하는 공통된 통신규
약을 사용하여 서로 연결해 줌으로써 가능하게 된 것으로, 인터넷을 제공되는
정보는 그 유형에 따라서 텔넷 등의 원격자료 접속, 전자메일, 뉴스그룹, 파일
전송(FTP : File Transfer Protocol) 그리고 월드 와이드 웹 등으로 구분할
수 있다.(김영석, 『멀티미디어와 정보 사회』, 나남출판, 1997. 144~148쪽)
따라서 웹은 인터넷의 다양한 정보 유형 중의 하나라고 할 수 있지만, 웹은 인
터넷 서비스의 대표격으로 자리잡음으로써 보통 인터넷과 웹은 비슷한 범주로 이해
된다.

통의 방식도 사람과 사람이 만나는 직접적인 방식에서 매체를 통한 간접적 방식이 강화되는 방향으로 변화하고 있다. 이러한 변화들은 인간의 의식과 삶 전체에 영향을 준다는 점에서 중요하다. 또한 이러한 변화들은 이제까지 문명발달사에서와 마찬가지로, 인간의 의지로 제어할 수 있는 성질의 것이 아니라는 점에서 문제적이기도 하다. 이제는 오히려 우리 스스로 거꾸로 변화된 소통방식과 문화에 적응하기 위해 노력하고, 무의식적으로 이미 변화에 순응해 있는 모습들을 보게 된다.

현재 우리의 삶에 개입하고 매체들은 무수히 많다. TV, 신문, 광고, 만화, 애니메이션, 컴퓨터, 통신 등 이제는 이러한 매체들 없이는 생활이 이루어지지 않을 것처럼 여겨질 정도로 많은 매체들이 우리의 삶 깊숙이 뿌리내리고 있는 것이다. 이러한 매체들 중에서도 여기서는 특히 네트워크, 그 중에서도 소위 웹이라 불리는 가상 공간에서의 교육 및 학습을 설계해 보고자 한다.

정보 통신 기술의 초기 단계에서 활성화되던 PC통신도 이제 보편화된 소통 도구가 되었으며, 훨씬 진보된 기술인 인터넷도 엄청난 속도로 보급되고 이용되고 있다.[17) 이러한 현상에 대해 초기에는 인문학적 견지에서 비판과 우려의 목소리들이 있었다. 그러나 이미 이러한 현상은 비판이나 우려로 제어할 수 있는 단계는 아닌 것 같다. 보편화되고 있는 가상 공간에서의 모든 종류의 소통을 어떤 철학적 입장이나 효과에 대한 불안으로 막을 수 있는 것은 아니기 때문이다. 이미 웹이라는 가상 공간은 거의 사회, 문화 전반 부분으로 확대되고 있다. 지금은 웹과 같은 매체가 실제적인 국어 교육에서 어떤 효과를 가져올 수 있는가를 고민하고, 새로운 소통 체계를 활

---

17) 최근 우리 나라에서 인터넷 이용자가 무려 천만 명에 이른다는 통계적 수치가 이를 잘 드러낸다. 이러한 현상은 우리가 갖고 있는 거의 모든 사회, 문화적 소통이 인터넷이라는 가상 공간으로 옮겨지고 있는 것을 나타내는 것이기도 하다.

용함으로써 어떻게 나아가야 할지를 탐구할 때이다.

그렇다면 웹에서의 국어교육은 어떻게 이루어질 수 있으며, 어떻게 나아가야 할 것인가?

최근 들어 웹을 통하여 국어 교육을 시도하는 사례가 상당히 늘어나고 있는 실정이다. 특히 교육 사업의 측면에서 더욱 활성화되고 있다. 문제는 웹상에서 정보를 처리하는 기술적 발달에도 불구하고 여전히 국어과 관련 내용들은 인쇄매체와 마찬가지 방식을 시도하고 있다는 것이고, 학습자를 수동적으로 설정하여 웹의 쌍방향적 특성을 활용하지 못한 채 일방적으로 내용을 전달하는 데에만 열중하고 있다는 점에 있다.[18] 이러한 현상은 웹에서의 국어교육을 근본적으로 그리고 체계적으로 설계할 필요를 제기한다.[19]

또 한편으로 웹을 이용한 학습 교재의 설계, 제작과는 별도로 이의 국어교육적 가능성과 설계 방향, 활용 방안은 모색되어야 할 필요가 있다. 이는 웹이라는 매체가 국어교육에서 학습 내용의 변화를 일으킨다는 현상적 측면과 관계될 뿐만 아니라, 그 이면의 소통 구

---

18) 물론 이러한 경향은 국어 교과가 가지는 특수성에서 비롯된 것일 수도 있다. 말하자면, 텍스트를 기반하여 이루어지는 국어 교과의 특성으로 말미암아 웹에서도 텍스트를 중심으로 한다는 것이다. 그러나 이러한 특성에도 불구하고, 웹을 활용하여 다양한 접근이 가능함에도 불구하고 구태의연한 방식만 사용하고 있다는 것은 여전히 문제이다. 물론 이는 데이터베이스 시스템을 활용한 문제 추출 제공과 같은 경우는 다르다. 이런 경우는 웹에서의 실제적인 학습을 의도한다기보다는 다양하고 풍부한 문항들을 갖추어 놓고 원하는 문항들을 검색할 수 있게 한 시스템이므로 오히려 적합하게 활용되었다고 할 수 있을 것이다.

19) 이러한 문제 의식에는 기존의 웹을 활용한 국어교육 자료가 별로 없을 뿐만 아니라, 있다 하더라도 국어교육적 견지에서라기보다는 교육공학 일반의 측면에서 적용된 자료들이 횡행하고 있다는 사실도 포함되어 있다. 전공의 문제를 떠나, 이러한 접근의 문제는 국어교육의 목표를 설정하는 것에서부터, 국어교육의 목표를 달성하는 방법의 구체성에 이르기까지 과연 "국어교육인가?"하는 근본적인 물음을 가져올 수 있고, 이미 제작되어 유포된 자료들은 오류를 포함한 채 사용된다는 데에 있다.

조와 관련되기 때문이다. 다시 말해 지금의 교과서라는 인쇄매체 대신 웹이 자리를 잡는 것에 그치는 것이 아니라, 모든 교수-학습 과정이 달라질 수 있는 것이다. 이런 맥락에서 일반적인 범주로서의 웹이라는 매체와, 웹이 교수-학습의 과정에 들어왔을 때의 매체적 특성은 달리 다루어져야 할 필요가 있다. 즉 학습 대상이자 학습의 보조 자료로서의 웹은 우리가 일상생활에서 접하는 일반적인 소통 도구로서의 웹 혹은 문화적 매체로서의 웹과는 구별되어야 한다.

따라서 본고에서는 구체적으로 에듀넷의 사이버학습교재[20]의 설계와 활용을 분석하고, 이에 따라 앞으로의 국어교육 설계 방향을 모색해 보고자 한다. 이는 이제까지 웹을 단순한 도구적 차원에서 '활용'[21]하고자 한 시도들에서 나아가, 본질적으로 국어교육에서 문

---

20) 사이버학습교재는 97~98년에 걸쳐 개발된 것으로 현재 초등학교 3, 4, 5, 6학년과 중학교 1, 2, 3학년에 해당되는 교과 학습 내용을 중심으로 구성되어 있다. 본고에서 이를 대상으로 설정한 것은 정부 차원에서 교육 정보화운동을 실시하면서 시도된 공식적 학습 교재라는 의미에서이고, 학습의 내용 측면에서 현재의 교과서 내용을 중심으로 하면서도 웹이라는 특성을 고려하여 국어교육적으로 변형되었다고 판단되는 성격을 많이 지니고 있다는 점에서이다.
본고에서 중심적으로 분석할 내용은 국어과의 학습 내용을 어떤 식으로 구조화하고 있는가이다. 여기에는 학습 내용과 학습자, 교수-학습 상황 모두가 관련된다. 특히 학습 내용 면에서 이 교재가 어떤 특성을 보이는가 하는 것은 앞으로 국어교육에서 웹이라는 매체를 문제삼을 때에 시사받을 수 있는 의미 있는 지점들을 보여주리라 기대된다.
21) 이는 제7차 국어과 교육과정 중 고등학교 작문 과목의 한 항목에서 단적으로 문제삼을 수 있다. 내용 항목의 작문의 실제라는 부분을 보면, '정보화사회의 글쓰기'라는 부분에 1)보고서, 계획, 공문서 등 직업 세계에 필요한 글을 쓴다, 2)여러 가지 상황을 상정하여 협동 작문 연습을 한다, 3)여러 가지 상황을 상정하여 전자 작문 연습을 한다라고 제시되어 있다. 사실 '정보화 사회의 글쓰기'라는 다소 거창한 내용 항목의 하위 요소는 워드 프로세서라는 프로그램이나 기계를 사용하는 측면과 실제적으로 쓰일 수 있는 양식을 써 보는 측면 등으로 지나치게 협소하게 설정되어 있다. 현재 글쓰기만 하더라도 웹 혹은 정보화 사회라는 측면과 관련하여 문제가 되는 부분은 우리 삶에서 통용되는 정보의 형태와 사용 방식 전반이 변화하고 있어서, 여기에 대처를 해야한

제가 되거나 의미 있는 부분들을 찾아내고, 학습자, 교사, 국어교과라는 학습 내용 측면에서 보다 체계적인 접근을 시도하기 위함이다.22)

2.1.1 웹의 매체적 특성

웹에서의 국어교육을 설계하기 위해 일차적으로 점검해야 할 것은 웹이 가진 매체적 특성이다. 어떻게 보면, 이 부분은 정보통신기술의 발달에 따라 달라질 수도 있는 것이겠지만, 웹이 갖고 있는 본질적인 특성은 변하지 않을 것이라는 전제에서 일단 살펴보기로 한다. 그런데 여기서 '매체'에 대한 범주를 설정할 필요가 있을 것 같다. '매체 교육'이라는 이름으로 접근할 때에 각기 다른 측면에서 다른 방법과 활용을 상정하고 있는 것이 사실이다. 한편으로는 매체라는 용어가 함축하고 있는 범위가 너무 넓어서이기도 하지만, 이러한 광범위한 범주의 매체가 교육이라는 공간 속에 들어오면서는 더욱 많은 의미들을 포괄하게 되기 때문이다.

이제까지 교육 논의에서 '매체'가 다루어질 때에는 1)문화 전반에서

다는 근본적인 것이다. 그런데 이렇게 부분적인, 도구적 측면에서의 접근은 이와 같은 문제를 해결하기에는 역부족이라 할 수 있다.

22) 오히려 웹이라는 매체를 중심으로 한 논의들은 교육공학 부분에서 활발하게 이루어지고 있는 실정이다. 그런데 이러한 접근의 문제는 국어과의 본질적인 특성과는 무관하게 범교과적으로, 혹은 피상적으로, 단순하게 다루어질 수 있다는 것이다. 예를 들어 교육 공학적인 측면에서 전자 메일에 대한 접근이 이루어질 수 있지만, 이것이 글쓰기 차원이나 쓰기 문화 차원에서 논의되기를 바라는 것은 지나친 기대일 것이다. 이런 부분적인 문제들은 얼마든지 산재해 있는 실정이어서 열거할 수 없을 정도이다. 국어교과에서 문제를 삼을 것은 어떤 매체의 이용이 가져올 수 있는 실질적인 변화와 이를 통한 효과가 검증되고, 확장되어야 할 부분들이다.

통용되는 소통도구적 측면, 2)매체가 가진 학습의 내용(CONTENT) 측면23), 3)교육 현장 혹은 교수-학습 현장에서 수업의 도구로, 수업의 과정으로 활용되는 측면, 4)대중 매체 측면 등으로 다양하게 범주화되어 사용되었다. 이렇게 다양한 범주로 '매체'라는 동일한 개념을 사용함으로써 '매체 교육'이라는 범주 역시 광범위하면서도 다소 혼란스럽게 쓰인 것이 사실이다. 본고에서는 '웹'이라는 매체를 특히 2)항의 측면에서 살펴보고자 한다. 문화 현상으로서의 웹의 활용 현황이라든가, 수업에서의 활용 측면24)은 본고의 논의와는 별도로 접근해야 할 문제임을 밝힌다.

웹의 매체적 특성은 크게 상호작용성, 하이퍼 미디어 측면, 정보의 개방성과 구성적 측면 등 세 가지로 나누어 볼 수 있다.

가. 상호작용성

웹의 상호작용적 특성은 여러 층위에서 논의될 수 있다. 즉 웹을 구성하고 있는 미디어 자료들 간의 상호작용, 학습자와 웹의 상호작용, 학습자와 웹이 제시하고 있는 학습 내용과의 상호작용, 웹을 기

---

23) 여기에는 '웹 기반 수업(Web Based Instruction)'과 '웹 기반 학습(Web Based Learning)'이 모두 포함된다. 일반적으로 웹을 바탕으로 한 교육적 설계를 지칭할 때에는 이 두 가지를 이른다. 이 둘은 웹 환경에서의 교수-학습 활동과 학습자와의 상호 작용이라는 점에서 비슷한 의미를 지닌다.

24) 지금까지 국어교육계에서의 웹 관련 논의와 교육 공학적 접근이 주로 이 부분과 관련하여 이루어졌다. 특히 교육 현장에서 산출된 연구·시범학교의 보고서라든지, 교사들의 연구 논문들은 주로 여기에 포함된다. 한편 교수-학습 내용으로서의 웹에 대한 고찰 역시 없었던 것은 아니지만, 웹의 국어교육적 활용 측면에 주안점이 있었고 교수-학습 내용에 대한 보다 미시적이고, 구체적인 논의는 아직 이루어지지 않았다. 이런 측면에서 본고는 국어과 교수-학습 과정의 중심 내용으로서 '웹'을 상정하고, 웹에서 이루어질 수 있는 국어 교육을 설계해 보고자 하는 것이다. 이와 관련되는 논의로 이채연, 「WBI(Web Based Instruction)를 이용한 국어교과 개별화 수업설계와 활성화 방안」, 『국어교육』, 한국국어교육연구회, 1998.이 있다.

반으로 한 학습에서의 학습자와 학습자간의 상호작용, 그리고 교사
와 학습자 간의 상호작용이다. 이는 크게는 웹 자체가 자료의 구조
적 차원에서 포함하고 있는 상호작용성과 웹을 사이에 두고 있는 사
용자들간의 상호작용 두 가지로 나눌 수 있다.

그런데 웹이 포함하고 있는 자료들의 구조적 차원에서의 상호작용
성과 학습자와 웹, 학습 내용과의 상호작용은 다음 항에서 다루어질
하이퍼미디어 특성에서 같이 다루어질 수 있을 것이므로, 여기서는
교수자 혹은 학습자간의 상호작용 차원만을 다루기로 한다.

웹을 중심으로 한 교수자와 학습자, 학습자와 학습자와의 상호작
용은 특히 교수-학습 과정에서 중요하게 부각된다. 이는 특히 웹이
라는 매체가 다른 매체와는 달리 교수자와 학습자간의 공간적, 시간
적 거리의 문제를 극복하여 활발한 상호작용이 가능하도록 했다는
것과, 학습자들간의 협동학습과 토론학습, 상호 평가를 가능하게 했
다는 데에 기인한다. 최근 인터넷을 기반으로 이루어지는 전자 메일
을 활용한 교육 연구25)나 채팅과 게시판을 교육적으로 활용, 적용
한 연구들이 대표적인 사례라고 할 것이다.

특히 학습자들간의 상호작용성은 무엇보다 교수-학습 과정에 획기
적인 변화를 일으켰다고 해도 과언이 아니다. 웹을 기반으로 학습할
때에 학습자간의 의사소통과 정보 교환은 교수-학습 과정을 더욱 역
동적으로 만들뿐만 아니라, 수업 형태를 변화시키며, 평가의 방식을
다양화하는 등 활용 측면에서 의미 있는 결과들을 보여준다.

그런데 본고에서 주목하는 바는 웹이라는 매체를 이용하여 이렇게
다양한 수업을 할 수 있다는 것이 아니라, 웹이라는 매체로 교수-학
습 과정을 설계할 때에 학습 활동의 일부로 이러한 특성이 반영할

---

25) 최성희, 정혜선, 「메시지 내용분석을 통한 전자우편의 교육적 활용 연구」, 『교
    육공학연구 제14권』 1998.이 그 대표적인 예이다. 이러한 전자 우편과 채팅
    등의 정보 교환 도구를 활용한 상호작용 증진 수업 모델들은 교육 공학적 관
    점에서 활발하게 연구되었다.

수 있다는 데에 있다. 다시 말해, 웹으로 구성된 학습 교재를 폐쇄적 구조를 가진 대상으로 상정하고 교수자와 학습자, 학습자와 학습자가 상호작용을 하는 것이 아니라, 웹에서의 교수-학습 과정에 이러한 상호작용을 중심으로 한 활동을 구성함으로써 매체에 대한 학습뿐 아니라 국어 교과의 학습이 동시에 가능하도록 할 수 있어야 할 것이다. 특히 국어교과의 경우 언어를 중심으로 한 소통 자체가 학습 내용이 될 수 있는 특성이 있으므로 이 부분은 앞으로도 활발한 논의가 기대된다.

나. 멀티미디어와 하이퍼미디어

웹이라는 매체에서 포함하고 있는 자료를 보통은 '멀티미디어'라고 부른다. '멀티미디어'란 문자정보, 음성정보, 영상정보 등을 동시에 다중적으로 제공할 수 있을 뿐만 아니라 상호작용적으로 정보를 검색해 보고 조작해 볼 수 있는 매체나 교수-학습 체제라고 개념화할 수 있다.[26] 사실 '멀티미디어'는 웹에서 새로이 생긴 개념이 아니라 전통적인 수업에서 의사소통의 과정에 도입되는 칠판, 슬라이드, OHP 등의 자료들을 지칭한 것이었다. 그러나 최근에 컴퓨터의 기능이 확장되면서 멀티미디어의 대표적인 매체로 컴퓨터가 인식된 것이다.[27] 기존의 개념이든, 컴퓨터를 중심으로 한 개념이든 멀티미디어라는 개념의 핵심은 인간의 두 가지 이상의 감각기관을 동시에 자극하면서 메시지를 전달할 수 있도록 정보전달 매체를 통합하여 사용하는 것을 뜻하는데 있다. 이는 달리 '다중 매체성'이라 부를 수 있는 것으로 학습자와 웹, 학습 내용과의 상호작용 측면에서 중요한 의미를 지닌다.

교수-학습 자료로서 제시되는 웹은 그 자체로 학습자에게 인지되

---

26) 박성익, 위의 글, 46~49쪽
27) CD와 웹은 멀티미디어를 자료로 학습을 설계하는 도구라는 점에서 공통점을 갖는다.

는 대상이고, 웹이 포함하고 있는 문서들은 정보와 지식이 된다. 이
러한 측면에서 웹의 미적 자질은 중요해진다. 다시 말해 어떤 종류
의 자료들로 구성되어 있는가-텍스트, 그래픽, 오디오, 이미지, 동
영상, 애니메이션 등-와 함께 이 자료들은 얼마나 이해하기 쉽게 제
작되어 있는가의 문제가 중요한 것이다. 그래서 최근의 미디어 교육
관련 논의에서는 이러한 자료들의 질적인 자질이 중요한 부분으로
다루어지고 있다.28)

중요한 것은 교수-학습의 과정에서 다중 매체성의 활용은 학습과
정보의 효과적인 전이로 전통적인 수업보다는 멀티미디어 보조수업
에서 그 효과가 높게 나타난 결과들이 있다는 것이다.29)

이는 한편으로 국어교육에서의 '매체 변용'측면과 깊은 관련을 가
진다. 문자 텍스트를 읽을 때와 문자 텍스트에서 다른 종류의 텍스
트로 변용된 자료를 대상으로 할 때 변화하는 이해의 차이나 읽기
자료라는 하나의 매체 사용이 아니라 다양한 종류의 매체들을 함께
교수-학습 자료로 다룰 때에 가져 올 수 있는 효과의 차이30)는 국

---

28) 백영균은 위의 책에서 실제적인 웹 문서 제작과 평가의 문제로 이 부분을 중
　요하게 다루고 있다. 또한 미디어 교육의 내용 부분이나 멀티미디어가 갖고
　있는 내용의 적합성과 함께 표상의 질적 수준이 정보의 이해에 큰 영향을 미
　친다는 논의들이 이루어지고 있는 실정이다.(박성익, 「멀티미디어의 "개념, 교
　육적 기능과 활용 관점, 학습환경 설계원리"에 관한 고찰」, 『교육 공학 연구의
　최근 동향』, 교육과학사, 1998)
29) 그렇지만 모든 경우 이러한 의미있는 차이들을 보이는 것은 아니다. 이와 관
　련된 연구 결과들을 통해 얻을 수 있는 결론은 일부의 학습과제에서 효과적인
　정보전이가 이루어진다는 것이다.(박성익, 위의 글, 55~56쪽.) 이에 대한 국
　어교육 측면에서의 의미는 실험연구 등을 통해 검증되어야 할 부분이다.
30) 인간-매체 상호 작용의 과정에서 학생들이 기억하는 수준을 살펴 보면, 학생
　들은 귀로 들은 것의 10%를 기억하고, 글로 읽은 것의 20%를 기억하며, 시
　각적으로 본 것의 30%를 기억하고, 행동으로 수행한 것의 70%를 기억하게
　된다는 연구결과가 있다.(Krink&Gustafson, Instructional technology : A
　systematis approach to education, New York : Holt, Rinehart and
　Winston, 박성익, 위의 글에서 재인용)

어 교육 안에서의 매체 교육 가능성과 앞으로의 방향 설정에 중요한 시사점을 줄 수 있을 것이다.

웹의 자료가 가지는 또 하나의 특성은 하이퍼 텍스트 혹은 하이퍼 미디어이다. 이는 문자, 이미지, 영상, 사운드 등이 비구조적 또는 구조적으로 통합되어 묶여져 있는 구조를 말한다.[31] 웹의 이러한 하이퍼 미디어적 특성은 기존의 전통적인 수업에서 다양한 자료를 동시에 다루기 어려웠던 점들을 극복하게 해 준다. 웹의 하이퍼미디어적 특성은 웹의 무한한 정보 탐색 가능성을 야기함으로써 한정된 주제로 제한된 시간의 학습을 어렵게 하였으나, 최근 Resource Based Instruction 접근 등으로 효율적으로 활용할 수 있는 길을 열기도 하였다.

웹의 이러한 멀티미디어와 하이퍼 미디어적 특성은 웹에 대한 메타 미디어 관점이 필요함을 보여준다. 다시 말해 웹 자체도 하나의 매체이긴 하지만, 웹이 포함하고 있는 다양한 자료들 역시 개개별로 매체적 특성을 갖고 있는 입체적인 구성을 보이고 있는 것이다. 이는 다양한 매체가 가진 특성들이 웹에 멀티미디어 형태로 수용되면서 어떤 변화를 일으키는지, 학습자 혹은 사용자 측면에서 이러한 메타 미디어적 특성은 어떤 효과와 기능을 발휘하는지 등에 대한 논의의 필요성을 제기한다.

다. 정보의 개방성과 지식의 구성

웹이 가지는 또 하나의 매체적 특성은 정보의 개방성에 있다. 웹에서는 어떠한 정보이든 개방되어 있어서, 언제든 누구든 원하는 정보를 얻을 수가 있다. 웹의 이러한 특성은 기존의 교육적 접근에서 구성주의적인 논의들을 할 수 있는 기반이 되었다. 다시 말해 정보나 지식을 획득하는 방식이 누군가에 의해 이루어지는 것이 아니라, 사용자 스스로 검색하고 판단하여 얻고자 하는 정보를 얻을 수 있는 체제를 갖추고 있는 것이다.

---

31) 백영균, 위의 책, 71쪽

특히 이런 부분은 교육적 활용 부분에서 학습 자료의 극대화를 가능하게 하였다. 전통적 교수-학습 상황에서는 한정된 자료로만 학습을 하였지만, 웹에서의 학습은 무한히 다양한 자료들을 토대로 학습을 하게된 것이다.

그러나 한편으로 이러한 정보의 개방성이 학습자로 하여금 무한한 정보의 바다 속에서 헤매이게 할 수 있고, 정작 필요한 정보는 찾지 못한 채 정보의 홍수 속에서 시간만 허비하게 할 수도 있으며, 자신에게 필요한 정보를 찾다가 엉뚱한 길로 빠져 해야할 학습에서 벗어날 수 있는 등 여러 가지 문제를 갖고 있는 것은 사실이다. 이러한 정보의 개방성은 네트워크 범위의 제한이라든지 특정 학습 목표에 필요한 자원을 어느 정도 목록화하여 제공한다는지 하는 방법으로 해결 방법이 강구되어야 할 것이다.

2.2 웹에서의 학습 내용 구성 양상
-에듀넷을 중심으로

여기서는 에듀넷(www.edunet4u.net)의 사이버학습교재에 있는 '배움마당'[32] 메뉴를 중심으로 웹에서의 교수-학습 과정에서 학습 내용이 어떻게 구성되고 있는지를 살펴보도록 하겠다. 이는 교수-학습의 실질적인 부분으로 다양한 자료들을 어떻게 다루고 있는가, 웹

---

[32] 국어과 사이버학습교재의 메뉴는 크게 배움마당, 나도 작가, 문학 산책, 문제 은행, 나눔터, 국어 전자 사전, 속담 사전, 생각의 샘, 인터넷 여행 등으로 이루어져 있다. 여기서 배움마당은 현재 국어 교과서의 내용을 학습할 수 있게 만든 메뉴이고, 그외의 메뉴는 국어과에 필요한 기타 학습 내용들을 볼 수 있는 곳이다. 본고에서는 학습 내용 구성을 중심으로 논의하고자 하므로, 데이터베이스의 성격을 지닌 여타 메뉴보다는 배움마당을 주된 대상으로 설정하고자 한다.

의 매체적 특성을 국어과의 내용으로 어떻게 도입하고 있는가, 그리고 이것은 어떻게 활용될 수 있는가를 중심으로 하는 것이며, 여기서 도출될 결과는 앞으로 웹에서의 국어교육이 어떻게 가능할 것이며, 그 원리가 무엇인가에 대한 방향을 제시해 줄 수 있을 것이다.

2.2.1 학습 요소의 분절화와 나열

국어 사이버 학습 교재의 학습 내용 구성 방식에서 가장 일반적인 경향은 한 단원의 학습 내용을 크게는 메뉴별[33]로 나누고, 한 메뉴에서 제공되는 내용을 한 화면에 모두 나열하여 보여주는 것이다. 이는 선택 화면의 수를 줄이면서 동시에 학습할 내용 요소들을 한눈에 볼 수 있게 함으로써, 학습자가 배우고자 하는 내용에 쉽게 접근할 수 있게 한다. 이러한 학습 요소의 분절화와 나열은 각 단원의 내용을 구조화한 것이며, 그 구조화의 경향은 수직적 깊이(DEPS)보다는 수평적 방사형으로 나타난다.

메 뉴 바	학습위치 프레임
	1.효과적으로 말하기 ■ 원리알기 ■ 따라하기 ■ 스스로하기

〈중학교 3학년 1학기 1단원 선택 화면〉

---

33) 읽기, 문학 단원의 경우 '원리알기', '본문배우기', '정리하기'로, 언어 단원의 경우 '원리알기', '자세히알기', '응용하기', 말하기, 듣기, 쓰기 단원의 경우 '원리알기', '따라하기', '스스로하기'로 메뉴가 설정되어 있다. 이러한 하위 메뉴 구성은 현재 국어과 교육 내용을 최대한 반영한 것으로 보인다.

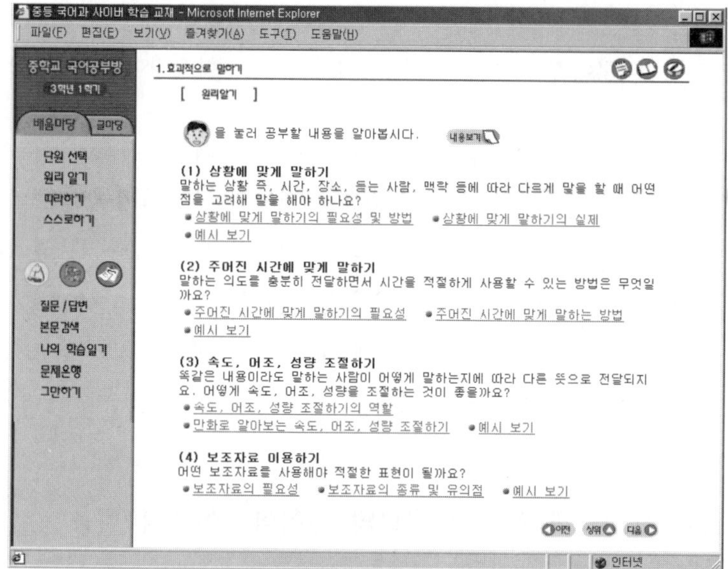

〈원리알기 선택화면〉

2.2.2 해설 제공 방식의 다양화

웹을 바탕으로 만들어진 학습 교재에서 주목되는 것 하나는 해설 방식의 다양화이다. 학습 과정에서 무엇보다 필요한 것은 학습 내용에 대한 도움말 혹은 해설이라 할 수 있는데, 그 방법은 여러 가지가 있을 수 있다. ①해설과 학습 내용이 한 화면에 문자로 제시되는 경우, ②학습 내용은 본 화면에 제시하고, 해설은 원격 윈도우나 다른 화면으로 링크하여 구조화한 경우, ③학습 내용과 해설의 일부를 그래픽이나 이미지, 동영상으로 전환하여 제시하고 해설을 축약한 경우 등이다. ①은 사실 인쇄 매체와 별로 다르지 않다. 학습 내용과 해설이 하나의 공간에서 제시되면서 학습자가 그 내용을 읽도록 하는 이 방법은 그 효과 면에서 뒤떨어진다고도 할 수 있을 것이다.

왜냐하면 학습 내용과 해설이 한 화면에 한꺼번에 나오게 되면 그 텍스트량이 많아질 것이고, 이는 시각적으로 혐오감이나 거부감을 일으킬 수 있다.

②는 한 화면의 학습량 혹은 읽기 분량을 줄이고, 해설을 링크하여 제공함으로써 학습 내용을 일정정도 구조화하고 있다. ③은 특히 자료의 매체적 전환을 시도한 경우들이 많다. 해설로 풀어서 제시할 것을 만화 네 컷으로 압축하여 제시하는 것 등이 바로 그것이다. 앞에서도 이 부분은 다루었지만, 이에 대한 논의들은 앞으로 활성화될 필요가 있다.

2.2.3 청각과 시각적 자료의 동시적, 선택적 사용

주로 개념을 설명하거나 어떤 것에 대한 예시, 소개 등을 할 때 사용되는 방법으로 이에 해당되는 내용을 문자 텍스트로도 제시하지만, 동시에 오디오 등의 자료를 함께 넣어 학습자가 문자로 보든, 오디오로 듣든 선택할 수 있도록 하게 하고 있다.

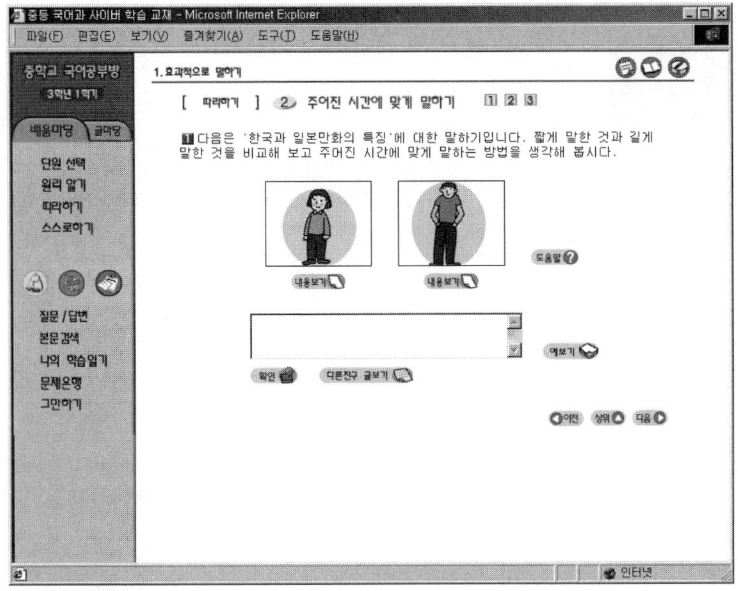

2.2.4 읽기와 쓰기, 말하기의 통합적 활동 구성

읽기와 쓰기, 말하기와 쓰기, 읽기와 쓰기와 말하기의 통합적 활동들이 시도된다. 이는 교과서와 가장 변별되는 방식으로, 어떤 활동 과제에 대해 관련 자료를 문자 외의 다양한 종류로 제시하고 쓰기나 말하기로 표현활동을 하게 하는 활동들이 상당히 많다. 이러한 통합화 경향은 말하기, 듣기, 읽기, 쓰기로 세분화되는 활동을 화면 중심으로 변용, 제시하면서 보다 효과적으로 하기 위한 것이다.

한편으로는 이러한 활동 구성 방식의 활성화가 국어교육의 실제 부분에서 더욱 의미 있는 방식일 수 있다.

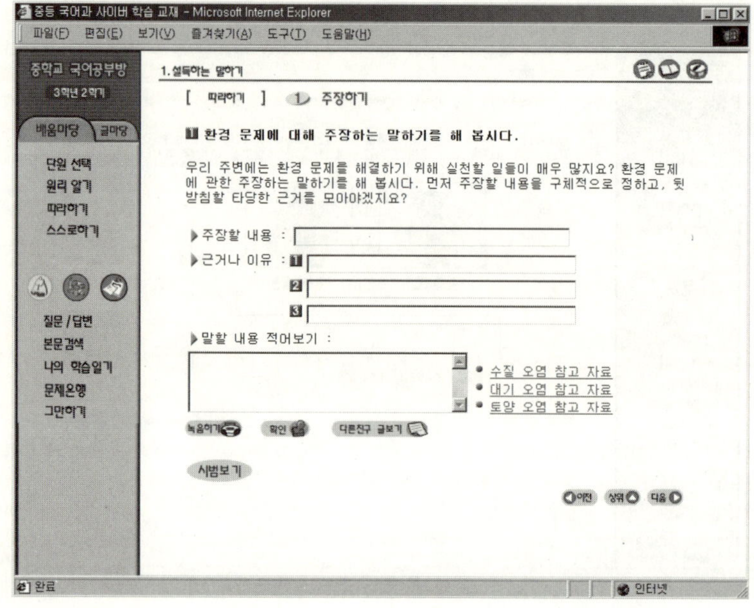

2.2.5 유사 상황 구성

국어 교과의 내용에는 어떤 상황에서의 말하기, 쓰기 활동을 하는 경우들이 많다. 이러한 활동들은 웹에서의 학습으로 전환되면서, 대화 등을 시각적으로 전개한다든지, 말하기 자료를 실제로 듣거나 녹음할 수 있게 한다든지, 동영상이나 애니메이션 효과를 갖는 자료들을 통해 토론 등의 자료를 참고할 수 있게 한다든지 하는 방법으로 재구성되고 있다.

특히 이 과정에서 한 주제에 대한 다양한 자료들을 동시에 볼 수 있게 한 점과 상황을 중심으로 다른 매체를 수용하여 매체적인 변용을 꾀하고 있는 점은 주목된다. 이러한 유사 상황의 구성 및 제시는 다른 교과에서 적극적으로 도입되고 있는 시뮬레이션과는 다른 것으로, 음성 자료를 시각화한다든지, 텍스트를 그래픽으로 전환하여 표현한다든지 하는 방식으로 실제적인 언어 사용 상황과 유사한 상황을 만들어 제공하는 측면이다.

2.2.6 매체와 학습자와의 상호작용성 강화

매체와 학습자와의 상호작용성을 강화하는 방식은 제시된 화면에서 특정 자료를 보거나 읽는 방법을 다양화한 시도로도 해석할 수 있다. 이는 학습자가 화면에 제시된 내용을 단순히 보는데 그치는 것이 아니라, 화면상에서 마우스의 조작으로 학습자가 어떤 행위를 하였을 때 다른 내용이 제시되거나 컴퓨터에서 어떤 반응을 하도록 함으로써 보다 흥미있게, 입체적으로 학습할 수 있는 효과를 준다고 할 수 있다.

또 한편으로는 〈다른 친구 글보기〉라는 메뉴를 이용하여 자신의 학습 활동을 다른 사람들이 볼 수 있게 한 것도 여기에 포함된다. 이 메뉴는 매체와 학습자, 그리고 학습자와 학습자간의 상호작용성을 증진시키는 데 기여한다. 그렇지만, 현재 학습자의 글쓰기를 자기 자신이나 다른 사람이 볼 수만 있게 한 것은 한계이다. 여기서 올려진 글에 대해 평가하고 조언할 수 있는 프로그램 개발이 필요하다.

그리고 아직은 매체와 매체와의 상호 작용성이나 하이퍼 미디어적 특질이 별로 고려되지 않은 한계들도 보인다. 이러한 것을 시도는 하였지만, 아직은 시도단계에 있기 때문이기도 하다.

2.3 웹을 기반으로 한 국어교육 설계의 방향

2.3.1 하위 활동의 통합 구성

이제까지 에듀넷의 사이버학습교재에 제시되고 있는 내용들을 중심으로 국어과 학습 활동이 어떻게 만들어져 있는지를 중심으로 살펴보았다. 전체적인 경향으로 볼 때에 국어교과의 활동이 웹으로 전환되면서 기존의 활동들이 그대로 들어가 있는 부분들도 있지만, 어떤 방식으로든 변용이 일어나고 있음을 알 수 있다. 이러한 변용의 결과, 국어과의 내용 영역인 말하기, 듣기, 읽기, 쓰기가 통합되고 있음을 알 수 있고, 동시에 이러한 통합 과정에서 '보기'라는 방식도 함께 활용되고 있음을 알 수 있다. 결국 보기·듣기·읽기·쓰기 활동을 가능한 한 통합함으로써 학습의 효과를 높이고, 화면 구성과 활동 구성을 다양화하고 있다.

이러한 활동의 통합 구성은 웹에서의 국어교육 설계에서 필수적으로 도입될 경향이며, 웹에서의 국어교육을 설계할 때에 반드시 고려해야할 방향이기도 하다. 그러나 여전히 남는 문제는 어떻게 통합할 것이냐의 문제이다. 이러한 문제는 앞으로 실제적인 웹 교재의 제작 과정에서 해결될 수밖에 없는 것이기도 하지만, 단순히 다양한 통합 방법을 개발하는 차원에서 나아가, 어떤 학습 목표 아래에 어떤 자료들이 어떤 방식으로 통합, 결합되어 구성될 것인지가 결정되어야 할 것이다. 여기에는 어떤 멀티미디어 자료와 어떤 활동이 함께 이루어질 것인지에 대한 기준과 특정한 멀티미디어 자료를 선택할 때에 고려되어야 할 기준이 포함되어야 한다. 웹을 기반으로 한다고 하여 문자 텍스트가 필요 없거나 사라질 운명에 처한 것은 아니다. 오히려 이 부분은 더욱 중요한 국어교육의 하위 요소로 자리잡을 것이다. 그러나 지금껏 국어교육의 자료로 사용되던 문자 텍스트들만으로 이루어지지는 않을 것이고 또한 그러한 방향으로 나아가야 한다.34) 어쩌면 이러한 국어교육 하위 영역간의 통합 활동 구성은 앞으로 국어 교육의 모습 전체를 바꾸어 놓을 수도 있다. 지금까지 문자 텍스트들로만 이루어지던 활동이 다양한 멀티미디어 자료와 활동으로 대치될 것이고, 멀티미디어 자료와 학습자의 활동이 분리되어 있는 단계에서 통합되는 방향으로 변화할 것이다.

앞에서 살펴본 에듀넷의 국어 사이버학습교재는 이와 같은 활동 통합의 방향을 지향한 것으로는 드러났지만, 그러한 활동이 얼마나 효율적으로 이루어져 있느냐, 도입된 멀티미디어 자료의 수준이 어떤지를 따지면, 상당히 많은 보완작업이 있어야 할 것으로 보이며 이러한 문제는 전반적인 체계화의 문제로까지 고려하여 해결되어야 할 것이다.

2.3.2 상호작용성 강화와 평가 체제

에듀넷의 국어 사이버학습교재를 살펴 볼 때에, 웹에서의 학습 활동 방식은 매체와 학습자, 학습자와 학습자간의 상호작용성을 증진시킬 수 있는 방향으로 구성되고 있음을 알 수 있다. 특히 쓰기 영역에서 이 부분은 잘 드러난다. 한편으로 쓰기라는 영역과 웹의 상호작용적 특성은 서로 결합되어 쓰기 평가의 한 방법을 보여주기도 한다는 점에서 중요하다. 쓰기 활동의 결과들에 대한 평가는 사실상 어떤 컴퓨터의 프로그램으로 이루어지기가 어렵다. 이 부분은 어쩌면 가장 인간의 언어, 인지 활동이 필요한 지점이라고도 할 수 있는데, 쓰기 부분에서 서로의 글에 대해 평가하고 조언할 수 있게 함으

---

34) 이러한 변화는 이미 활발하게 이뤄지고 있다 하겠다.

로써 현재 교육 현장에서 이루어지고 있는 수행평가를 한층 효율적으로 할 수 있는 체제임을 보여주고 있다. 이러한 웹에서의 국어 학습 설계는 특히 국어교육에서 강화되어야 할 방향이기도 하다.

여기에 대해 단적으로 말한다면, 적어도 현재까지의 기술로 볼 때에 쓰기 등 인간의 산물에 대해 기술적으로 평가할 수 있는 소프트웨어는 없다. 그 가능성을 본다 하더라도 그리 긍정적이지는 않은데, 그것은 과학의 기술 발달이 양적인 측면에서의 평가는 가능하게 하였다 할지 몰라도 질적인 부분에 있어서는 그 어떤 평가도 할 수 없었기 때문이다. 이는 웹에서의 국어교육활동에 대한 평가는 인간 상호간의 소통이 필수적임을 말해주는 것이기도 하다. 여기서 웹이라는 매체는 단순히 도구에 불과한 것이다. 웹을 통하여 인간 상호간의 작용이 이루어지는 것이지 웹이 인간의 사고를 통제할 수는 없다.

그렇다면 웹에서의 평가 문제는 웹을 바탕으로 한 모든 결과물에 대한 인간 의식의 참여로써만 해결될 수 있다. 문제는 이러한 인간 의식의 참여가 어떻게 이루어질 수 있는가 하는 것이다. 이는 교수 활동의 결과에 대한 인간간의 상호작용이 이루어질 수 있도록 교수-학습 과정을 구성하고, 결과물에 대한 평가가 행해지고, 그것이 반영될 수 있도록 프로그램을 해야만 해결될 수 있을 것이다. 에듀넷의 사이버학습교재에서는 현재 〔다른친구 글보기〕라는 메뉴를 통하여 학습자 상호간 글쓰기 결과를 공유할 수 있도록만 하고 있다. 앞으로는 여기에서 나아가 교수자가 참여할 수 있고, 그것이 피드백될 수 있는 방향으로 전개되어야 할 것이다. 웹에서의 국어교육을 설계할 때에 교수-학습 과정에서 가장 심각하게 고려해야 할 것이 바로 "상호작용성"과 "평가"의 문제라고 판단된다.

2.3.3 주제별 학습 요소의 목록화

모든 국어 교육 관련 학습 교재의 개발 문제 있어서 가장 난감한 현실 중 하나는 국어교육에 있어서 학습요소가 정연하게 정리, 배치 되는 작업이 아직 이루어지지 않았다는 것이다. 국어교육이 본격적 으로 이루어지기 시작한 단계에서부터 이에 대한 지적은 늘 이루어 져 왔지만, 아직까지 어떤 실제적인 작업의 결과로 제시되고 있는 것은 없다. 물론 이러한 작업의 어려움 때문에 그런 것이겠지만, 학습 요소와 학습 활동 단계, 학습 자료의 수준별 배치 등의 문제는 앞으로라도 해결되어야 할 것이다.

그런데 여기서 이러한 미해결 과제가 문제되는 것은, 가상공간을 중심으로 특히 웹을 중심으로 지식이 정보화되면서 모든 지식이 보다 명료한 목록으로 정리될 필요성이 생기고 있기 때문이다. 이 부분에 대해 단순하게 자료의 목록 정도로만 생각한다면 별달리 필요가 생기는 것도 아니겠지만, 교수-학습 과정의 구성은 지식의 백과사전화나 방계적 나열로서는 이루어질 수 없는 것이므로 국어 학습 요소의 계열화·배열은 중요하다.

특히 웹의 본질적 특성인 하이퍼링크, 하이퍼미디어 측면을 고려한다면 이러한 필요성이 더욱 절실해진다. 하나의 학습 요소로 체계화된 것이 어느 정도 수준의 누구를 위한 것인가, 특정 학습 목표를 달성하기 위한 요소들은 어떤 것들인가, 국어 교육 전체를 이루고 있는 학습 요소들은 어떻게 체계화될 수 있는 것인가, 이러한 학습 요소를 학습하는 데에 필요한 자료들의 목록은 어떤 것인가 등의 문제가 웹에서의 국어 교육을 설계하는 데 기반 작업으로 해결되어야 할 것이다.

2.3.4 정보통신 기술 활용과 국어 학습 활동의 통합

이제까지 개발된 다른 교과의 WBI 교재들을 볼 때, 국어 교과가 가지는 특수성은 텍스트를 중심으로 하면서도, 학습자의 이해/표현 두 측면 모두를 구조화해야 한다는 것이다. 그리고 이러한 이해와 표현의 대상으로 다양한 종류의 매체들이 수용되어 있는 웹이 사용되면서 동시에 이해와 표현의 도구로 웹이라는 매체 자체가 활용된다는 특성이 있다. 다시 말해 국어 교과의 경우 웹에서의 교수-학습은 학습의 내용과 대상이 웹일 수도 있고, 이를 학습하는 도구 역시 웹이라는 점에서 특수하다. 여기서 타매체 수용에 있어서의 매체 변용에 대한 연구35)와 학습 도구로서의 웹이 가지는 소통적 성격에 대한 고찰이 요구된다. 웹에 수용되기 이전의 매체가 가지는 성격과 웹에 수용된 이후의 성격은 다를 수 있으며, 한 화면에서 하나의 매체가 수용되는 것이 아니라 텍스트, 오디오, 그래픽, 동영상 등의 다양한 매체가 동시에 수용될 때에 발생하는 효과 역시 무시할 수 없는 문제이다.

수학 교과의 경우에는 문제 해결 시나리오 등을 활용하여 학습 과정을 설계한 경우들이 많고, 과학 교과의 경우에는 시뮬레이션 등을 통한 체험 학습을 설계하는 경향이 우세하다. 이 모든 추세들은 각 교과의 내용구조36)에 적합한 교수-학습 설계 방향을 설정한 결과로

---

35) 여기에는 교육공학 관련 논의에서 연구되고 있는 교육매체에 대한 연구, 매체가 가진 효과에 대한 연구 등도 참고할 만하다.(나일주, 「교수매체와 효과성 이론」, 김영수 외, 『21세기를 향한 교육공학의 이론과 실제』, 교육과학사, 1997 ; 권성호, 『교육공학의 탐구』, 양서원, 1998 ; 나일주·정인성, 『교육공학의 이해』, 학지사, 1996. 등 다수) 기존의 교육공학계에서 매체에 대해 가진 주된 관심사는 특정한 매체가 다른 매체에 비해 어떤 효과를 갖는가 하는 것과 특정 매체가 가진 독자적인 속성에 대한 것이다.

36) Ggné에 의해 밝혀진 5가지 학습 영역은 1)정보영역, 2)지적기능영역, 3)운동기능영역, 4)태도 영역, 5)인지전략 영역 등이다. W.Hannum은 이 영역

나타난 것이다.

 그렇다면 국어과의 경우, 국어 교과가 가지는 특수한 교과내용구조는 무엇이며, 여기에 가장 적합한 매체 교육은 무엇인가, 그리고 그 매체를 기반으로 한 교수-학습의 설계37)는 어떤 방향으로 이루어져야 하는가? 이를 위한 구체적인 논의를 위해서는 우선적으로 국어 교과의 내용을 구성하고 있는 영역별 학습 내용을 구조화하는 작업이 이루어져야 할 것이다. 그리고 이러한 교과적 특성에 바탕하여 국어과에 가장 적합한 형태의 교수-학습 설계의 유형과 방향이 설정되어야 한다. 국어 교과의 내용도 하위 학습 내용의 성격과 영역에 따라 접근 방법은 달리 이루어져야 할 것이다.

 지금 현재 이루어지고 있는 국어과 웹 교재들을 살펴볼 때, 우선적으로 고려해야 할 것은 정보통신기술과 국어교육의 통합에 대한 다양한 시도들을 해야한다는 것이고38), 이를 위해서는 연구와 실제

에 따라 각 교과별로 지식의 구조가 어떻게 이루어지는지를 분석하고, 이러한 교과별지식의 구조에 따라 CAI 등의 교수-학습 코스웨어를 어떻게 제작해야 하는가에 대한 논의를 하고 있다. 이는 각 교과별 지식의 구조를 문제삼고, 이를 교수-학습 설계에도 반영할 수 있는 길을 모색하였다는 점에서 의의가 있다(W.Hannum, 「교과내용구조에 적합한 교수설계원리」, D.H. 조나센(박성익, 최정임 역), 『교수설계의 원리와 적용』, 교육과학사, 1992).

37) 이에 대해 이루어진 교육공학연구의 이론적 기초는 행동주의, 인지주의, 구성주의, 매체관련이론, 확산과 변화이론, 평가이론 등이다.

38) 웹이 가진 매체적 특성을 활용하여 국어교육적으로 유의미한 결론들을 이끌어내고 있는 사례들은 외국의 경우에서 잘 찾아 볼 수 있다. 예를 들면 일본의 한 학교에서는 전자 메일과 인터넷을 이용하여 전통 문화에 대한 교육을 성공적으로 이루어내고 있다. '활용'이라는 측면에서는 단순히 도구적으로 접근한 듯이 보이지만, 실제적인 내용을 보면 웹이라는 매체를 사용하는 과정에서 정보 통신 기술에 대한 교육과 함께 국어교육의 내용 교육을 함께 다루었다는 점에서, 도구적 차원을 뛰어 넘고 있다. 본고에서 지향하는 바도 이러한 맥락에 있다. 다시 말해 웹이라는 매체의 교육과 국어교육이 동시에 이루어질 수 있는, 그래서 궁극적으로는 우리의 문화에 관련된 것까지 교육할 수 있는 접근을 시도하는 것이다.

적 적용이 활발히 이루어져서 동시에 뒷받침할 수 있어야 할 것이다. 그리고 그러한 교수-학습 설계의 바탕에서 다루어지는 학습 내용에 대한 접근 역시 다각도로 이루어져야 할 것이다.[39]

이러한 정보통신기술과 국어교육은 "웹"이라는 도구를 활용하는 측면에서 이루어질 수도 있고, 실제적인 웹에 대한 학습과 국어 학습을 동시에 할 수 있도록 하는 "웹" 자체의 학습 측면에서 이루어질 수 있을 것이다. 이는 웹에서의 국어 학습 활동 역시 정보통신기술을 활용하면서 동시에 국어 학습을 할 수 있도록 구성해야 한다는 명제를 포함하고 있다. 다시 말해 인쇄된 교과서를 교재로 하여 공부하던 것을 자료만 바꾸어 공부하는 공간을 웹으로 옮기는 정도의 변화가 아니라 학습 활동 자체가 웹을 활용하고 다양한 정보통신기술을 이용하여 이루어질 수 있도록 구성하는 방향으로 설계되어야 할 것이다. 이제까지의 단계가 웹 혹은 정보 통신이라는 기술을 국어 교육에 '적용'하는 데 골몰하는 것이었다면, 이제는 정보통신기술이 국어교육 속에 통합되어 국어 교육을 위한 도구로 활용될 수 있도록 나아가야 할 것이다.

---

39) 한편으로 국어교육 관련 종사자로서 갖게 되는 반성은, 여태껏 국어 교과에서 다루어져야 할 부분들이 상당부분 교육공학연구자들에 의해 시도되었다는 것이다. 메시지의 소통 등을 중심으로 한 연구라든지, 미디어 교육 관련 부분이 그것이다. 특히 미디어 교육 분야에서는 다루는 내용들은 실제적으로 정보에 대한 문식력(lieracy)를 다루고 있음에도 이러한 부분에 대한 국어교육적 접근은 별로 이루어지지 않은 실정이다.

국어과 전자 교과서의 개발 방향 연구
—객체형* 학습자용 온라인 콘텐츠를 중심으로

3.1 서론

　제7차 교육과정의 시행과 함께 국어교육 내에서 최근 관심이 되고 있는 분야 중의 하나는 '매체' 활용 부분이라 할 수 있다. 이는 제7차 교육과정의 전체적인 구성 방향 중 하나가 '정보화 시대에 적합한' 인재를 양성한다는 것이라는 점, 이에 따라 국어과 교육과정의 내용과 방법 측면에 매체 특히 컴퓨터나 인터넷의 활용 부분이 거론되고 있다는 점 등에서 비롯된 것으로 보인다. 이러한 교육과정상의 특징은 교과서가 발간되면서 더욱 구체적으로 학습자의 활동이나 교수 설계 부분에서 매체의 도입과 활용으로 구현되고 있다.

　이러한 상황에서 국어교육의 제재와 내용, 그리고 교수-학습의 도구가 되는 매체 자료의 제작, 그 중에서도 전자 교과서의 개발에 대한 논의가 본격화되는 것은 시의적절하다고 할 수 있겠다. 전자 교

---

* 여기서 '객체형'은 후술할 '학습 객체' 단위로서 개발된 전자 교과서의 한 형태를 총체적으로 지칭하는 용어이다.

과서의 개발 분야도 우리나라의 IT산업의 활성화와 더불어 이제는 그리 생소하지 않을 만큼 자리를 잡고 있다.

전자 교과서의 실제적인 개발과 보급이 활성화되면서 그 방법론의 개발과 적용 역시 계속해서 변화하고 있다. 전자 교과서를 초기 단계에서 개발할 때의 시스템적 기반과 교수-학습 설계 방식과 전자 교과서가 양적으로 풍부해지고 다양해지면서 새로이 개발하는 전자 교과서의 방법은 달라지고 있는 것이다. 이는 전자 교과서의 개발과 관리 전체 절차 및 과정과 관련되는 것으로 개발의 효율성을 꾀하고, 보다 효과적인 교수-학습이 이루어질 수 있도록 하는 데에 초점이 있다.

이에 본 연구에서는 국어교육의 자료이자 도구가 되는 전자 교과서를 어떻게 개발할 것인가라는 문제를 에듀넷의 전자 교과서를 중심으로 기존의 전자 교과서 개발 사례와 논의, 그리고 최근 변화하고 있는 전자 교과서 개발 방향에 비추어 풀어보고자 한다. 여기서 한 가지 분명히 해야 할 것은 전자 교과서의 개념과 개발 및 활용의 목적이다. 전자 교과서를 어떻게 보느냐에 따라 내용 구성, 형태, 활용 방법 등이 모두 달라질 것이기 때문이다. 따라서 본 연구는 우선적으로 전자 교과서의 개념 범주를 분명히 하고, 현재까지의 전자 교과서 개발 경향을 짚어본 다음, 전자 교과서 개발에 있어서 새로이 정립하고 고려해야 할 점과 앞으로 나아가야 할 방향을 제시하는 순서로 진행하고자 한다.

3.2 전자 교과서의 개념 범주

'전자 교과서'란 'E-Book' 혹은 'Electronic Book', 'Electronic Text- book'으로 일반적인 정의로는 '멀티미디어로 만들어진 교수-

학습 자료'40)라고 할 수 있고, 보다 자세히는 '문자, 그림, 소리, 애니메이션 등의 멀티미디어로 교수-학습을 할 수 있게 제작한 디지털 자료' 모든 것이라 할 수 있다.41) 그래서 on-line이든 off-line이든, 컴퓨터이든, 전용 단말기이든 어떤 버전의 어떤 형태의 매체로 유통되든 상관없이, 이들 매체에서 교수-학습을 위해 구동되는 전자화된 자료를 통틀어 '전자 교과서'라고 할 수 있다. 이러한 다양한 전자 교과서를 좀더 넓은 의미에서 본다면, '교육용 콘텐츠'의 개념과 상통한다고 볼 수 있을 것이다.

그런데 여기서 유의하여 사용하여야 할 용어가 있다. 그것은 바로 '교과서'라는 용어인데, 일반적으로 '교과서'라고 지칭할 때의 의미 범주, 즉 공식적이고, 제도적이며, 제한되고 고정된 틀이 있는 '도서'라는 보다 형식적인 의미를 '전자 교과서'라고 할 때에도 동일하게 갖느냐에 주목해야 한다. 다시 말해, 일반적으로 '교과서'라고 지칭할 때의 교수-학습 자료에 대한 관점을 '전자 교과서'에도 동일하게 가져갈 것인가의 문제이다.

특히 최근 전자 교과서에 대한 관심이 고조되면서, 디지털 형태의 교수-학습 자료들이 왕성하게 개발, 활용되고 있는 실정이지만, 한편으로는 '전자 교과서'라는 용어에 대해 각기 다른 의미 범주를 갖고 관점의 차이를 보이고 있는 것이 사실이다. 이러한 관점의 차이는 교과용 전자 도서를 '전자 교과서', '전자 지도서', '전자 인정 도서'라고 분류하는 방식42)에서 분명하게 볼 수 있다.

---

40) 졸고, 「국어 전자 교과서 개발의 실제와 방향」, 국어교육학회, 『국어교육학연구』 제10집, 2000.

41) 이러한 전자 교과서의 개념에 대해서는 손병길 외, 「전자 교과서의 개발 지침 연구」, 멀티미디어교육지원센터, 1997 ; 곽병선 외, 「전자 교과서 개발 방안 연구(Ⅰ)」, 한국교과서연구소, 1997 ; 여운방 외, 「전자 교과서 설계 지침 및 모형 개발 연구」, 1997 ; 손병길 외, 「전자 교과서의 개발 및 적용을 위한 시행방안 구체화 연구」, 2001 등에서 다루어진 바 있다.

42) 이는 '조난심 외, 「전자교과서의 편찬 및 검정 방안에 관한 연구」, 한국교육과

그렇지만, 문제는 '전자 도서'의 하위 범주로 제한된 범위의 학교 교육용 자료 -공식적인 검정을 거친- 만을 '전자교과서'라 하고 나머지, 검정을 거치지 않은 전자 자료들은 '전자 도서'라고 불러야 하는 것인지, 아니면 다른 용어를 사용해야 하는 지이다. 과연 기존의 인쇄 교과서처럼 교과용 도서의 의미로 제한해야 하는가? 이러한 문제는 1종으로만 개발되는 국어과 교과서의 경우 매우 심각한 문제이다.

본 연구에서는 '전자 교과서'의 의미 범주에서 교육부가 저작권을 가진(1종), 혹은 교육부장관의 검정을 받은(2종) 것에 한하는 제한된 조건을 배제하고, 보다 폭넓게 다루고자 한다. 다시 말해, 반드시 공식적이고 제도적인 검증을 거친 교과용 도서의 의미가 아니라, 학습자들의 효과적인 교수-학습을 위해 만들어진 모든 공식적, 비공식적인 전자 자료를 통틀어 '전자 교과서'로 간주하고자 한다.

이는 전자화된 자료의 개발과 유통상의 특성을 고려할 때에 더욱 분명해진다. 전자 교과서의 개발은 공공기관이나 제도교육 기관에 의해 이루어지기보다는 민간 개발사를 중심으로 이루어지는 경향이 있다. 물론, 전체 전자 교과서의 형태와 내용 구성 등을 기획하고 이끌어 가는 주체는 제도 교육권이라고 할 수 있지만, 실제적인 개발을 해내는 주체는 주로 민간 업체인 경우가 많고, 특히 개발된 전자 교과서를 서비스 -인터넷이나 전용 단말기 등을 통해- 하는 주체는 거의 대부분 민간 업체이다.

그리고 교육 내용의 측면에서 보면, 기존의 좁은 의미의 교과서라는 한정된 범위는 전자 교과서를 구성하는 내용 역시 인쇄 교과서에서 다루어지는 교육 내용에 제한된다는 오해를 불러일으킨다. 그렇

정평가원, 2000'에서 이루어진 방식으로, 이 연구에서는 '전자 교과서'를 현재 학교에서 사용하고 있는 '교과서'와 동일한 방식의 검정을 거친 학교 교육용 전자 도서의 하나로 규정하고 있다.

지만, 전자 교과서와 같은 교수-학습용 교재들이 목적으로 하는 바는 학습자 혼자서도 충분히 원하는 학습을 자기 주도적으로 할 수 있도록 도와주는 것이다. 특히 국어과의 경우에는 보다 다양한 언어 자료를 참조할 수 있도록 하는 것이 교수-학습상의 주요 방향인 점을 고려한다면, 이러한 좁고 제한된 의미의 교과서 개념을 전자 교과서에 그대로 적용하는 것은 곤란하다. 기존의 교과서에 대한 관점 역시 보다 넓혀 가는 추세임을 고려하면, 더욱 더 전자 교과서의 개념은 포괄적으로 확대되어야 할 것이다.

또한 이러한 교육 내용상의 특성은 국어교육이 지향하는 바를 충족시키면서, 해당 학습 요소의 학습을 완전히 마칠 수 있도록 도와줄 수 있는 교수-학습 설계를 필요로 한다. 이는 필수적으로 전자 교과서 내에 교수-학습의 설계가 학습 내용에 적합하게 이루어져 있어야 함을 의미한다.

또한 사용자의 입장에서 바라보면, 만약 학습자들을 위해 개발, 보급하는 전자 교과서라면, 학습자들이 다양하게 접근하여 찾아내고 활용할 수 있는 체제 속에 존재해야 더욱 쉽게 쓸 수 있는 것이기 때문에,43) 특정 사이트 혹은 특정 기관에 의해서만 제한되게 제공되는 방식은 그만큼 덜 활용될 수밖에 없는 방식이다. 그리고 사용자의 입장에서라면 보다 많은 종류의 전자 교과서를 교수-학습의 자료로 활용할 수 있는 것이 자신의 학습 목표에 빨리 도달할 수 있는 방법이기도 하다.

이렇게 볼 때, 전자 교과서의 의미는 제도적으로 특정 기관에 의해서만 제공될 수 있는 학교 교육의 틀 속에 있는 교과서가 아니라,

---

43) 바로 이러한 점은 전자 교과서, 즉 교육용 콘텐츠의 일반적인 자기 검증 과정이라고도 할 수 있을 것이다. 사용자의 교수-학습 과정을 도와줄 수 없는 교재라면, 또한 질적으로 사용자의 요구를 충족시킬 수 없는 교재라면 당연히 활용되지 않을 것이기 때문에, 전자 교과서의 유통 체제는 그 자체로 품질 검증 과정을 갖고 있다고 할 수 있다.

사용자가 언제 어디서든 원하기만 하면 도달하고자 하는 학습 목표의 성취를 위해 활용할 수 있는 모든 종류, 모든 형태의 디지털 자료, 멀티미디어 자료라고 할 수 있다.

한편 요즘 들어 특히 교육 현장에서 자주 거론되는 정보통신기술(ICT : Information & Communication Techonology)의 활용 선상에서 '전자 교과서'를 규정한다면 본 연구에서는 보다 좁은 의미 범주로 제한된다. 즉, ICT 활용의 문제는 국어 교육에 도움을 줄 수 있거나, 국어 교육의 제재가 되는 모든 단편적인 전자 자료를 대상으로 하고, 그뿐만 아니라 구체적인 교육 제재로는 나타나지 않지만, 국어 교육의 방법적 측면에서 활용될 수 있는 기술 자체까지도 포괄하고 있다. 따라서 본 연구에서 다루고자 하는 '특정 학습 목표에 도달하기 위하여 의도되고 계획되고 구성된 학습 내용과 방법, 그리고 그 속에 투영되어 있는 교수-학습 설계'의 총합으로서의 전자 교과서 의미보다는 지나치게 폭이 넓어지는 문제가 있는 것이다.

이에 본 연구에서는 ICT 활용의 한 부분으로서, 학습자가 직접 특정한 학습 내용의 학습을 위해, 특정한 학습 목표의 도달을 위해 필요로 하고, 학습자가 언제 어디서든 원하는 학습을 개별적으로 할 수 있도록 도와주는 전자화된 교수-학습 자료로 전자 교과서를 규정하고자 한다. 그리고 인쇄된 형태로 존재하는 국어 교과서와 반드시 동일한 내용만을 다루고 있는 것이 아니라, 교과서 내용의 교수-학습에 도움을 줄 수 있는 다양한 내용으로 구성되어 있는, 즉 수업의 보조 학습 자료로서의 전자 교과서까지도 포괄하고자 한다.

또한, 전자 교과서의 사용 목적에 따라서는 교사용이나 학습자용, 모둠학습용 등으로 나누어 볼 수 있겠지만, 본 연구에서는 개별 학습자들을 위한 교수-학습 자료 제한하여 살펴보고자 한다. 교사용이나 모둠학습용 등의 다른 사용 맥락을 지니는 전자 교과서에 대해서는 별도의 논의를 필요로 함을 전제로 하고, 차후로 미루고자 한다.44) 그리고 전자 교과서는 크게 개발 및 사용의 형태에 따라 CD-Rom과 같은 오프라인 형태와 인터넷으로 제공되는 온라인 형태로 크게 나누어볼 수 있는데, 본 연구에서는 온라인 교수-학습 자료로서의 전자 교과서로 제한하여 다루어보고자 한다.

3.3 국어과 전자 교과서 개발의 변화

3.3.1 기존 국어과 전자 교과서 개발 방법의 문제점

현재 국어과를 중심으로 학습자용 전자 교과서의 개발 흐름을 살펴보면 내용 면에서 크게 두 가지로 대별할 수 있다. 그 한 가지는 교육과정에 충실하여 국어 교과서의 내용을 중심으로 학습할 수 있도록 구성되어 있는 전자 교과서이고, 다른 한 가지는 기존의 국어 교과서 내용과는 관련 없이 국어 교육의 일반적인 목표 –예를 들자면, 쓰기나 문학 감상과 창작, 언어 지식 등과 같은– 를 상정하고 이의 학습을 위해 구성, 개발되어 있는 전자 교과서이다.

에듀넷(www.edunet.net)에서 제공되고 있는 학습자용 전자 교과서를 볼 때에 이는 초등학생용 '교과서 따라하기' 메뉴의 자료들과 '주제별 학습방'이나 '학습사이트 창고' 메뉴의 자료들로 대별될 수 있는 형태이다. 에듀넷의 '교과서 따라하기' 메뉴의 자료들은 그야말로 현재 교육과정 시행과 함께 새로이 만들어진 교과서의 내용을 배우고, 보충학습을 할 수 있는 내용으로 만들어진 전자 교과서이다.

---

44) 사용 주체나 목적의 차이는 전자 교과서의 전체적 형태나 내용 구성 방식을 결정짓는 주요 인자이므로, 이러한 차이에 따른 다른 형태의 전자 교과서에 대해서는 별도의 논의가 필요하다.

반면 '주제별 학습방'이나 '학습 사이트 창고'에서 제시되는 자료들은 현재의 교과서 내용과는 관련이 없지만, 국어 교육과 관련되는 다양한 학습 영역을 접하고, 배울 수 있는 전자 교과서로 만들어져 있다.

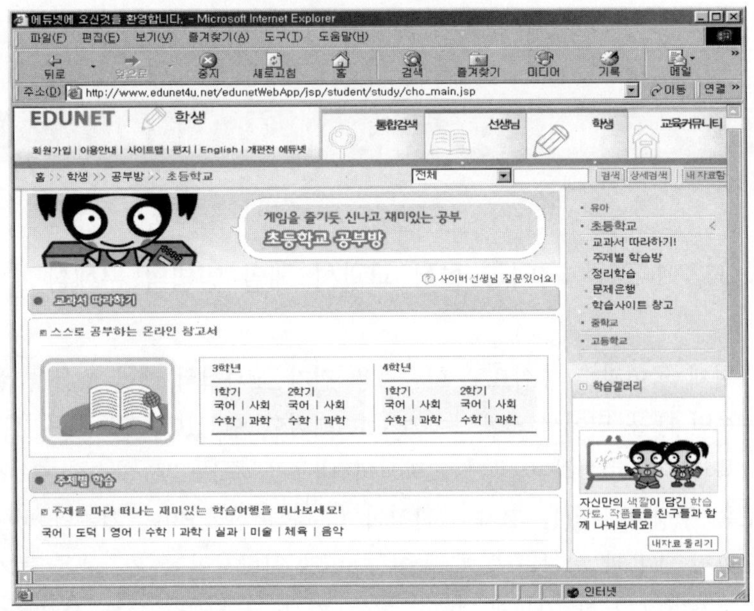

그런데 여기서 상기해야 할 것은 제7차 교육과정의 시행과 함께 새로 만들어진 '교과서 따라하기'에 제시된 전자 교과서 개발 방법이 기존의 것과는 다르다는 것이다. 물론 최종적으로 학습자가 대하게 되는 전자 교과서의 겉모습은 기존의 것과 별다를 바 없이 느껴질지도 모른다. 그러나 이 전자 교과서가 개발될 때의 문제 의식은 기존의 전자 교과서 개발에 있어서의 문제점들을 해결하고자 하는 데에 초점이 있었다. 그것은 다음과 같이 정리할 수 있다.

(1) 같은 학습 요소나 내용이라 할 지라도 국어과 교육과정의 변화와 함께 새로 만들어진 국어 교과서를 학습하는 데 있어서, 기존에 개발된 전자 교

과서45)를 전혀 활용할 수 없다는 문제. 즉 이전의 국어 교과서에 있던 학습 내용이나 읽기 자료가 새 교과서에도 동일하게 제시되고 있어서, 기존에 개발하였던 다양한 멀티미디어를 활용하면 개발 절차나 과정에 있어서 효율적일 수 있음에도 불구하고, 쉽게 재구성하여 사용할 수 없다는 문제.

(2) 학습자의 관점에서 원하는 학습 내용만 추출하여 자신만의 국어 교육 프로그램을 구성하여 쓸 수 없다는 문제. 이는 전자 교과서 체제의 일방성과 경직성, 그리고 접근 불가능성을 의미하는 것으로 전자 교과서 개발 방법론의 발전에 따라 이런 문제는 극복할 대상이 되어 왔다. 학습의 효율성이라는 관점에서 본다면, 개발된 전자 교과서는 어떠한 방식으로든 검색과 접근이 쉬워야함에도 불구하고 근본적으로 검색이 차단되든지, 학습과는 관련이 없는 내용들이 검색되는 문제들이 있었다.

(3) 전자 교과서 개발 및 관리의 측면에서, 필요한 학습 요소만 추출하여 여러 가지의 다양한 교육 프로그램을 만들 수 없다는 문제. 이 부분은 다분히 시스템적 측면이 강한 것으로 국어교육의 내용 구성 측면에서는 문제가 없을 수도 있지만, 전자 교과서 개발의 효율성과 경제성을 고려할 때, 심각한 문제가 될 수 있다.

이러한 문제들은 새로운 교육 과정의 시행과 더불어 새로운 교과서가 등장하고, 이에 따라 새 교육과정과 교과서에 적합한 전자 교과서를 새로이 개발해야 하는 문제에 당면하여 깨닫게 된 것들이다. 다시 말해 새로운 교육과정과 교과서가 나오고, 이에 따라 전자 교과서의 개발 역시 새로이 해야 하는 상황에서, 기존의 교육 요소나 학습 내용과 동일한 것은 활용할 수 있는 체제라면 이미 개발되어 있는 내용을 다시 활용하고 적용할 수 있어야 함에도 불구하고, 기존의 전자 교과서 개발 방법 상의 문제로 인해 이러한 재활용이 불가능한 것이다.

---

45) 에듀넷에서는 이미 제6차 교육과정을 기반으로 한 전자 교과서, 즉 국어 사이버학습교재를 개발하여 제공한 바 있다.

이는 한편으로, 개별 학습용 국어 전자 교과서 ─일반적으로 이를
'코스웨어'라고 부른다─ 를 개발함에 있어서 전체 교육 과정 및 내용
을 하위 요소별로 개발·관리하지 않고, 최종적인 국어 학습을 위한
전체 코스웨어를 한 단위로 개발, 관리하는 데에서 발생한 문제라고
도 할 수 있다.

이러한 문제의 해결을 위해 최근 전자 교과서의 개발에서는 '학습
단위'별로 '학습 객체(Learning Object)'[46]라는 단위를 설정하여
개발, 관리하기 위한 방법을 시도하고 있다.[47] 다음의 그림은 에듀
넷의 학습 객체(Learning Object) 단위의 개발을 계층적으로 도식
화한 것이다. 아래에서 보는 바와 같이 학습 객체(Learning

---

46) '학습 객체(Learning Object)'는 전자 교과서의 개발 및 관리 방법론에 있어
   서, 개발 및 관리의 단위를 전체 코스웨어가 아니라 하위 학습 주제나 학습
   요소 중심으로 바꾸면서 생긴 기술적(technical) 개념이다. 이 개념은 "독립
   적이면서 학습자에게 여전히 의미를 가질 수 있는 훈련 또는 정보의 최소 덩
   어리(chunk)로, 온라인 훈련을 코스로 정의하는 대신, 코스를 구성 요소로
   분해해서 특정 개념이나 스킬을 강조하는 텍스트 객체, 특정 사실이나 주제와
   관련되는 미디어, 그래픽과 애니메이션, 평가 등으로 나눈다(마크 J. 로젠버
   그, 유영만 역, 『e-Learning』, 물푸레, 2001. 235쪽)"
   '학습 객체(Learning Object)'의 범위 설정은 전자 교과서의 개발자가 나름
   대로 규정할 수 있겠지만, 가능한 보다 최소 단위로 설정하는 것이 학습자의
   학습 과정에 대한 정보나 재활용 및 검색의 효율성을 더할 수 있는 것이라는
   점은 분명하다. '학습 객체(Learning Object)'는 말 그대로, 학습의 최소 단
   위를 규정하고, 이에 따라 최소 학습 단위를 완전히 학습할 수 있는 교수-학
   습 설계가 이루어진 단위 프로그램을 의미한다.
47) 그러나 여기서 분명히 하고 넘어갈 점은, 이러한 실제 전자 교과서의 개발에
   있어서 기술적 발달 상황에 영향을 받는 교수-학습 설계의 방법론 부재 문제
   이다. 이는 국어교육 전문가의 입장에서 늘 문제제기하고, 다양한 교수-학습
   방법론을 개발해 나가야 함을 의미한다. 다시 말해 전자 교과서 개발에 있어
   서, 현재까지는 기술적 발달의 영향력이 너무 커서, 국어 교육 자체 내의 필
   요와 방법에 기초하여 내용이 구성되고 개발되기보다는, 기술적 필요에 의해
   교수-학습 설계를 맞추어 나가야 하는 근본적인 문제가 있었던 것이다. 이러
   한 문제는 향후 다양한 전자 교과서를 중심으로 한 교수-학습 설계 방법론의
   다양화로 극복하여 나갈 수 있으리라 본다.

Object) 단위는 이제까지 전체 코스웨어 단위로 개발하던 방식을 보다 하위 단위로 쪼개어 개발하는 것으로, 최종 서비스 단계에서는 다른 학습 객체(Learning Object)들과 조합하여 제공되기 때문에 표현되는 방식은 기존의 코스웨어와 거의 같다.

이렇게 최종적으로 학습자에게 보여지는 전자 교과서의 형태는 기존의 것과 같지만, 그것이 만들어지고 관리되는 방식은 기존의 것보다 훨씬 효율적일 수 있기 때문에 전체 코스웨어 단위의 개발 방식에서 벗어나 학습 객체(Learning Object) 단위로 전자 교과서를 개발하는 방식이 모색되고 있는 것이다.

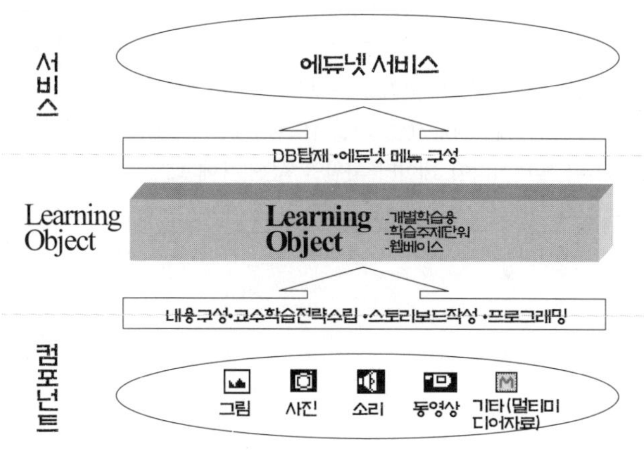

〈그림 1〉 콘텐츠 개발 계층도

이러한 학습 객체(Learning Object)의 구성을 에듀넷의 전자 교과서 개발 과정에서 정의한 바를 정리하면 다음과 같다.

　□ 하나의 Learning Object는 학습 주제 단위로 단일하게 독립적으로 만들어
　　진다.
　□ 이미지, 사운드, 애니메이션, 동영상 등의 각종 멀티미디어 자료와 함께

교수 설계, 학습자 반응 등을 포함하는 일련의 학습 과정이 통합되어 하나의 Learning Object로 구성된다.

□ 하나의 Learning Object는 학습의 시작과 끝, 학습 주제 관련 학습 활동, 정리 학습 등 일련의 학습 과정을 가진다.

□ 구성되는 내용은 7차 교육과정의 교수-학습 내용을 기반으로 하되, 교과서의 학습 내용을 심화, 보충할 수 있는 것이어야 한다.

□ 개발된 Learning Object는 하나의 단일 객체로 다루어지며, Learning Object별로 메타 데이터가 개발되어 교육 과정의 변화와 주제 구성의 변화에 따라 다른 Courseware로 구성될 수 있도록 한다.

□ Learning Object의 구성 요소와 단위를 시각화하면 아래와 같다.[48]

　- 하나의 학습 주제 구현 자료를 Learning Object로 간주하며, 콘텐츠 관리 측면에서는 이를 공유 가능한 최하 단위인 SCO로 본다.

　- 하나의 Learning Object는 하나의 학습 주제에 대한 교수·학습 내용, 이에 대한 설계, 학습자 관리 프로그램 등으로 이루어진다.

　- 각각의 Learning Object는 개별적으로 Meta Data를 가지며, 경우에 따라 하위 멀티미디어 데이터 차원인 ASSET에 대한 Meta Data를 가질 수 있다.

---

48) 여기에 나오는 개념어들을 간략히 정리하면 다음과 같다.

　- Asset(Raw media) : 텍스트, 동영상, 그래픽, Flash, HTML, GVA 등과 같은 media 차원의 Content를 구성하는 최하위 단위 자료이다.

　- SCO(Sharable Content Object) : 공유 가능한 단위 Object를 말한다(예: 학습주제)

　- Block : SCO들로 이루어진 개념들의 집합이다(예: 소단원, 대단원).

　- Course : Content(SCO, Block)의 집합이다(예: 3학년 1학기 국어).

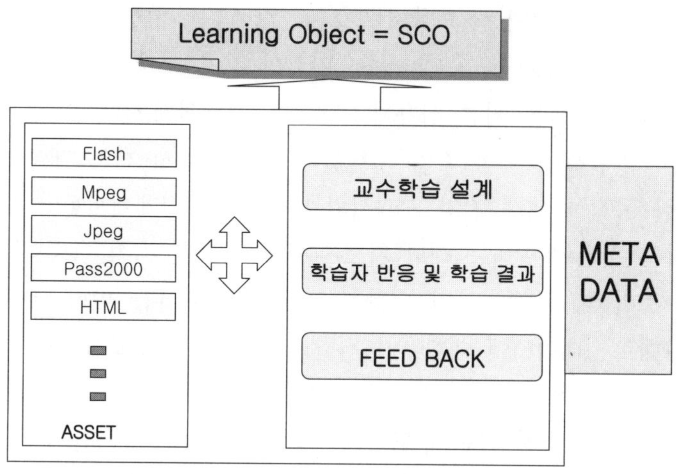

〈그림 2〉 Learning Object 구성도

'학습 객체(Learning Object)' 단위의 전자 교과서 개발은 위에서 제시한 전자 교과서 개발 및 관리 방법상의 문제를 해결할 뿐만 아니라, 학습자 개개인의 학습 상황과 결과를 정리할 수 있는 운영 체제 상의 장점 역시 포함하고 있다. 다음에서는 '학습 객체(Learning Object)' 단위의 구성 내용과 이러한 전자 교과서의 내용을 설계하는 주요 방법 및 방향을 살펴보고자 한다.

3.3.2 국어 '학습 객체(Learning Object)'의 설계 방법

위에서 거론한 '학습 객체(Learning Object)' 단위의 전자 교과서 설계와 방법은 기존의 전자 교과서 개발의 문제를 해결하고자 하는 데에서 시작된 새로운 방법이라 할 수 있다. 여기서는 '학습 객체(Learning Object)' 단위로 국어과 전자 교과서를 개발, 제공하는 데 있어서 필수적인 과정들을 짚어 보고자 한다.

가. 메타데이터의 작성

'학습 객체(Learning Object)' 단위의 전자 교과서의 개발 및 관리의 최종 목적은 최종 사용자 -학습자- 가 쉽게 검색할 수 있고, 관리자가 원하는 수정 작업을 원활히 할 수 있게 하는 데에 있다. 이러한 목적을 위해 전자 교과서의 내용 개발 단계에서부터 고려해야 하는 것은 개발하는 해당 자료에 대한 정보를 작성, 관리하는 것으로 소위 '메타 데이터'라는 것을 제작하는 일이다. '메타 데이터'는 말 그대로, '데이터에 대한 데이터'를 의미하는 데, 쉽게 설명하자면 일종의 서지 정보와 같은 역할을 하는 정보 단위이다.

예를 들어, 어떤 사람이 도서관에 가서 '구운몽'에 대한 자료를 찾고자 할 때, 그 사람이 원하는 자료를 찾기 위해서는 우선 그 대상 자료들이 '구운몽'이라는 서지 정보를 갖고 있어야 할 것이다. 다시 말해, 그 자료의 서지 정보 속에 '구운몽'이라는 검색어나 '구운몽'과 관련된 검색 정보, 말하자면 '김만중'이나 '조선시대', '고전 소설' 등과 같은 관련어가 포함되어 있어야만 검색하는 사람이 그러한 단어를 중심으로 검색을 할 때에 찾을 수가 있는 것이다. 이러한 검색을 위한 최소 혹은 최대 범위의 검색어를 정보의 생성 단계에서부터 지정, 관리하고 개발된 정보를 최종적으로 관리하는 단계에까지 활용할 수 있는 정보들을 총체적으로 가리켜 '메타 데이터'라고 부른다.

특히 메타 데이터의 작성은 개발된 전자 교과서의 저작권 문제라든지 관련된 다른 학습 요소의 명시 등 개발자와 학습자를 연결시키는 중요한 고리가 되기도 하고, 학습자의 학습 체계를 구성하는 데 반드시 필요한 정보를 제공하기도 한다. 이러한 학습 자료에 대한 정보들은 프로그래머나 시스템 관리자들이 파악할 수 없는 국어교육 고유의 내용이라는 점에서 특히 내용을 개발하는 국어교육 전문가들이 관심을 가져야 할 부분이라고 할 수 있다.

메타데이터를 내용 개발자 수준에서 작성할 때의 주요 범주는, 학습 주제, 학습 내용, 저자, 개발자, 학습 내용의 수준 정의(학습 대상, 연령, 학습의 난이도 등), 학습의 형식(예컨대, 반복학습형, 시뮬레이션형, 텍스트 형 등), 다른 학습 주제와의 연관성 등이다. 이 중에서도 학습 주제에 대한 정보나, 학습 내용의 수준 정의, 다른 학습 주제와의 연관성은 특별히 관심을 갖고, 차후의 전자 교과서 개발을 위해서도 별도의 연구를 할 필요가 있는 부분이다.

이는 전체적인 국어 학습의 체계를 어떻게 세울 것인가와 관련이 있는 것이며, 개별적인 학습 객체(Learning Object)를 통한 학습에서 추구해야 할 목표 단위를 규정하는 것이고, 이들 하위 학습 객체들간의 관계를 정립하는 것이기 때문이다.

현재 에듀넷에서 개발, 제공되고 있는 국어과 전자 교과서의 경우 학습 내용과 관련되는 메타데이터 요소는 주로 교과서의 단원, 학습 목표 및 내용과 관련된다. 그리고 또 한 가지 중요한 요소는 개발된 전자 교과서의 검색과 관련된 것으로 해당 단위 학습 객체가 다루고 있는 학습의 영역을 대표할 수 있는 주요 검색어를 지정하여, 개발 후 학습자에게 제공될 때 학습자가 쉽게 원하는 학습 자료를 찾을 수 있게 한다.

나. 독립적 학습 프로그램 관리를 위한 학습 내용의 분리와 절차화

앞서 메타 데이터의 작성과 관련하여서도 언급하였듯이, 학습 객체(Learning Object) 단위로 전자 교과서를 개발하기 위해서는 우선적으로 학습 객체가 가지는 하위 학습 목표의 단위를 설정해야 한다. 이는 전체적으로 국어과 교육과정과 교과서의 체제를 따른다고 할지라도, 그 하위 요소의 학습을 규정하는 데 있어서, 차시별 학습으로 구성할 것인가, 주요 학습 요소의 범주로 나누어 구성할 것인가 등 학습 객체가 다룰 학습 목표 및 내용 요소의 범위를 선정하고, 이에 따라 학습 내용을 분리하여 절차화해야 함을 의미한다.

에듀넷의 국어 전자 교과서의 경우에는 교과서의 단원을 구성하는 핵심적 학습 목표를 소단원 및 대단원 단위로 추출하여 이를 '학습 주제'로 목록화하여 전체 학습 체계를 만들었다. 이렇게 소단원이나 대단원 체제가 있음에도 불구하고 별도의 학습 목록을 만든 것은, 우선 소단원만 하더라도 하나의 학습 객체로 다루기에는 학습 분량이 많아 하위 목표로 세분화할 필요가 있어서이다. 또한 전체 학습 체계의 하위 단위에서 개별적으로 학습 자료를 개발하는 체제이기 때문에 이들 학습 자료 즉 학습 객체를 동일한 위치에서 요소화하여 개발할 필요가 있기 때문이다. 따라서 이들 학습 주제들의 모임은 영역별 -말하기/듣기, 읽기, 쓰기- 체계를 이루고, 이들 영역의 모임은 학기별, 학년별 국어 학습 체계로 만들어지게 된다.

학습 객체 단위로 전자 교과서를 개발할 때의 장점은 이들 학습 목록을 최종적으로 결정하고, 이에 바탕하여 전자 교과서를 개발한 후에도, 목록 상의 학습 주제들을 재구성하거나 새로운 학습 주제를 추가·삭제하는 것이 용이하다는 것이다. 이러한 재구성의 용이함은 학습자에 따라 달라지는 수준의 차이, 교육 과정과 교육 목표의 변화에 따른 구성 내용의 차이, 전자 교과서 개발 및 관리자의 요구에 의한 새로운 학습 요소의 추가 등의 문제를 해결할 수 있다.

에듀넷의 초등학교 국어 3-1학년 말하기·듣기 교과서 1단원의 경우 선정한 학습 주제 목록을 제시하면 다음과 같다.

대단원	소단원	학습 주제
함께 열어 가는 세상	서로를 생각하며	듣는이의 흥미나 관심을 생각하며 말하여야 하는 까닭 알기
		듣는이가 흥미나 관심을 가질 만한 내용으로 말하기
	알맞은 말	웃어른께 어떤 말을 써서 말하여야 할지 알기
		웃어른께 높임말을 써서 말하기
	*한 설음 더	되돌아보기
		더 나아가기

위에서 보는 바와 같이 학습 주제로 선정된 내용들은 해당 소단원의 하위 학습 목표라 할 수 있다. 즉 학습자가 현재 국어과 교육과정을 충실히 학습할 수 있도록 하는 데에 이 전자 교과서 개발의 목표를 두었기 때문에, 전체 국어 전자 교과서의 체제를 교과서와 동일한 체제로 갖추고 이를 구성하는 하위 요소를 교과서를 중심으로 추출, 선정한 것이다. 한편 '한 걸음 더'의 경우에는 필요에 따라 내용을 개발하기도 하고, 하지 않기도 하였다.

다. 학습자의 학습 관리를 위한 트래킹(tracking) 요소 선정

국어 전자 교과서를 개발하고 활용하는 근본적인 목적 중의 하나는, 학습자가 혼자서도 국어 교육을 받을 수 있도록 하는 데 있다. 따라서 이러한 전자 교과서를 개발할 때에는 학습자의 학습 관리를 위해 시스템에서 지원할 수 있는 기능이 어떤 것이 있는지 확인하고, 학습자에게 학습 관리 측면에서 제공할 정보들을 선정하는 것이 필요하다.

예를 들어, 국어 전자 교과서로 공부를 하는 어떤 학습자가 이전에 초등학교 국어 3-1학기 1단원까지만 학습하였다면, 다음에 국어

전자 교과서에 로그인하였을 때에는 3-1학기 1단원까지 공부하였다
는 정보를 주어 학습 진도를 관리할 수 있도록 도와줄 수 있는 것이
다. 그리고 국어 공부를 하는 과정에서 학습자가 학습한 활동들-글
쓰기 결과나 문제 풀이 결과, 주어진 학습 활동에 대해 활동을 한
것과 안한 것의 목록 등 전자 교과서를 설계하는 단계에서 국어 학
습을 위해 학습자가 필요로 하는 정보들이 어떤 것인지 검토하고 선
정하여, 개발 과정에 반영될 수 있도록 해야 한다.

이러한 학습자의 학습 관리와 관련되는 정보들을 추출하는 과정을
'트레킹(tracking)'이라고 하는데, 이러한 트레킹(tracking) 요소들
을 선정하고 나면, 이러한 정보들이 유의미하게 생산될 수 있도록
국어 교육 내용을 설계하는 과정에서 끊임없이 고민해야 한다. 그리
하여야 국어 교육의 내용을 학습자가 온전히 학습할 수 있는 과정을
전자 교과서를 통해 구현할 수 있는 것이다.

3.3.3 '학습 객체(Learning Object)' 단위 개발의 효과와 고려사항

가. 다양한 매체를 통한 학습 지원

학습 객체 단위로 국어과 전자 교과서를 개발할 때의 좋은 점은
활용 매체의 다양화에 있다. 다시 말해 기존의 전자 교과서 개발 형
태는 컴퓨터로밖에 구동할 수 없었지만, 학습 객체 단위로 전자 교
과서를 개발하게 되면, 요즘 활성화되고 있는 PDA 형태의 단말기
나 PCS폰을 통해서도 구동할 수 있게 된다. 이러한 컴퓨터 대용
매체의 개발은 휴대용 컴퓨터가 지나치게 고가일 뿐만 아니라 부피
가 커서 학습자들이 휴대하는 데에도 무리가 있다는 문제에서 출발
하여 활성화되고 있는 시점에 있다.49) 특히 요즘 휴대 전화나

PDA가 다양한 컴퓨터의 기능을 통합하여 발전하고 있는 양상을 보이고 있어, 이러한 가능성은 더욱 높아졌다. 이미 PDA 하나로 인터넷 검색을 물론 글 쓰기, 메일 주고받기 등 다양한 컴퓨터의 기능을 사용할 수 있는 시점이다.

나. 다양한 교수-학습 설계 방법론 정립 필요

보다 근본적으로는 학습 객체 단위의 국어 전자 교과서의 특질이 무엇인지 보다 심도 있는 연구와 실제 학습 객체 구성의 방법, 즉 국어과 교수-학습 설계의 방법론을 다양하게 탐구하여 적용, 개발할 필요가 있다. 이는 기존의 국어 교육의 목표와 방법을 계승하면서, 학습자의 개별 학습을 가능하게 한다는 특수성을 고려하고, 전자 교과서를 통한 국어 교육의 다양한 방법들을 개발해야 함을 의미한다. 전자 교과서 개발의 초기에는 국어과에서의 전자 교과서란 단순히 인쇄 교과서를 디지털화하는 것 정도로 여겼던 것이 사실이다. 그래서 기존의 인쇄 교과서의 내용을 그대로 옮기기만 하면 훌륭한 전자 교과서라는 관점도 있었다.

그러나 이제 전자 교과서의 개발이 활발하게 이루어지고, 국어교육이 전자 교과서를 통해 어떻게 이루어져야 하는지에 대해 보다 많은 교사, 연구자들이 관심을 갖게 됨에 따라 국어 교육의 특수성이 반영된 전자 교과서의 다양한 개발이 시도되고 있는 것이다. 새로운 국어 전자 교과서가 개발될 수록, 그러한 과정에서 시도되는 새로운 국어 교수-학습 설계의 방법은 더욱 다양해지고, 국어 교육의 방법론 역시 더욱 풍부하고 견고하게 발전할 수 있을 것이다.

---

49) 이러한 아이디어는 많은 초·중등학교 학생들이 휴대 전화를 사용하고 있다는 데에서도 착안할 수 있다. 요즘 학생들은 휴대 전화로 전화만 하는 것이 아니라 인터넷 통신도 하며, 간단한 쪽지 메일 형태의 메일도 주고 받는다. 이러한 방식으로 휴대 전화의 기능이 강화되고 휴대 전화 사용이 보편화된다면, 휴대 전화로 공부를 하는 시기도 금방 오리라 생각된다.

다. 학습 단위의 세분화에 따른 학습의 연계성·통합성 문제

한편으로 학습 객체 단위로 국어 전자 교과서를 개발할 때 전제가 되는 학습 단위의 개별화와 세분화는 국어 교육의 전체적인 관점에서 볼 때 그 연계성과 통합성 측면에서 문제가 있을 수 있다. 왜냐하면 이러한 방식은 개별 학습의 단위를 하나씩 분리하여 개발하고자 하는 의도를 지니고 있기 때문에 이들 요소가 전체 시스템으로 연결되었을 때의 모습이 전체 국어 교육의 내용을 포괄적이고 체계적으로 담고 있지 못할 우려가 있기 때문이다.

따라서 우선적으로는 학습 주제를 선정하고 목록화하는 단계에서 유기적이고 통합적인 국어 교육의 실현을 위해 그 연계성에 유의하여야 한다. 그리고 하위 학습 주제들간의 관계를 전체적인 목표에 맞추어 잘 구성해야 한다.

하위 학습 주제 및 학습 객체간의 관계짓기는 주어진 교육과정에 맞추어져 제공되는 교육 프로그램에 한정되지 않고, 학습자 스스로 혹은 어떤 주체의 의도에 따라 새로이 교육 프로그램을 재구성, 재구조화할 경우에 매우 유용하게 활용될 수 있으므로, 이러한 관련성을 구체적인 학습 내용 개발 과정 이전에 결정짓는 것이 좋다.

3.4 학습 객체형 국어 전자 교과서의 예시

이제까지 제시한 학습 객체형 국어 전자 교과서의 개발 방법론의 예시를 에듀넷에서 찾아 볼 수 있다. 물론 여기서 이상적으로 제시한 국어과 전자 교과서 개발의 방법론과 방향이 모두 적용되어 개발된 것은 아니며, 아직까지는 학습자의 학습 관리를 위한 시스템이 갖춰져 있지 못한 상황이다. 그러나 에듀넷의 새로운 이 전자 교과서는 전술한 바와 같이 기존의 개발 방법론과는 목적과 방향을 달리

하고 있다. 이에 여기서는 간단히 대표적인 화면 예시를 제시하는 것으로 마무리하고자 한다.

〈그림 3〉 에듀넷의 '교과서 따라하기' 선택 화면

이 전자 교과서는 에듀넷(www.edunet.net)의 〔학생〕 채널의 〔공부방〕-〔초등학교〕-〔교과서 따라하기〕를 선택하면 볼 수 있다.

〈그림 3〉 화면은 '교과서 따라하기'를 선택하였을 때 제시되는 화면이다. 여기서 특정 교과의 학년 및 학기를 선택하면 원하는 학습 내용을 찾아 볼 수 있다. 이 화면에서 '교과서 따라하기'의 하위 메뉴와 함께 '학습 도구함'을 선택하여 필요한 사전류를 선택하여 활용하면 더욱 효과적으로 학습할 수 있을 것이다. 기존의 전자 교과서에서는 학습 화면에 이 모든 도구 메뉴들을 함께 제공하였으나 새로운 전자 교과서에서는 학습을 지원하는 다양한 DB들을 별도로 메

뉴로 만들어 제공하고 있다.

'교과서 따라하기'의 국어 전자 교과서의 학습 방식은 '준비하기' → '목표알기' → '원리알기' → '활동하기' → '정리하기'로 이루어진다. 이 학습 메뉴들은 주어진 순서에 따라 공부해갈 수도 있고, 학습자가 원하는 단계에서부터 시작할 수도 있다.

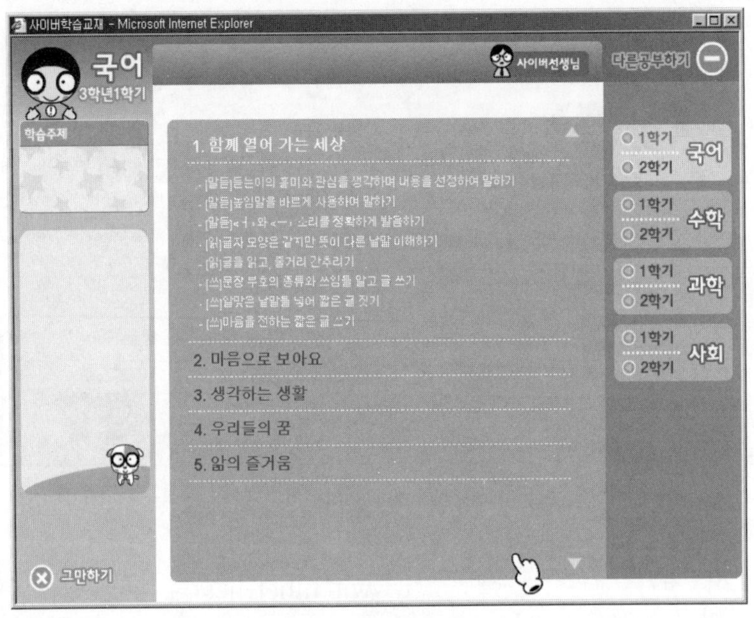

〈그림 4〉 초기 화면

〈그림 4〉 화면은 초등학교 국어 3-1을 선택하였을 때 제시되는 화면이다. 어떤 학습 주제를 선택하든지 화면의 구성 방식은 동일하다. 좌측 상단에 학습 주제가 제시되며, 중앙에 학습 주제 목록이 제시되고, 좌측 하단에 그만하기 메뉴가 있다. 그리고 중앙 상단에는 '사이버 선생님' 메뉴가 있어서 공부하다가 궁금한 사항을 질문할 수 있다. 오른쪽의 다른 과목명들은 학습자가 원하는 학습을 위해

이동할 수 있게 제시하고 있는 메뉴이다.

〈그림 5〉 준비하기

〈그림 5〉 화면 단계에서 특정 학습 주제를 선택하면 맨 처음에 '준비하기' 학습 단계로 들어간다. 이 메뉴에서는 해당 학습 주제에 대한 본격적인 학습 활동에 들어가기 전에 학습자의 수준을 진단하거나 미리 알아야 할 개념을 중심으로 도입하는 내용이 제시된다. 전반적으로 학습에 흥미를 가질 수 있는 주변의 재미있는 이야기들이나 질문들로 시작한다.

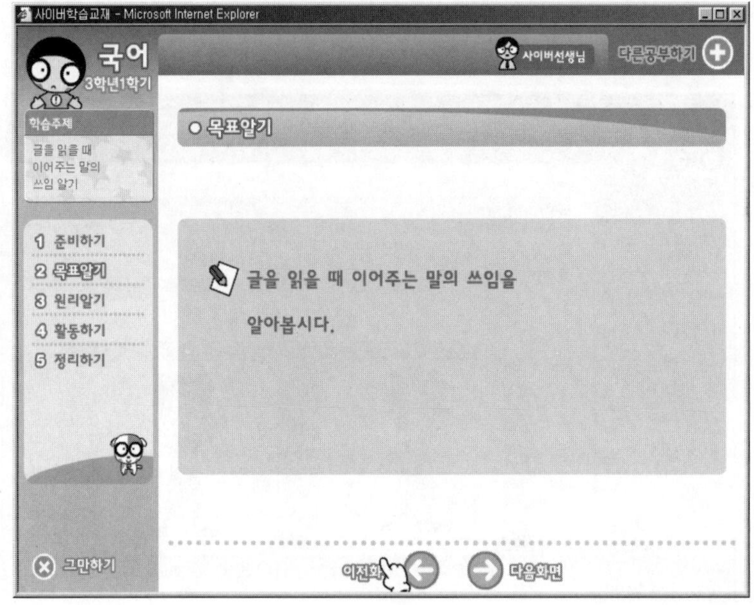

〈그림 6〉 목표 알기

〈그림 6〉 메뉴는 해당 학습 주제에 대한 학습 목표를 제시한다. 해당 학습 주제의 목표를 분명하면서도 간결하게 제시하여 학습자가 쉽고 명료하게 인식할 수 있도록 구성되어 있다.

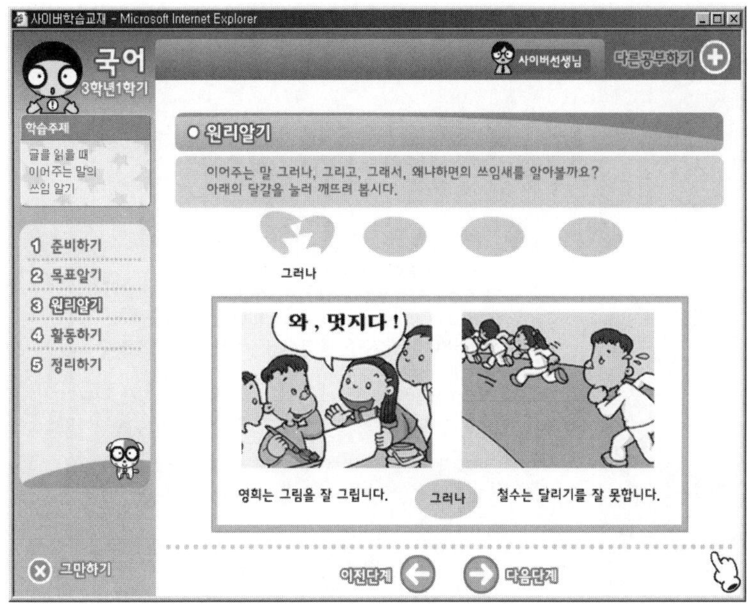

〈그림 7〉 원리 알기

〈그림 7〉 메뉴는 해당 학습 주제의 학습을 위해 필요한 원리, 기본 개념 등을 공부할 수 있도록 기본적인 학습 활동들을 재미있게 구성하고자 하였다.

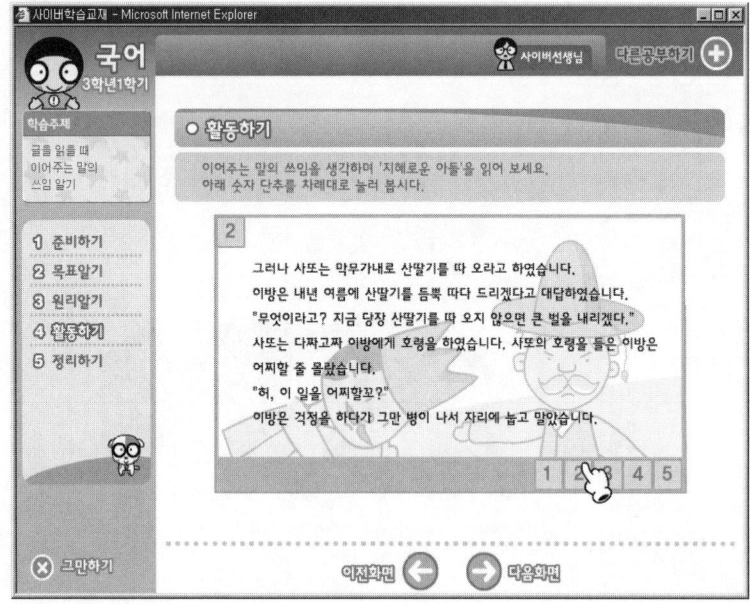

〈그림 8〉 활동하기

〈그림 8〉 메뉴는 주어진 학습 목표를 달성하는 본격적인 활동으로 이루어진다. 수업으로 본다면, 본차시 학습 활동에 해당되는 지점이다. 따라서 학습자에게 일방적으로 제시되는 방식보다는 학습자가 직접적으로 활동을 할 수 있는 방식으로 학습 활동을 구성하도록 하였다.

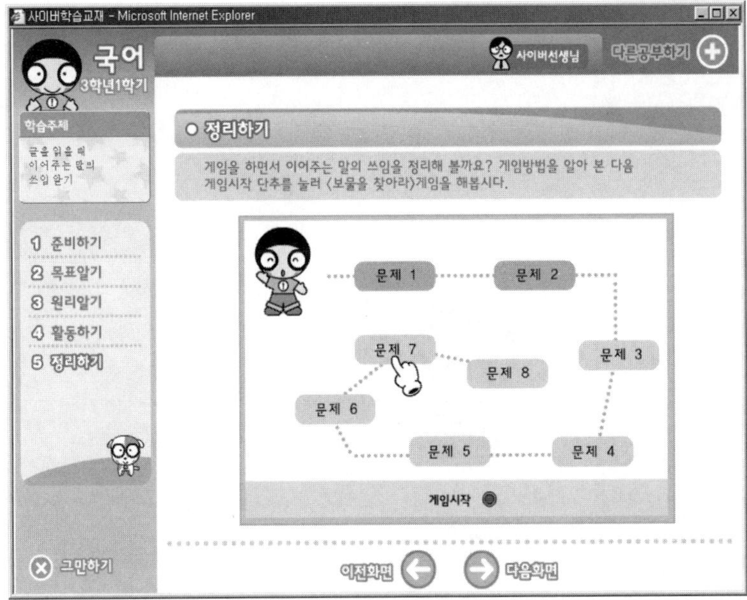

〈그림 9〉 정리하기

　〈그림 9〉 메뉴는 주어진 학습 목표에 대한 학습 달성도를 학습자 스스로 확인할 수 있도록 구성한 부분이다. 학습자 스스로 전체 학습 활동을 마무리하면서 자신의 학습 정도를 점검한다.

〈그림 10〉

학습자 스스로의 점검 활동이 끝나고 나면 최종적으로 해당 학습 주제의 학습을 마칠지를 확인하는 질문이 제시된다. 여기서 학습자는 다른 학습 주제를 선택하여 학습 활동을 계속할 수도 있고, 이미 공부한 내용을 다시 공부할 수도 있다.

참고 문헌

곽병선 외(1997), "전자교과서 개발 방안 연구(Ⅰ)",
        한국교과서연구소.
서유경(2000), "국어 전자 교과서 개발의 실제와 방향", 국어교육학회,
        국어교육학 연구 제10집.
서유경(2000), "웹에서의 국어 교육 설계 방향 연구", 청관고전문학회,
        고전문학과 교육 제2집.
손병길 외(2001), "전자 교과서의 개발 및 적용을 위한 실행방안 구체
        화 연구"1.
여운방 외(2000), "전자 교과서 설계 지침 및 모형 개발 연구",
        한국교과서연구재단.
이   준(2001), "LCMS(Learning Content Management Systems)
        기반의 e-Learning 개발과 적용",
        2001년도 학술세미나 「한국에서의 e-Learning :
        현재와 미래」 자료집, 한양대학교 교육공학연구소.
조난심 외(2000), "전자교과서의 편찬 및 검정 방안에 관한 연구",
        한국교육과정평가원.
Rosenberg, Mark J. / 유영만 역(2001), E-Learning : strategies
        for delivering knowledge in digital age, 물푸레.

참고 사이트

http://www.edunet.net

제11부

인터넷 매체의
국어교육적 활용

컴퓨터의 미디어 특성과 교육적 활용 원리

집집마다 텔레비전이 매체의 중심으로 자리잡고, 인터넷이 급속도로 보급되면서 이제는 사회 각 분야에서 미래적 지향을 이야기하는 자리에서 컴퓨터나 인터넷 없이는 논의가 불가능할 정도로 이들 매체가 화제가 되고 있다. 잠깐 돌리는 텔레비전의 채널에서도, 라디오의 잠시 나오는 광고에서도 정보 통신 매체의 장악력은 얼마든지 느낄 수 있을 것이다. 이제 정보 통신 매체의 영향력은 우리 자신의 삶의 문화를 결정짓는 중요한 요인으로 자리 잡아 가고 있다.

이러한 정보 통신 기술의 발달은 교육 분야에서도 마찬가지로 엄청난 변화를 일으키고 있다. 기존의 인쇄 매체를 중심으로 한 교과서가 디지털 교과서로 대치, 보완되고 있으며, 각 교과 교육의 구체적인 현장에서 ICT(Information & Communication Technology)가 문제시되고 있다. 특히 제7차 교육과정이 본격적으로 시행되고, 일선 학교에 컴퓨터가 보급[1)되기 시작하면서, 각 교과별로 ICT를 활용하는 문제는 당면 과제가 되었다. 제7차 교육과정에서는 초등학교 영어 교과의 경우 교과서 내용이 CD를 기반으로 만들어졌는가 하면, 각 교과 교육 과정의 내용 자체가 ICT 활용이나 미디어 교육 및 활용을 포함하고 있다. 이제 7차 교육과정의 시행에 맞춰 교과서가 새로이 만들어지고 나면, 이 문제는 훨씬 현실적인 것이 될 것이다.

그러나 이러한 현실적인 시급함에도 불구하고, 아직까지 실제적인 ICT 도입 방향이나 활용 방안에 대한 구체적인 논의와 연구가 충분히 이루어졌다고 보기는 어렵다[2]. 오히려 이제 이러한 부분에 대한 고민이 본격화되는 시점에 있다 할 것이다.

ICT 활용 혹은 교과 교육에의 도입 문제는 무엇보다 컴퓨터가 갖고 있는 미디어로서의 특성에 기반한다. 이때까지 교과 교육에서 미디어 활용이나 미디어 교육이 배제되어 있었던 것은 아니지만, 기존 미디어들의 특성을 아우르는 강력한 미디어로서 부상한 컴퓨터가 교육의 장에 도입되면서 컴퓨터 리터러시가 문제시되고, ICT의 교육적 활용이 주된 관심사가 되기 시작한 것이다.

또한 교과 교육에서의 ICT 활용 문제는 단순히 교육 방법의 측면만이 아니라, 교육 내용 자체와 교육 내용에 접근하는 관점, 철학을 변화하게 하고 있다. 교수–학습의 측면에서는 선생님과 학생 사이에 이루어지던 의사소통이 바뀌게 되었으며, 교수–학습의 자료 측면에서는 인쇄 자료가 디지털 자료로 바뀌게 되었고, 교수–학습의 본질

---

1) 2000년 대통령 신년사에 제시된 바에 의하면, 올해(2000년) 안에 일선 학교의 전 교실에 개인용 컴퓨터가 1대씩 무상으로 제공되고 전산망이 구축되는 것을 포함한 교육 정보화 종합 계획이 마무리 될 예정이다. 이러한 학교 현장의 변화는 각 교과 교육에서의 컴퓨터 활용이 본격화될 것을 암시한다.
2) 이미 이루어진 개별 연구나 시범 학교 운영의 결과들도 있지만, 보다 본격적인 논의가 이루어져야 함을 의미하는 것이다. 한국교육학술정보원에서는 ICT 활용 문제 해결의 일환으로 정보통신 기술 활용 교육 강화를 위한 방안 연구를 진행하고 있다. (연구보고 RR 1999-1『제7차 교육과정 대비 초·중등 정보 기술 (IT) 활용 교육 강화 방안 연구』, 한국교육학술정보원, 1999) 또한 한편으로는 각 교과별 활용을 위한 구체적인 지도서가 제작될 것이다.

측면에서는 교수-학습이란 것이 교사가 학습자에게 의도적으로 혹은 주입식으로 지식을 전달하거나 전수하는 과정이 아닌, 학습자가 주체적으로 원하는 지식을 습득하고, 습득한 지식을 스스로 구성하는 과정으로 변화하게 된 것이다.

본고에서는 이렇게 새로운 미디어로서 부상하고 있는 컴퓨터의 교육적 도입, 활용의 문제를 컴퓨터가 갖고 있는 미디어 특성에서부터 출발하여 고찰해 보고자 한다. 이는 교육되는 내용과 함께 통합되고 있는 미디어 교육의 측면을 고려함으로써 새로이 다루어지는 교과 내용이나, 기존의 교과 교육 내에서 목표로 삼는 교수-학습 활동에 대해 다른 방식으로 접근할 수 있는 방법을 모색해 보고자 하는 것이다.

기존의 뉴미디어를 중심으로 한 교육적 활용이나 컴퓨터 또는 인터넷 등의 첨단 미디어를 중심으로 한 교육적 도입의 문제들은 어디까지나 방법의 문제에 그치고 있는 측면이 있었다. 다시 말해 적어도 우리나라 교육에서는 이때까지 교육에서의 미디어 도입 문제가 도구적 활용의 측면에 국한되는 경향이 있었던 것이다. 이는 한편으로 실제적인 교과 교육에의 본질에는 접근하지 못하는 공학적 접근의 한계이기도 하다.

따라서 본고에서는 미디어에 대한 관점을 도구적인 측면으로 제한하는 것이 아니라, 미디어가 갖고 있는 매체적 특성이 실제 교육에 들어올 수 있는 것까지를 고려하여 살펴 보고자 한다.

이를 위해 우선 컴퓨터가 가진 매체적 특성을 고찰하고, 그 중에서도 교육적 관점에서 특별히 관심의 대상이 되고 있는 ICT의 개념과 특성을 정리하여 보고, 이에 기반하여 컴퓨터가 가진 미디어 특성이 교육적으로 활용될 수 있는 원리를 살펴보고자 한다. 아울러 특히 이러한 논의에서 구체적 적용이나 활용을 생각할 때에 고려해야 할 점을 정리해 보도록 하겠다.

1.2 컴퓨터의 미디어 특성

컴퓨터를 도입하여 교육을 설계해야 할 때에 가장 먼저 생각해야 할 것이 컴퓨터가 가진 매체적 특성일 것이다. 이제까지 교육 논의에서 '매체'가 다루어질 때에는 1)문화 전반에서 통용되는 소통도구적 측면, 2)매체가 가진 학습의 내용(CONTENT)과 도구적 측면, 3)교육 현장 혹은 교수-학습 현장에서 수업의 도구로, 수업의 과정으로 활용되는 측면3), 4)대중 매체 측면 등으로 다양하게 범주화되어 사용되었다. 사실 논의의 편의상 이렇게 구분은 하였지만, 매체를 중심으로 한 이러한 논의들 중에 어느 일부만을 선택하여 교육에 도입하려는 의도는 효과 측면에서나 본질 측면에서 바람직하지 못할 것이다. 오히려 이런 매체의 다양한 특성이 교육적으로 다루어질 때 교육은 학교의 담벼락 안에서만 제한적으로 이루어지는 어떤 것이 아니라, 우리의 삶의 곳곳에서 관계되는 총체적인 것이 될 수 있을 것이다. 다시 말해, 만약 어떤 매체가 어떤 측면에서 교육적으로 가치가 없다하여 가르치지 않는다면, 그야말로 학교에서 가르쳐지지 않을 뿐이지, 학습자들은 학교를 파함과 동시에 그런 매체들 속으로 달려가고 그것을 향유한다. 대중 매체의 경우가 바로 그런 예의 대표적인 것이다. 텔레비전이 도입된 이래로, 교육계에서는 텔레비전

---

3) 여기에는 '웹 기반 수업(Web Based Instruction)'과 '웹 기반 학습(Web Based Learning)'이 모두 포함된다. 일반적으로 웹을 바탕으로 한 교육적 설계를 지칭할 때에는 이 두 가지를 이른다. 이 둘은 웹 환경에서의 교수-학습 활동과 학습자와의 상호 작용이라는 점에서 비슷한 의미를 지닌다. 이를 굳이 2)항과 분리한 것은, 2)항은 웹이 교수-학습 자료로 구성되는 측면을 중심으로 한 것임에 반해, 3)항은 교수-학습 과정에 대한 설계 전반을 중심으로 한 것이기 때문이다. 3)항과 관련되는 논의로 이채연, 「WBI(Web Based Instruction)를 이용한 국어교과 개별화 수업설계와 활성화 방안」, 『국어교육』, 한국국어교육연구회, 1998.이 있다.

이 가진 갖가지의 악영향이 논의되어 왔다. 그리고 한편으로는 교육
적으로 어떤 방법도 쓰지 못한 채 방치되어 온 것도 사실이다. 그러
나 그러는 동안 어느 사이에 텔레비전은 우리 삶의 문화에서 배제될
수 없는 중요한 매체로 자리 잡았다.

  이제 우리에게 부닥친 현실은 어떤 매체가 교육적으로 가치가 있
느냐 없느냐, 혹은 좋은 것이나 나쁜 것이냐의 판단하는 것이 아니
라, 그 나쁜 것까지도 어떻게 바람직한 방향으로 유도하여 그 매체
가 올바르게 사용될 수 있도록 해야 하는 것이 되었다. 본고에서는
이러한 관점에서 컴퓨터가 가진 매체성을 특성화하여 보고, 교육적
으로 어떻게 활용될 수 있는지를 원리화하여 보도록 하겠다.

1.2.1 멀티미디어와 하이퍼 미디어

  컴퓨터가 가진 중요한 특성 중의 하나는 컴퓨터가 다루는 정보 혹
은 자료들은 모두 디지털화된 멀티미디어라는 점이다. 컴퓨터가 온
라인으로 정보를 전송해 오든지, 아니면 오프라인에서 저장하고 있는
정보이든지간에 컴퓨터가 가진 자료의 성질 자체가 그러한 것이다.

  '멀티미디어'란 문자정보, 음성정보, 영상정보 등을 동시에 다중적
으로 제공할 수 있을 뿐만 아니라 상호작용적으로 정보를 검색해 보
고 조작해 볼 수 있는 매체나 교수-학습 체제라고 개념화할 수 있
다.[4] 사실 '멀티미디어'는 컴퓨터나 인터넷에서 새로이 생긴 개념이
아니라 전통적인 수업에서 의사소통의 과정에 도입되는 칠판, 슬라
이드, OHP 등의 자료들을 지칭한 것이었다. 그러나 최근에 컴퓨터
의 기능이 확장되면서 멀티미디어의 대표적인 매체로 컴퓨터가 인식

---

4) 박성익, 「멀티미디어의 "개념, 교육적 기능과 활용 관점, 학습환경 설계원리"에
    관한 고찰, 『교육 공학 연구의 최근 동향』, 교육과학사, 1998. 46~49쪽

된 것이다.5) 기존의 개념이든, 컴퓨터를 중심으로 한 개념이든 멀티미디어라는 개념의 핵심은 인간의 두 가지 이상의 감각기관을 동시에 자극하면서 메시지를 전달할 수 있도록 정보전달 매체를 통합하여 사용하는 것을 뜻하는데 있다. 이는 달리 '다중 매체성'이라 부를 수 있는 것으로 학습자와 인터넷, 학습 내용과의 상호작용 측면에서 중요한 의미를 지닌다.

교수-학습 자료로서 사용되는 컴퓨터는 그 자체로 학습자에게 인지되는 대상이고, 컴퓨터를 통해 제공되는 각종 자료들은 정보와 지식이 된다. 이러한 측면에서 제공되는 멀티미디어 자료의 미적 자질은 중요해진다. 다시 말해 어떤 종류의 자료들로 구성되어 있는가-텍스트, 그래픽, 오디오, 이미지, 동영상, 애니메이션 등-와 함께 이 자료들은 얼마나 이해하기 쉽게 제작되어 있는가의 문제가 중요한 것이다. 그래서 최근의 미디어 교육 관련 논의에서는 이러한 자료들의 질적인 자질이 중요한 부분으로 다루어지고 있다.6)

중요한 것은 교수-학습의 과정에서 다중 매체성의 활용은 학습과 정보의 효과적인 전이로 전통적인 수업보다는 멀티미디어 보조수업에서 그 효과가 높게 나타난 결과들이 있다는 것이다.7)

---

5) CD와 인터넷은 멀티미디어를 자료로 학습을 설계하는 도구라는 점에서 공통점을 갖는다.

6) 백영균은 위의 책에서 실제적인 웹 문서 제작과 평가의 문제로 이 부분을 중요하게 다루고 있다. 또한 미디어 교육의 내용 부분이나 멀티미디어가 갖고 있는 내용의 적합성과 함께 표상의 질적 수준이 정보의 이해에 큰 영향을 미친다는 논의들이 이루어지고 있는 실정이다.(박성익, 「멀티미디어의 "개념, 교육적 기능과 활용 관점, 학습환경 설계원리"에 관한 고찰,『교육 공학 연구의 최근 동향』, 교육과학사, 1998.)

7) 그렇지만 모든 경우 이러한 의미있는 차이들을 보이는 것은 아니다. 이와 관련된 연구 결과들을 통해 얻을 수 있는 결론은 일부의 학습과제에서 효과적인 정보전이가 이루어진다는 것이다.(박성익, 위의 글, 55~56쪽) 이에 대한 교육적 의미는 구체적인 학습 내용과 교수-학습의 현장에서 실험연구 등을 통해 검증되어야 할 부분이다.

이는 한편으로 '매체 변용'측면과 깊은 관련을 가진다. 문자 텍스트를 읽을 때와 문자 텍스트에서 다른 종류의 텍스트로 변용된 자료를 대상으로 할 때 변화하는 이해의 차이나 읽기 자료라는 하나의 매체 사용이 아니라 다양한 종류의 매체들을 함께 교수-학습 자료로 다룰 때에 가져 올 수 있는 효과의 차이[8]는 실제적인 교과 교육 안에서의 매체 교육 가능성과 앞으로의 방향 설정에 중요한 시사점을 줄 수 있을 것이다.

컴퓨터의 온라인 기능이 극대화된 형태로서의 인터넷을 대표로 든다면, 그 매체의 큰 특성은 하이퍼 텍스트 혹은 하이퍼 미디어이다. 이는 문자, 이미지, 영상, 사운드 등이 비구조적 또는 구조적으로 통합되어 묶여져 있는 구조를 말한다.[9] 인터넷의 이러한 하이퍼 미디어적 특성은 기존의 전통적인 수업에서 다양한 자료를 동시에 다루기 어려웠던 점들을 극복하게 해 준다. 인터넷의 하이퍼미디어적 특성은 인터넷의 무한한 정보 탐색 가능성을 야기함으로써 한정된 주제로 제한된 시간의 학습을 어렵게 하였으나, 최근 Resource Based Instruction 접근 등으로 효율적으로 활용할 수 있는 길을 열기도 하였다.[10]

---

8) 인간-매체 상호 작용의 과정에서 학생들이 기억하는 수준을 살펴 보면, 학생들은 귀로 들은 것의 10%를 기억하고, 글로 읽은 것의 20%를 기억하며, 시각적으로 본 것의 30%를 기억하고, 행동으로 수행한 것의 70%를 기억하게 된다는 연구 결과가 있다.(Krink & Gustafson, Instructional technology : A systematis approach to education, New York : Holt, Rinehart and Winston, 박성익, 위의 글에서 재인용)
9) 백영균, 위의 책, 71쪽
10) 인터넷의 이러한 특성과 기능에 기반하여 교과 교육에서의 ICT 활용 논의가 활발하게 진행되고 있다. 이 부분에 대해서는 다음 절에서 자세히 다룰 것이다.

1.2.2 컴퓨터의 메타 미디어적 특성

다른 여러 매체들 중에서도 컴퓨터가 교육의 매체로서 특별히 주목을 받는 것은 그 미디어의 메타적 특성이다. 다시 말해, 컴퓨터는 기존의 거의 모든 매체들을 망라는 기능들을 통합해서 수용하고 이들을 사용할 수 있게 해 준다. 텔레비전, 라디오, 전화, 책 등 각종 미디어들이 컴퓨터를 통해서 제공되는 것이 가능해진 것이다. 게다가 컴퓨터는 이러한 기존 매체의 단점을 보완할 수 있는 기능까지도 갖추고 있다. 그래서 각종 미디어 산업의 주자들은 인터넷 서비스를 동시에 하기 시작했다. 가장 강력한 매체인 텔레비전 방송국에서도 사이트를 만들어서 실시간으로 혹은 VOD로 공중파 방송과 함께 제공한다. 또한 각종 시청자 코너를 만들어서 상호작용을 할 수 있는 창구를 만들어 운영한다. 이러한 컴퓨터의 메타 미디어적 특성은 컴퓨터를 보다 더 거대한 미디어로 발달시키며, 통합 미디어로서의 컴퓨터가 활용될 수 있는 폭을 넓히고 있는 것이다. 그래서 컴퓨터의 메타 미디어적 특성은 컴퓨터가 각종 미디어를 통합하면서 기존의 미디어를 어떤 방식으로 다루는가, 기존의 미디어가 어떤 방식으로 컴퓨터에 수용되는가에 대한 논의도 필요로 한다.

또 한편으로 컴퓨터가 가진 멀티미디어와 하이퍼 미디어적 특성 역시 메타 미디어 관점이 필요함을 보여준다. 다시 말해 컴퓨터 자체도 하나의 매체이긴 하지만, 컴퓨터가 포함하고 있는 다양한 자료들 역시 개개별로 매체적 특성을 갖고 있는 입체적인 구성을 보이고 있는 것이다. 이는 다양한 매체가 가진 특성들이 컴퓨터 혹은 인터넷에 멀티미디어 형태로 수용되면서 어떤 변화를 일으키는지, 학습자 혹은 사용자 측면에서 이러한 메타 미디어적 특성은 어떤 효과와 기능을 발휘하는지 등에 대한 논의의 필요성을 제기한다.

1.2.3 상호 작용성

컴퓨터가 갖고 있는 상호작용적 특성은 컴퓨터의 다양한 미디어 실현 양상 중에서도 온라인, 인터넷과 밀접하게 관련된다. 따라서 여기서는 인터넷으로 범위를 좁혀서 살펴 보도록 하겠다.

인터넷의 상호작용적 특성은 여러 층위에서 논의될 수 있다. 즉 인터넷을 구성하고 있는 미디어 자료들 간의 상호작용, 학습자와 인터넷의 상호작용, 학습자와 인터넷이 제시하고 있는 학습 내용과의 상호작용, 인터넷을 기반으로 한 학습에서의 학습자와 학습자간의 상호작용, 그리고 교사와 학습자 간의 상호작용이다. 이는 크게는 인터넷 자체가 자료의 구조적 차원에서 포함하고 있는 상호작용성과 인터넷을 사이에 두고 있는 사용자들간의 상호작용 두 가지로 나눌 수 있다.

그런데 인터넷이 포함하고 있는 자료들의 구조적 차원에서의 상호 작용성과 학습자와 인터넷, 학습 내용과의 상호작용은 다음 항에서 다루어질 하이퍼미디어 특성에서 같이 다루어질 수 있을 것이므로, 여기서는 교수자 혹은 학습자간의 상호작용 차원만을 다루기로 한다.

인터넷을 중심으로 한 교수자와 학습자, 학습자와 학습자와의 상 호작용은 특히 교수–학습 과정에서 중요하게 부각된다. 이는 특히 인터넷이라는 매체가 다른 매체와는 달리 교수자와 학습자간의 공간 적, 시간적 거리의 문제를 극복하여 활발한 상호작용이 가능하도록 했다는 것과, 학습자들간의 협동학습과 토론학습, 상호 평가를 가능 하게 했다는 데에 기인한다. 최근 인터넷을 기반으로 이루어지는 전 자 메일을 활용한 교육 연구[11]나 채팅과 게시판을 교육적으로 활

---

11) 최성희, 정혜선, 「메시지 내용분석을 통한 전자우편의 교육적 활용 연구」, 『교 육공학연구 제14권』 1998.이 그 대표적인 예이다. 이러한 전자 우편과 채팅 등의 정보 교환 도구를 활용한 상호작용 증진 수업 모델들은 교육 공학적 관

용, 적용한 연구들이 대표적인 사례라고 할 것이다.

특히 학습자들간의 상호작용성은 무엇보다 교수-학습 과정에 획기적인 변화를 일으켰다고 해도 과언이 아니다. 인터넷을 기반으로 학습할 때에 학습자간의 의사소통과 정보 교환은 교수-학습 과정을 더욱 역동적으로 만들뿐만 아니라, 수업 형태를 변화시키며, 평가의 방식을 다양화하는 등 활용 측면에서 의미있는 결과들을 보여준다.

그런데 본고에서 주목하는 바는 인터넷이라는 매체를 이용하여 이렇게 다양한 수업을 할 수 있다는 것이 아니라, 인터넷이라는 매체로 교수-학습 과정을 설계할 때에 학습 활동의 일부로 이러한 특성이 반영할 수 있다는 데에 있다. 다시 말해, 인터넷으로 구성된 학습 교재를 폐쇄적 구조를 가진 대상으로 상정하고 교수자와 학습자, 학습자와 학습자가 상호작용을 하는 것이 아니라, 인터넷에서의 교수-학습 과정에 이러한 상호작용을 중심으로 한 활동을 구성함으로써 매체에 대한 학습뿐 아니라 교과의 학습이 동시에 가능하도록 할 수 있어야 할 것이다. 예를 들어 국어교과의 경우 언어를 중심으로 한 소통 자체가 학습 내용이 될 수 있는 특성이 있으므로 이 부분은 앞으로도 활발한 논의가 기대된다.

인터넷이 가지는 또 하나의 매체적 특성은 정보의 개방성에 있다. 인터넷에서는 어떠한 정보이든 개방되어 있어서, 언제든 누구든 원하는 정보를 얻을 수가 있다. 인터넷의 이러한 특성은 기존의 교육적 접근에서 구성주의적인 논의들을 할 수 있는 기반이 되었다. 다시 말해 정보나 지식을 획득하는 방식이 누군가에 의해 이루어지는 것이 아니라, 사용자 스스로 검색하고 판단하여 얻고자 하는 정보를 얻을 수 있는 체제를 갖추고 있는 것이다.

특히 이런 부분은 교육적 활용 부분에서 학습 자료의 극대화를 가능하게 하였다. 전통적 교수-학습 상황에서는 한정된 자료로만 학습

점에서 활발하게 연구되었다.

을 하였지만, 인터넷에서의 학습은 무한히 다양한 자료들을 토대로 학습을 하게된 것이다.

그러나 한편으로 이러한 정보의 개방성이 학습자로 하여금 무한한 정보의 바다 속에서 헤매이게 할 수 있고, 정작 필요한 정보는 찾지 못한 채 정보의 홍수 속에서 시간만 허비하게 할 수도 있으며, 자신에게 필요한 정보를 찾다가 엉뚱한 길로 빠져 해야할 학습에서 벗어날 수 있는 등 여러 가지 문제를 갖고 있는 것은 사실이다. 이러한 정보의 개방성은 네트워크 범위의 제한이라든지 특정 학습 목표에 필요한 자원을 어느 정도 목록화하여 제공한다는지 하는 방법으로 해결 방법이 강구되어야 할 것이다.

1.2.4 정보의 시각화

컴퓨터를 통해 만들어지고 제공되는 멀티미디어 데이터의 가장 큰 특징은 "시각화"에 있다. 이는 일차적으로 컴퓨터라는 미디어가 모니터를 가진 시각 중심의 특성을 가지고 있기 때문이기도 할 것이다. 그래서 인터넷이든 CD이든 컴퓨터를 매개로 하여 만들어지는 자료들은 일차적으로 시각적으로 보기 좋은 형태로 만들어질 수 있도록 디자인에 치중한다. 읽을 거리 하나를 담는 페이지에도 시각적으로 보여질 때를 고려하여 사진 등의 이미지를 첨부하여 배치를 달리하여 보든지, 예쁜 캐릭터를 이용한다든지 하는 다양한 방법을 시도하는 것이다.

이러한 시각적 자료의 강화는 한편으로 정보들이 단지 읽히는 것에 그치는 것이 아니라 보여지고 해석되는 것이라는 것을 말해 준다.12)

---

12) 그래서 일찌기 호주 등의 나라에서는 교육과정상의 한 영역으로 "보기"라는 영

1.3 ICT의 개념 및 범주

ICT는 Information & Communication Technology의 약자로 정보와 통신 기술을 의미한다. 처음에는 ICT라는 용어보다는 IT (Information Technology)를 사용했었지만, 통신 혹은 의사 소통 측면의 중요성이 부각됨에 따라 ICT를 사용하는 경향이 많아졌다.

이러한 ICT은 컴퓨터 매체의 교육적 활용에 있어서 주요한 관심의 대상이 되고 있다. ICT라는 용어의 의미를 구성하고 있는 '정보 통신 기술'은 '정보 문해'의 개념에서 출발한다. 정보 문해는 컴퓨터 리터러시의 확대된 의미로 "컴퓨터를 비롯한 다양한 정보 기술이 가지는 기능, 특성 및 장·단점을 알고 이들을 비교·평가하여 문제해결에 적합한 기술을 선택할 수 있는 능력, 선택한 정보 기술을 문제해결에 실제로 활용할 수 있는 능력, 나아가 정보 기술 이용과 정보화에 따른 사회현상을 이해하고 평가할 수 있는 능력뿐만 아니라, 건전한 정보윤리의식을 가지고 삶을 영위할 수 있는 능력을 포함하는 개념"으로 정의할 수 있다.[13] 이러한 정보 문해에는 컴퓨터 기기와 정보만을 다루는 기술적 정보 중심의 접근, 기능적 접근뿐만 아니라 정보와 정보기기의 사회적, 정치적 경제적 역할과 영향에 대한 비판적 안목, 윤리의식의 고취 등이 가미되어야 한다는 것이 요즘 컴퓨터 및 정보 교육 분야에서 논의되고 있다.[14]

역을 설정하여 운영하기도 한다.

13) 연구보고 RR2000-2, 『제7차교육과정 대비 초·중등 정보교육 개선 방안 연구』, 한국교육학술정보원. 2000. 12쪽

14) 컴퓨터 교육은 이제 단순하게 컴퓨터를 사용하는 방법을 가르치는 것을 넘어서 정보 교육, 즉 교과 수업에 정보통신 기술을 접목시키는 방향으로 점점 나아가고 있다. 이러한 정보교육은 자신에게 필요한 정보를 수집·분석·가공·재생산하여 능동적, 창의적인 삶을 누리도록 하자는 데에 그 목표를 두고 있다. 이를 위해 정보(information)와 통신(communication)의 중요성이 강조

그래서 정보 문해자는 단순히 주어진 정보를 사용하는 정보의 소비자가 아니라 정보의 소비자이면서 동시에 정보를 가공하고 창출해 내는 정보 생산자가 되어야 함이 강조된다. 이는 한편으로 미디어 교육의 본령이라고도 할 수 있는 것으로, 기본적으로 미디어를 통해 제시되는 자료를 올바로 읽어 내고, 이해할 수 있는 능력은 모든 교육의 기초가 될 수 있는 능력이기도 하다.

또한 이러한 정보의 생산자 개념은 새로이 변하고 있는 지식에 대한 관점과도 중요한 관련이 된다. 더이상 많은 정보를 이해만 하는 수용자를 필요로 하지 않는다. 어떤 방식으로든 자신이 이해하고 받아들인 정보가 자신 속에서 새로이 구성된 지식을 만들어 낼 수 있는 사람이야말로 새로운 시대가 요구하는 지식인자 학습자인 것이다.

이렇게 정보 문해의 개념에서 출발한 ICT라는 용어는 이제 "컴퓨터 기반의 하드웨어와 소프트웨어와 관련된 도구와 기법을 의미하며, 통신, CD-ROM과 인터넷같은 정보자원, 정보 통신 공학과 관련을 맺고 있으며, 이를 통한 정보의 수집, 가공, 저장, 검색, 전송, 수신, 표현, 통제, 관리, 조작 등과 관련된 모든 시스템을 포함하며, 이를 직업과 일상 생활에서 적절히 이용하여 효과적으로 학습하기 위해 필요한 지식, 기술(skills), 이해를 지원하기 위한" 것15)으로 정의된다.

그런데 기존의 교과 교육에서 사실 기존의 컴퓨터 활용 교육이나 인터넷 활용을 고려할 때, 교육 도구로써 다루어진 경향이 있다. 여기서 '교육 도구'라 함은 컴퓨터나 인터넷이 가진 매체적 특성이나 매체 자체의 교육과는 다른 것으로 단지 수업의 보조 교재 정도의 의미를 지닌다. 그렇지만 이제는 대중 매체 등 각종 매체를 통해 만

되고, 여기에서 정보통신기술이라는 용어가 중요하게 부각되고 있는 것이다.
15) 유인환, ICT와 문제 해결 과정의 통합에 기반한 정보 교육 과정 모형 개발, 한국교원대학교 학사학위 논문, 2000

들어지는 자료들도 교과 교육 내에 도입되고 있고, 이들 매체를 수용하는 방법과 태도 등도 교과 교육의 하위 내용으로 도입되고 있는 상황에서16) ICT 부분 역시 단순한 수업 도구의 차원이 아닌 교과 교육의 하위 내용으로 자리잡는 데 대한 모색이 이루어져야 할 때라고 할 수 있을 것이다.

그렇다면 현재 제7차 교육과정 상에 드러나는 ICT 관련 항목은 어떻게 진술되어 있는지 몇 개 교과를 중심으로 보도록 하자. 다음은 초등학교 각 학년의 국어교육 내용 항목에 들어가 있는 진술이다.

3학년
- 〈쓰기〉(7) 글을 컴퓨터로 옮겨 쓴다
  〔기본〕글쇠판을 보면서 자신이 쓴 글을 컴퓨터로 옮겨 쓴다.
  〔심화〕글쇠판을 보지 않고 자신이 쓴 글을 컴퓨터로 옮겨 쓴다.

4학년
- 〈쓰기〉(8) 컴퓨터를 이용하여 자신의 생각을 글로 쓴다.
  〔기본〕컴퓨터를 이용하여 자신의 생각을 글로 쓴다.
  〔심화〕컴퓨터를 이용하여 방학이 되면 하고 싶은 일을 글로 쓴다.

5학년
- 〈쓰기〉(9) 전달 효과를 고려하여 자신의 글을 컴퓨터로 편집한다.
  〔기본〕글자의 모양, 크기, 문단 모양 등을 고려하여 자신의 글을 보기
      좋게 컴퓨터로 편집한다.
  〔심화〕그림이나 사진, 표 등을 넣어 자신이 쓴 안내장이나 신문기사를
      보기 좋게 편집한다.

위에서 알 수 있듯이, 현재 제7차 국어과 교육과정에 설정되어

---

16) 이는 제7차 교육과정의 내용 부분을 보면 더욱 확실히 드러난다. 특히 국어 교육과정의 10학년의 「국어 생활」 교과에서는 매체 교육 부분이 본격적으로 다루어지고 있어 주목된다.

있는 ICT 활용 부분은 사실상 단순히 컴퓨터의 키보드를 사용하는 수준과 한글 등의 워드 프로세서를 이용하여 편집하는 정도의 기능을 활용하는 것이 대부분이다. 교육 과정 상의 이러한 내용은 국어 교과목이 가진 특수성과도 관련이 있다. 국어 교육의 내용은 말하기, 듣기, 쓰기, 읽기 등의 활동이 중심이 되는데, 이들 활동이 컴퓨터를 통해서 어떻게 이루어질 수 있을지를 고려한 것이 반영된 것이 위의 교육 과정의 모습일 것이다.

수학과의 경우는 교육 과정의 내용이 아닌 지도상의 유의점을 밝히는데서 언급된다.

아. 각 영역에서는 다음의 사항에 유의하여 지도한다.
  (1) '도형'에서는 직관에 의한 관찰이나 여러 가지 구체적 조작물 및 적절한 컴퓨터 프로그램을 활용하여 도형의 기초적인 성질을 알고 도형의 아름다움을 찾아볼 수 있도록 배려하며, 추론은 간단한 소재로부터 복합적인 소재로 발전시켜 연역적 추론이 완성되도록 유의한다.
  (2) 교수·학습 과정에서 계산 능력 배양이 목표인 영역을 제외하고는, 복잡한 계산, 수학적 개념·원리·법칙의 이해, 문제 해결력 향상 등을 위하여 가능하면 계산기나 컴퓨터를 적극 활용하도록 한다.

수학과의 이러한 진술은 실제 구체적인 수학 교과 교육 내의 내용과는 연결될 필요성을 제기하지만, 한편으로는 수학과의 내용과 컴퓨터의 활용을 폭넓게 지지하고 관련짓고 있다는 점에서는 고무적이다.17)

---

17) 참고로 도덕과와 사회과의 교육과정상에 반영되어 있는 부분을 제시하면 다음과 같다.
  [도덕과] 4학년
  (3) 사회 생활
    (가) 공공 장소에서의 예절과 질서
      ① 공공 장소에서 지켜야 할 예절과 질서를 알고, 이를 실천하려는 태도와 의지를 지닌다.

이렇게 교육 과정 상에 반영된 ICT 활용의 방안은 우리의 실생활에서 얼마나 정보 통신 기술의 활용이 실제적인 문제로 부상되었는가를 보여주는 척도이기도 하다. 이제 ICT 활용 영역은 특수한 사람들을 위한 부분적인 교육이 아닌, 누구나 언제든지 어디서든지 가질 수 있는 생활 문화의 영역으로 자리 매김 되고 있다. 특히 연령이 낮을 수록 이러한 현상은 급속도로 확산되는 추세이다.

이러한 컴퓨터의 매체적 특성을 대표하는 ICT의 영역은 각 교과 교육의 내용과 방법 측면에서 많은 변화를 초래하고 있으며, 컴퓨터 혹은 ICT의 미디어적 특성은 교육적인 활용의 무한한 가능성을 보여 주기도 한다.

1.4 컴퓨터의 교육적 활용 원리

이제 마지막으로 지금까지 살펴 본 컴퓨터 혹은 인터넷 매체가 가진 미디어 특성과 교육적 특성을 함께 연결할 고리를 몇 가지로 나누어 정리해 봄으로써 본 논의를 마무리하고자 한다.

컴퓨터 혹은 인터넷이 교육의 매체로서 또는 교과 교육 내에서 미

---

  ② 공공 장소에서 지켜야 할 여러 가지 예절과 질서(정보 통신 예절 교육 내용 포함)

[사회과] 5학년

(3) 세계 속의 우리 경제

 (나) 정보화 시대의 산업 활동

  ① 새로운 정보가 개인과 기업의 경쟁력이 된다는 사례를 제시한다.

(4) 교수·학습 방법

 (카) 정보화 사회에 적극 대응하기 위해 요구되는 정보 처리 기능과 창의적 사고력 신장을 위해 신문 활용 교육(NIE)을 적극 활용하도록 한다.

 (바) 도시화, 정보화, 세계화 등의 현대 사회의 변화 추세를 실증적 자료를 중심으로 분석할 수 있도록 한다.

디어 교육의 내용으로서 가지는 가장 중요한 원리는 개별화의 원리이다. 이는 컴퓨터나 인터넷이 매우 개인적인(personal) 미디어라는 점과 관련된다. 교육적 관점에서도 이러한 개별성 혹은 개인성은 매우 중요한 특성이기도 하다. 왜냐하면, 학업 능력 혹은 성취 수준은 어디까지나 개별적으로 유의미한 것이며, 최근 적용되기 시작한 제7차 교육과정의 가장 큰 주안점 역시 학습의 개별화인 것이다.

교수 측면에서 볼 때에도 이러한 개별화의 원리는 한 사람의 교수자가 다양하고 많은 학습자를 개별적으로 학습할 수 있게 해 준다. 어느 정도 한정된 시간에 보다 많은 개별적 학습자에게 교수-학습을 가능하게 하는 이러한 개별화 원리는 교육적으로 활용될 때에 큰 효과를 거들 수 있으리라 예상된다.

다음으로 들 수 있는 원리는 쌍방향 원리이다. 컴퓨터 혹은 인터넷이 가진 가장 막강한 미디어 특성 중의 하나가 바로 이 쌍방향 원리일 것이다. 그래서 지금까지의 미디어 중에서도 장악력이 강하였던 텔레비전 매체조차도 컴퓨터가 가진 이 쌍방향 원리는 갖고 있지 못하였기 때문에, 쌍방향 원리를 중심으로 기존의 매체가 스스로 보완하기 위해 노력하고 있는 현상이 벌어지고 있다.

이러한 쌍방향 원리는 컴퓨터와 사용자간, 그리고 사용자간의 쌍방향 의사소통을 지원하는 것이다. 쌍방향 원리는 교육적 활용에서 특히, 교수-학습 활동 과정의 쌍방향 의사소통을 가능하게 하기 때문에 기존의 선생님에 의한 학습자에로의 일방적 전달 수업이 아닌, 학습자의 다양하고 적극적인 참여에 의해 교수 학습활동이 이루어질 수 있다.

이와 더불어 컴퓨터와 인터넷이 가진 검색 기능은 학습자가 적극적으로 학습에 참여하여 스스로 문제를 해결해 나가는 방식의 교수 학습을 지원한다. 또한 이러한 컴퓨터의 매체 특성은 학습자가 자신이 원하는 정보를 언제 어느 때이든 구할 수 있도록 하며, 학습자는

획득한 정보를 통해 스스로 지식을 구성할 수 있게 한다. 이러한 구
성주의적 관점에 의한 교수 학습은 새로이 변화하고 있는 교육 패러
다임 안에서 더욱 활발히 논의되고 적용 가능성을 넓혀지는 방향에
서 모색되고 있다.

참고 문헌

교육자료 TL 2000-11(2000), 『ICT 활용 교수-학습 지도안 자료집』,
　　　　한국교육학술정보원
권형규(2000), 『인터넷@교육』, 푸른솔.
김광해(1995), 「언어지식 영역의 교수 학습 방법」,
　　　　『국어교육연구』 제2집,
　　　　서울대학교 사범대학국어교육연구소.
김대행(1998), 「매체언어교육론 서설」, 『국어교육 97』.
김동환(1999), 「컴퓨터 게임과 문학교육」, 『문학과 교육』 13호.
김명준 외(1998), 『커뮤니케이션 혁명과 정보화 사회』, 법문사.
김영석(1999), 『멀티미디어와 정보사회』, 나남출판.
＿＿＿(2000), 『디지털 미디어와 사회』, 나남출판.
나일주·정인성(1996), 『교육공학의 이해』, 학지사.
로베르 에스카르피 [김광현 옮김] (1996), 『정보와 커뮤니케이션』,
　　　　민음사.
박성익(1998), 「멀티미디어의 "개념, 교육적 기능과 활용 관점,
　　　　학습환경 설계원리"에 관한 고찰」,
　　　　『교육 공학 연구의 최근 동향』, 교육과학사.
서유경(2000), 「국어 전자 교과서 개발의 실제와 방향」,
　　　　『국어교육학연구』 제10집,
　　　　「웹에서의 국어 교육 설계 방향 연구」,
　　　　『고전문학과 교육』 제2집.
수탁연구 CR 95-20-1(1995), 『주요국의 학교 컴퓨터 교육 현황』,
　　　　한국교육개발원.
안정임·전경란(1999), 『미디어교육의 이해』, 한나래.
연구보고 RR 1999-1(1999), 『제7차 교육과정 대비 초·중등 정보
　　　　기술(IT) 활용 교육 강화 방안 연구』,
　　　　한국교육학술정보원.
연구보고 RR2000-2(2000), 『제7차교육과정 대비 초·중등 정보교육

개선 방안 연구』, 한국교육학술정보원.
연구자료 RM 1999-9(1999), 『인터넷을 활용한 교수-학습 지도안 자료집』,
　　　　한국교육학술정보원
연구자료 RM 2000-1(2000), 『초·중등 정보통신기술 활용 교육 강
　　　　화 방안에 대한 공청회』, 한국교육학술정보원
유인환(2000), 「ICT와 문제 해결 과정의 통합에 기반한 정보 교육 과
　　　　정 모형 개발」, 한국교원대학교 박사학위 논문.
한기호(2000), 『디지털과 종이책의 행복한 만남』, 창해.

국어교육에서의
정보통신기술(ICT) 활용
교수-학습 방법 연구

2.1 서론

국어교육이든 다른 교과 교육이든, 최근 교육의 현장에서 교수-학습 방법으로 가장 많이 거론되고, 실천이 촉구되는 분야는 소위 ICT라 불리는 '정보통신기술'의 활용이라 할 수 있다. 이는 2001년을 기준으로 교육부가 전 국가적으로 추진한 교육정보화의 기반 구축을 마무리하고, 제7차 교육과정이 본격적으로 시행된 것과 관련이 있어 보인다. 또 제7차 교육과정이 추구하는 바, 학습자 중심의 수준별 개별학습은 정보통신기술의 활용이 보다 적절히 지원할 수 있는 장점 역시 여기에 작용하고 있다.

그런데 한편으로 교육 현장에서의 고민은, 1)정보통신기술의 활용이 실제로 국어교육에 근본적으로 도움이 되거나 관련이 있는 것일까 하는 근본적 회의, 2)만약 국어교육에 도움이 된다 하더라도 마땅한 방법은 알지 못하겠다는 불가지론, 3)적합한 활용 방법을 알지만, 구체적인 교육 현장에서 실천하기에는 아직까지 환경 구축이 미비한 점이 많으며, 번거롭다는 불가능론 등 아직 해결되지 못한 문제들을 포함하고 있다.

이러한 상황에서 근본적으로는 국어교육과 ICT 활용이 얼마나 그리고 어떻게 효과적으로 관련될 수 있는가 하는 문제에 대한 본질적 해결은 아직 이루어지지 않은 듯 보인다.[18] 그리고 이렇게 방향성이 불명확한 상태에서 ICT 활용 교육은 계속해서 진행되고 있는 실정이다. 이에 본고에서는 국어교육에서 ICT를 활용하는 방법과 그 방향에 대한 한 가지 해결 방법을 다루어 보고자 한다.[19] 그리고 여기서 다룰 국어 수업에서의 ICT 활용 방안은 국어 교과의 목표와 내용 및 특성에 바탕하여 국어교육의 목표를 보다 효율적으로 달성할 수 있는 방향으로 접근함을 전제로 한다.[20]

이를 위해 본고에서는 우선 ICT의 개념과 관점을 정리하여 보고, 구체적인 국어과에서의 ICT 활용 교수–학습 방법을 설계해 볼 것이다. 그리고 국어 수업에서의 ICT 활용은 보다 실제적인 과제라 할 수 있으므로, 실례를 살펴봄으로써 현재의 문제와 향후 나아가야 할

---

18) 이제까지의 ICT 활용 방법 탐구들은 국어교육의 본질적 특성에 입각하기보다는 ICT에 초점을 맞추는 문제가 있었던 것이 사실이다. 이에 국어교육의 본질에 입각한 ICT 활용을 시도한 연구(김근수 외, 『국어과에서의 ICT 활용 방법 연구』, 한국교육학술정보원, 2001)가 이루어졌지만, 아직까지는 보다 구체화되고 세부화된 활용 연구가 부족한 실정이다.

19) 활용의 문제에 있어서, 최선의 결론은 있을 수 없을 것이기 때문이다. ICT 활용에 대해 필자가 가진 기본적인 관점은 ICT 활용이 얼마든지 다양하게 이루어질 수 있지만, 그것이 국어교육의 본질을 흩뜨리는 방향이어서는 안되며, 실제 수업 현장에서 검증하는 과정을 반드시 거쳐야 한다는 것이다. 따라서 본고에서는 최선의 결론보다는 가능한 방안을 제시하고, 이것이 원리로 수립될 수 있기를 기대한다.

20) 이는 ICT 활용에 대한 논의들이 본격적으로 전개되면서, 범교과적으로 접근되는 경향들에서 나온 우려이기도 하다. 물론 어떤 전략이나 방법을 중심으로 각 교과의 내용이 몇 가지로 통합되어 교육될 수 있다면 이는 경제적이고도 효율적인 방법이 될 수 있는 것이다. 그렇지만, 이러한 경제성의 논리로 인하여 한편으로 각 교과 교육에서만 이루어질 수 있는 특수한 국면들이 무시될 수 있는 소지가 있음은 걱정하지 않을 수 없다.

방향을 제시해 보고자 한다.

2.2 ICT의 개념 및 국어 교과와의 관련성

ICT는 Information & Communication Technology의 약자로 정보와 통신 기술을 의미한다. 처음에는 IT(Information Technology)를 사용했었지만, 통신 혹은 의사 소통 측면의 중요성이 부각됨에 따라 ICT를 사용하는 경향이 많아졌다. 우선 ICT라는 용어의 의미를 구성하고 있는 '정보통신기술'은 '정보 문해'21)의 개념에서 출발한다. 그리고 정보 문해의 개념에서 출발한 ICT라는 용어는 이제 컴퓨터 기반의 모든 도구, 자원과 기법을 포괄22)하고, ICT 활용 교육은 이를 활용한 교수-학습을 의미하게 되었다.

그런데 국어교육에서의 ICT 활용은 도구적 활용과 매체적 활용 모두를 포함하고 있다는 점에서 특수성을 지닌다. 도구적 활용이라 함은 수업 혹은 학습의 도구로 ICT를 활용하는 것이고, 매체적 활용은 국어교과의 학습을 ICT를 통해서 달성할 수 있도록 ICT 자체를 사용하거나 특정 학습을 목표로 제작된 콘텐츠를 사용하는 것을 말한다. 물론 이러한 범주의 구분은 어떤 국면에서는 엄격하게 분리

---

21) 정보 문해는 컴퓨터 리터러시의 확대된 의미로 "컴퓨터를 비롯한 다양한 정보 기술이 가지는 기능, 특성 및 장·단점을 알고 이들을 비교·평가하여 문제해결에 적합한 기술을 선택할 수 있는 능력, 선택한 정보 기술을 문제 해결에 실제로 활용할 수 있는 능력, 나아가 정보 기술 이용과 정보화에 따른 사회현상을 이해하고 평가할 수 있는 능력뿐만 아니라, 건전한 정보윤리의식을 가지고 삶을 영위할 수 있는 능력을 포함하는 개념"으로 정의할 수 있다(연구보고 RR2000 -2, 『제7차교육과정 대비 초·중등 정보교육 개선 방안 연구』, 한국교육학술정보원. 2000. 12쪽).
22) 유인환, 「ICT와 문제 해결 과정의 통합에 기반한 정보 교육 과정 모형 개발」, 한국교원대학교 박사학위 논문, 2000. 7쪽.

될 수 없는 성질을 지니고 있기도 하다. 그러나 국어 교수-학습에서 ICT활용의 문제가 단순히 ICT를 보조 수단으로 하는 것만으로 제한되지 않는다는 것에 대한 인식이 필요하다.

한편으로 매체적 활용으로서의 ICT범주는 컴퓨터 교과에서의 교육 내용과 밀접한 관련을 가질 수 있다. 예를 들어 컴퓨터로 글쓰기를 하는 경우에 컴퓨터 교과에서 다루는 워드 관련 소프트웨어를 사용하는 법을 국어 교과에서 다룰 필요는 없을 것이므로, 이러한 접근에서는 이미 사용자가 이 부분에 대한 학습은 마친 것으로 상정해야 하기 때문이다. 여기에 각 교과에서의 ICT 활용교육의 어려움이 있다.

우선 학교급별 정보통신기술 목표를 보면23) 초등학교 수준에서는 컴퓨터나 인터넷의 기초적인 사용법을 익히고 활용하는 단계를 ICT의 목표로 삼고 있음을 알 수 있다. 이는 실제 교과 교육에서 ICT를 활용할 때에는 이러한 정보통신기술 수준을 기준으로 고려해야 함을 시사한다.

한편 교과 내 정보 기술 활용 내용 강화 지침을 보면 다음과 같다.

(정의) 교과에서의 정보 기술 활용이라 함은 각 교과에서 교과 내용을 가르치고자 할 때 컴퓨터, 인터넷이나 컴퓨터 통신, 응용 소프트웨어 등의 정보 기술을 활용하는 것을 말한다.
(목표) 정보 기술 활용 교육의 목표는 다음을 기본 방향으로 한다.
 - 정보 기술의 각 교과별 활용을 통하여 정보화 사회에서 필요로 하는 정보 활용 능력을 함양한다.
 - 정보 활용 능력을 일상 생활에서의 문제 해결 활동에 효과적으로 적용할 수 있도록 한다.

---

23) 총괄적인 학교급별 정보 통신 기술 목표는 문제 해결에 적절한 정보 통신 기술을 활용할 수 있게 하는데 있다(연구 보고 RR 1999-1, 『제7차 교육과정 대비 초·중등 정보 기술(IT) 활용 교육 강화 방안 연구』, 한국교육학술정보원, 1999. 90~104쪽).

- 궁극적으로는 미래의 정보 사회에서 능동적, 창의적으로 삶을 향유
할 수 있도록 한다.

위에서 본 바와 같이, 교과에서의 정보 활용 기술은 컴퓨터를 다루는 기본적인 지식과 기능을 응용하여 교과 교육의 목표를 달성하는 것으로 설정되어 있다. 그러나 그야말로 '응용'이 기반이 되는 것이 ICT 활용이므로 실제 교과에서의 ICT 활용에서는 어느 정도의 컴퓨터 활용 수준을 바탕으로 할 지를 컴퓨터 교과 내용을 기준으로 고려할 수밖에 없다. 그렇지만 한편으로 교과에서 활용할 컴퓨터나 네트워크 관련 기능은 지극히 단순한 수준으로도 얼마든지 가능하다는 점에서 그리 심각한 문제는 아니다. 여기서 컴퓨터 교과 내용을 고려해야 할 정도라면, 어느 특수한 프로그램을 사용해야 한다든지, 키보드 사용 능력을 절실히 필요로 한다든지 하는 보다 수준 높은 ICT 능력과 관계될 때라고 할 수 있다. 초등학교 학습자 정도의 수준이라면, 저학년에서는 주로 마우스로 활동하도록 하고, 필요에 따라 키보드를 사용해야 하더라도 간단한 단어나 문장 정도의 활동을 하도록 하는 것이 바람직할 것이며, 고학년에서는 저학년보다는 다양하고 활발한 활동을 할 수 있도록 설정하는 것이 바람직할 것이다.24)

현재 제7차 국어과 교육과정에 설정되어 있는 ICT 활용 부분25)

---

24) 이는 전반적인 컴퓨터 보급 상황과도 관련될 것이다. 지금은 컴퓨터의 보급, 확대가 전 국민 전체에게로 이루어진 것은 아니지만, 급속도로 이루어지고 있는 네트워크 구축은 컴퓨터나 인터넷 활용의 전반적인 수준이 높아질 것으로 기대되게 한다. 또 컴퓨터 교과 교육이 현재는 초등학교 5, 6학년 실과 과목에 한해 이루어지고 있기는 하지만, 앞으로는 전 학년, 전 교과에 걸쳐 이루어질 것으로 전망되므로 ICT 활용은 보다 확산될 것으로 기대된다. 이미 많은 유치원에서 인터넷이나 CD 프로그램을 통한 교육이 이루어지고 있는 실정이 이를 단적으로 보여준다.
25) 3, 4, 7, 9학년의 쓰기 및 읽기 영역의 일부 내용에 들어가 있다.

은 사실상 단순히 컴퓨터의 키보드를 사용하는 수준과 한글 등의 워드 프로세서를 이용하여 편집하는 정도의 기능을 활용하는 것이 대부분이다. 교육과정 상의 이러한 내용은 아직 ICT 활용 도입에 대한 본격적인 논의나 방안이 없는 상태에서 이루어진 데에서 기인한 것으로 보인다. 그러나 바로 여기에 간과하지 말아야 할 중요한 점이 있기도 하다. 그것은 국어교육의 내용 항목에 ICT 활용이 설정되어 있다는 것이다. 이는 ICT의 활용을 단순한 교수법의 차원이 아닌 교수-학습의 내용 차원으로도 다루고 있다는 것을 시사하며, 이러한 교육과정의 구성은 국어교육과 ICT의 관계를 논의할 때, 도구적 활용 부분과 내용 영역으로서의 국어교육을 동시에, 그리고 구분하여 다루어야 함을 의미한다.

이제 ICT 활용 영역은 특수한 사람들을 위한 부분적인 교육이 아닌, 누구나 언제든지 어디서든지 가질 수 있는 생활 문화의 영역으로 자리 매김 되고 있다. 특히 연령이 낮을 수록 이러한 현상은 급속도로 확산되는 추세이다. 이는 지금 주된 논의의 대상이 되는 초·중등학교 학습자에게는 매우 중요한 문제로, 이제는 국어교육에서도 어느 정도 ICT나 매체의 영역을 다룰 수 있도록 국어 교육의 폭을 넓히고, 관점을 새로이 세우며, 실제적인 교육의 내용을 설정하는 노력을 필요로 한다.

2.3 국어교육에서의 ICT를 활용한 교수-학습 설계

그렇다면 효율적이고도 적합한 국어과 ICT 활용 교수-학습 설계를 위해 필요한 요인은 무엇인가? ICT 활용 방법의 설계는 기본적으로 교수-학습 활동 상황을 상정한 것이라 할 수 있다. 다시 말해 교수-학습의 기본 요소인 교수자, 학습자, 교수-학습 내용, 교수-학습 환경 및 유형이 요체가 되는 것이다.

국어과 ICT 활용 방법 설계에 있어서 고려해야 할 무엇보다 중요한 변인은 국어 교과 자체의 특성과 교수-학습 목표가 될 것이다. 국어교육에서 설정한 궁극적인 목표를 달성한다는 의미 내에서 ICT 활용도 가치가 있는 것이 될 것이기 때문이다. 그래서 ICT 활용 방법에 포함되는 각종 교수-학습 활동의 내용도 국어교육의 내용으로 적합하게 설정되어야 할 것이다.

두 번째로 이러한 국어과 교수-학습의 목표와 활동은 ICT 활용 범주와 함께 고려되어야 한다. 이런 결합은 ICT라는 기능 범주와 국어 교육이라는 내용 범주가 만나 이루어진 새로운 교수-학습의 내용이자 방법이라 할 수 있다.

세 번째로 사용 주체가 누구인지를 고려해야 한다. 교사가 주체가 되어 활동하는 내용인지, 학습자가 주도적으로 활동하는 내용인지에 따라 그 활동의 성격과 내용은 달라질 것이기 때문이다. 또한 거꾸로 어떤 활동이 어느 사용 주체에 의해서 이루어질 때 더욱 큰 효과를 발휘하는가의 문제일 수도 있다. 이러한 사용 주체의 문제는 동시에 사용자의 수준에까지도 관계되는 중요한 변인이라 할 것이다.

네 번째는 어떤 교수-학습 상황에서 활용될 것인가 하는 것이다. 어떠한 유형의 교수-학습이 이루어지는 것이며, 어떤 환경에서 이루어지는가는 교수-학습의 방법을 결정하는 데 매우 주요한 요인이다.

이제 위에서 살펴본 국어과 목표 및 내용, ICT 활용 범주, 사용 주체, 교수-학습 방법 등의 네 가지 변인을 중심으로 ICT를 활용한 국어 교수-학습 방법을 설계해 보도록 하자.

우선 교육 과정 상에 나타난 국어과 교육의 목표는 다음과 같다.

가. 언어 기능, 언어, 문학에 관한 기본적인 지식을 익혀, 이를 다양한 국어 사용 상황에서 활용하는 능력을 기른다.

나. 정확하고 효과적인 국어 사용의 원리와 작용 양상을 익혀, 다양한 유형의
   국어 자료를 비판적으로 이해하고 사상과 정서를 창의적으로 표현하는 능
   력을 기른다.
다. 국어 학습에 흥미를 가지고 언어 현상을 계속적으로 탐구하여, 국어의 발
   전과 국어 문화 창조에 이바지하려는 태도를 기른다.

이러한 국어교육의 목표에서 ICT 활용은 사실상 국어사용 능력의 모든 부분, 비판적 이해와 창의적 표현을 하는 부분, 근본적으로는 국어의 발전과 국어 문화 창조에 이바지하는 등 모든 부분과 관련된다 할 것이다. 왜냐하면 ICT를 활용하는 것은 잠재적으로 ICT를 활용하여 말하고, 듣고, 쓰고, 읽고, 이해하고 표현하는 언어 생활 자체일 수 있기 때문이다. 차이가 있다면 무엇을 매체로 하는가일 것이다. 사람의 신체를 통한 의사소통인가, 아니면 특정한 기기를 통한 의사소통인가의 문제인 것이다. 이렇게 볼 때 국어 교육에서 다루어져야 할 내용은 상당히 확대된다.

이렇게 우리의 언어 생활 전반과 관련된다 할 수 있는 ICT 활용의 유형은 정보 탐색하기, 정보 분석하기, 정보 안내하기, 웹 토론하기, 협력 연구하기, 전문가와 교류하기, 웹 펜팔하기, 정보 만들기[26] 등으로 나누어진다. 이러한 ICT 활용 수업의 유형은 사실상 사용자가 컴퓨터나 인터넷의 어떤 기능을 중심으로 사용하느냐에 따라 나뉜 것이라 할 수 있다. 그렇지만 위에 제시된 활동들이 모든 수준의 학습자에게, 모든 교수-학습의 상황에서 일률적으로 적용될 수는 없을 것이다. 이들 활동들 중에서도 정보 탐색과 같이 단순히 인터넷을 사용할 수 있는 능력만으로 쉽게 할 수 있는 것이 있는가 하면, 정보 만들기와 같이 어느 정도의 프로그램과 컴퓨터 사용에 대한 능력이 담지되어야 하는 경우도 있는 것이다.[27]

---

26) 교육자료 TM 2001-2, 『ICT 활용 교수-학습 과정안 자료집』, 한국교육학술
   정보원, 2001. 25쪽

다음으로 사용 주체의 문제는 달리 말해서, 교수-학습의 주체가 누구인가의 문제라고도 할 수 있을 것이다. 즉 교수-학습의 상황에서 주도적 활동을 하는 주체가 교사인지 학생인지에 따라 활동의 유형과 교수-학습의 방법이 달라질 수 있다. 또한 같은 학습자라 하더라도 교수-학습 활동에 참여하는 학습자의 연령이나 국어 능력 수준에 따라 달리 고려되어야 할 측면이 있다.

교수-학습의 유형은 어떤 상황에서 교수-학습이 이루어지는가에 따라 달라지는 변인이라 할 수 있다. 다시 말해 학습자 주도의 개인학습인가, 학습자 전체에게 교수자가 교수-학습을 진행하는 방식인가, 소그룹으로 나뉘어 학습자 주체적으로 하는 학습 방법인가에 따라 나눌 수 있는 것이다. 따라서 교수-학습 방법은 활용 방법과 같은 층위에서 개인학습, 협동학습, 일제 학습의 유형으로 나눌 수 있다.

국어과 목표 및 내용	정보 통신 기술 활동 유형	사용 주체	교수-학습 유형
○ 수용 -읽기 -듣기 ○ 표현 -말하기 -쓰기	○ 정보 탐색 ○ 정보 분석하기 ○ 정보 안내하기 ○ 웹 토론하기 ○ 협력 여구하기 ○ 전문가와 교류하기 ○ 웹 펜팔하기 ○ 정보 만들기	○교사 ○학습자	○개인학습 ○협동학습 ○일제학습

---

27) 물론 이러한 활동의 수준에 대해서는 좀더 면밀한 고찰이 필요할 것이다. 그러나 엄격하게 이러한 활동들을 일련의 단계로 정리하는 것은 무리일 것이지만, 어느 정도의 예견으로 가능한 활동의 수준들은 있을 것이라는 가정 하에서 이러한 산정은 타당성이 있다고 할 수 있을 것이다.

이 표28)는 이때까지 살펴 본 변인들을 중심으로 이루질 수 있는 교수-학습 내용을 종합한 것이다. 따라서 각 항목들을 어떻게 조합하는가에 따라 다양한 방법들이 나올 수 있다. 예를 들어 사용 주체를 중심으로 주요 항목들을 조합하면 다음과 같이 된다.

교사 주체	학습자 주체
- 수용/표현 - ICT활용 영역 - 일제 학습	- 수용 : 이해를 위한 ICT 활용 　　　　ICT활용 영역 　　　　개인학습/협동학습 - 표현 : 컴퓨터와 인터넷 문서 창작 표현 등 　　　　ICT활용 영역 　　　　개인학습/협동학습

여기서 공통적으로 고려해야 할 것은 대상 학습자의 수준이다. 다시 말해 동일한 교사가 동일 영역의 국어과 내용을 교수-학습하는 상황에서라도 학습자 수준이 저학년인가 고학년인가에 따라 도입할 ICT 활용 영역은 제한을 받는다. 그래서 같은 제재로 수업을 하더라도 학습자 수준에 따라 우선 사용할 자료의 적합성, 학습자 활동 내용, 교사 중심 활동의 비중 등이 달리 결정되는 것이다.

특히 초등학교 국어과 수업의 경우, 특수성은 말하기, 듣기, 읽기, 쓰기의 활동이 각종 문학과 언어 자료를 제재로 하여 이루어진다는 데에 있다.29) 따라서 같은 제재로 수업을 한다 하더라도 어떤

---

28) 위의 국어과 목표 및 내용 부분에서 언어와 문학 영역을 수용/표현 활동의 기반이 되는 내용으로 설정하였다.

29) 이는 단적으로 각 학교급별 국어 교과서의 구성만 보더라도 알 수 있다. 초등학교 국어의 교과서는 말하기, 듣기, 읽기, 쓰기의 활동 중심으로 교과서가 분권되어 있는 반면, 중학교 교과서는 읽기 제재를 중심으로 하되 말하기, 듣기 활동을 중점적으로 할 수 있는영역이 독립적으로 나뉘어져 있고, 고등학교 교과서는 언어와 문학의 각종 제재를 중심으로 말하기, 듣기, 쓰기 활동을 통합

활동을 중심으로 수행하는가에 따라 수업에서 목표로 하는 영역이 달라진다. 그렇다면 반대로 국어과 교수-학습 내용의 영역과 ICT 활용 유형을 관련지어 있을 수 있는 대략적인 국어과 교수-학습 활동의 유형을 만들어 볼 수 있다. 우선 국어과의 중심적인 내용 영역인 말하기, 듣기, 읽기, 쓰기 활동을 중심으로 나누어 생각해 보도록 하자. 여기서 말하기와 쓰기는 표현 영역이며, 듣기와 읽기는 수용 영역이다. 그런데 말하기 영역의 경우는 활동 자체를 학습자가 실제로 해보는 것이 중요한 국어과 교수-학습의 내용이므로 컴퓨터든 어떤 다른 매체이든 그러한 매체를 활용하는 것이 보조적인 활동이 될 뿐이어서 ICT를 활용하여 본격적인 수업을 하기는 어려울 것으로 판단된다. 대신 모범적인 말하기의 방식이나 태도 등을 보여주는 정도로 ICT를 활용할 수 있을 것이다. 이러한 경우 인터넷이나 CD 등에 있는 기존 자료를 찾아 보는 것도 가능하지만, 실제로 학습자가 말하기 활동을 하는 내용을 PC 카메라와 마이크를 활용하여 촬영하여 말하기 활동을 비교하고 분석하는 활동을 할 수도 있을 것이다.

듣기의 경우는 인터넷에 있는 다양한 음성 파일들을 활용하는 방식으로 수업을 진행할 수 있을 것이다. 국어과에서 듣기 활동은 듣기 제재를 들은 후의 활동이 중심이 될 것이므로, 듣기 영역에서 ICT를 활용하는 것은 제재를 제공하는 정도로 충분하리라 판단된다.

읽기와 쓰기 영역은 국어과에서 ICT를 본격적으로 활용할 수 있는 부분이다. 인터넷 등에 있는 다양한 자료들을 찾아서 읽고 비교, 분석하는 방식은 국어과의 주요한 교수-학습 활동의 영역으로 자리 잡을 수 있을 것이라 기대된다. 특히 쓰기 영역은 그동안 여러 가지 현실적인 이유로 활발하게 이루어지기 어려웠던 부분이지만, ICT의 활성화와 함께 개별 학습자의 다양한 표현과 창조적인 글쓰기를 가

적으로 수행할 수 있도록 구성되어 있다.

능하게 할 수 있는 부분이다. 쓰기의 평가 부분에 있어서도 교사만
이 학습자의 글에 대한 평가를 할 수 있는 것이 아니라 각종 게시판
등을 통하여 학습자 상호간에 피드백을 할 수 있으며, 특정 글에 대
한 다양한 비평과 비판적 글쓰기를 통해 쓰기 능력을 신장할 수 있
는 계기를 삼을 수 있다.

읽기 영역에서 ICT의 활용은 본 차시에 사용되는 기본 제재를 읽
는 데30)보다는 특정 제재를 읽고 난 후, 심화 보충 활동으로서 비
슷한 다른 자료를 찾아서 비교해 본다든지, 보다 다양한 읽기 활동
을 하는 데에서 보다 효과적으로 이루어질 수 있을 것이다. 그리고
이러한 텍스트를 읽는 활동과 함께 컴퓨터를 통해서 접할 수 있는
다양한 매체들을 보고 읽어 내는 활동을 할 수 있다. 특히 이러한
매체 비평적 활동은 날로 늘어가는 매체 자료와 문화적 환경과 함께
국어과에서 다루어야 할 주요한 부분이다.

쓰기 영역에서의 ICT 활용은 컴퓨터라는 쓰기 도구로써 다양한
글쓰기를 시도할 수 있다는 점에서 매우 고무적이다. 개인적인 글쓰
기도 얼마든지 가능하지만, 집단의 공동적인 글쓰기도 가능하며, 글
쓰기 작업 이전에 자신들의 글쓰기를 위한 의논도 이메일 등을 통하여
언제든 어디서든 할 수 있으며, 글쓰기에 대한 평가 역시 ICT를 활
용하여 활발하게 할 수 있다는 점에서 다양한 방식이 활용될 수 있다.

이렇게 ICT 활용을 국어과 수업에 도입할 때에 활동의 제재로 활
용하는가, 교수의 도구로 활용하는가, 학습자가 수행해야 할 활동의
영역으로 활용하는가에 따라 필요한 자료나 도구를 결정할 수 있으
며, 실제로 이루어질 국어과의 교수-학습 영역이 어떤 영역이냐에
따라 다양한 ICT 활용 유형이 적용될 수 있을 것이다.

---

30) ICT를 활용하여 기본 제재를 읽는 활동이 가능하기 위해서는 교과서 본문을
    개별 학습자가 각자의 컴퓨터를 통해서 읽을 수 있는 환경이 갖추어져 있어야
    한다. 또한 이 부분은 e-book 등의 디지털 자료의 제작과 제공을 통해 가능
    해 질 수 있을 것이다.

2.4 활용 방안 및 사례

여기서는 국어과 교수-학습 활동에서 활용될 수 있는 방안들 중에서도 대표적인 사례를 살펴보도록 하자.

2.4.1 교사 주체

국어과 학습 목표 및 내용	- 각종 자료 보여 주기
정보 통신 기술 활동 유형	- 정보 안내
활용 방법	- 일제 학습 : 동기 유발, 보고 수용 /표현하기 활동의 보조 자료
사용자 주체	- 초등학교 저학년/고학년

■ 새로운 사실을 알았어요[31]

관련 단원 : 초등학교 3-2 11. 새로운 사실을 알았어요
학습 목표 : 인터넷 뉴스를 보면서 필요한 내용을 요약하여 정리할 수 있다.
활동 유형 : 정보 안내
활용 내용·방법 : 도입 단계, 전개 단계에서 뉴스 제시
참고 사이트 : KBS 9시 뉴스 http://knews.kbs.co.kr/news9
         SBS 사이트 http://news/sbs.co.kr
         MBC 뉴스 http://www.imbc.com/news/index-news.html

---

31) 교육자료 TL 2000-11, 『ICT 활용 교수-학습 지도안 자료집』, 한국교육학술
   정보원. 14쪽

이 수업은 교사 중심의 제시형을 활용되는 유형에 속한다. 이러한 제시형 활용이 가지는 이점은 도입 단계에서 학습자의 주의를 환기하기에 좋으며, 해당 뉴스의 필요 부분만을 검색하여 언제든지 볼 수 있다는 점에서 편리하고, 인터넷이 포함하고 있는 다양한 종류의 미디어를 자연스럽게 접하게 된다는 것이다.

그런데 이러한 수업에서 인터넷 자료를 활용할 경우에 미리 검색하여, 가능하면 자신의 컴퓨터 저장하여 준비하는 것이 필요하다. 그리고 학습의 목표가 다양한 정보를 검색하는 데 있는 것이 아니라 뉴스를 이해하는 것이므로 본연의 학습 활동에 집중할 수 있도록 수업을 운영하는 것이 필요하다.

■ 내가 좋아하는 시32)

관련 단원 : 초등학교 5-1 1. 내가 좋아하는 시
학습 목표 : 느낌이 효과적으로 드러나게 시를 만들 수 있다.
활동 유형 : 정보 안내
활용 내용·방법 : 수업 전개 단계에서 학습 활동 자료
참고 사이트 : www.edunet4u.net

이러한 수업 형태는 일제 학습의 가장 전형적인 모습이라 할 수 있을 것이다. 전체 학습자를 대상으로 글쓰기의 재료로서 상황이 드러난 그림이나 이미지를 제시하고, 학습자가 글쓰기를 하도록 하는 유형이다. 이러한 형태에서는 굳이 인터넷과 같은 온라인 자료를 사용할 필요가 없다. 활동할 내용이 들어가 있는 자료만 학습자들에게 제시될 수 있으면 되기 때문이다.

그러나 이 경우 반드시 학습자들이 자신의 글을 표현할 수 있는

---

32) 에듀넷(www.edunet4u.net)의 국어 사이버학습교재 5학년 1학기 내용 중의 한 부분이다.

학습지가 필요하다. 이는 국어과 교수-학습에서 이루어져야 할 평가와도 밀접한 관련이 있는 것으로, 개인 학습자의 학습 결과물을 정리할 수 있는 자료도 함께 준비해야 한다.

이 활동은 주로 개인 학습자들의 심화 보충 학습을 위해 개발, 서비스되고 있는 에듀넷의 사이버학습교재 안에 들어가 있는 것으로, 여기서는 개인 학습자가 온라인 상태에서 학습 활동을 수행하고, 학습 결과물은 DB에 기록하는 방식을 취하고 있다.

2.4.2 학습자 주체

국어과 학습 목표 및 내용	- 읽거나 듣고 자기 생각 표현하기 - 다른 친구들의 표현에 연결하여 자기 생각 표현하기 - 다른 친구들의 글에 대해 비평하기 - 다른 사람들의 의견을 분석하여 찬성/반대하기 - 관련 정보를 검색하여 자신 의견 개진하기 - 다른 친구들과 협력하여 과제 해결하기 - 과제 관련 전문가를 알아 보고, 의견 수용하기 - 자신의 생각이나 의견을 웹문서나 워드 프로세스를 이 용하여 표현하기
정보 통신 기술 활동 유형	- 정보 탐색 - 정보 비교·분류·분석 - 웹 설문 조사 - 웹 토론 학습 - 공동 협력 연구 - 전문가 교류 - E-PALS - 정보 저작(웹 출판)
활용 방법	- 개인학습 - 협동학습
사용자 주체	- 초등학교 저학년/고학년

■ 웹 사이트 비평33)

관련 내용 : 읽기, 쓰기 관련 영역 활동
학년 : 초등학교 3학년에서 6학년
활동 유형 : 정보 탐색, 공동 협력 연구, 웹토론 학습, 웹 출판
학습 목표 : 글을 쓰고 편집한다.
　　　　　　컴퓨터를 창작, 작문, 통신, 출판의 도구로서 사용해 본다.
　　　　　　웹으로부터 얻을 수 있는 자료들에 대해 배운다.
활용 내용·방법 : 수업의 전개 혹은 본시 학습에서 소그룹으로 정보를 검색
　　　　　　하고, 개별적으로 컴퓨터를 활용하여 작문, 창작, 출판 활동

이 사례는 국어과 고유의 학습 내용인 쓰기 학습 활동을 위해 웹에 있는 정보를 검색하고, 소그룹으로 공동 협력 학습을 하며, 웹으로 토론과 출판을 해 볼 수 있음을 보여준다. 여기서 개별적인 작문, 창작, 출판활동을 하기 위해서는 학습에 참여하는 개인 학습자의 숫자만큼의 컴퓨터가 필요하다.

이 활동에서는 별도의 필요에 의한 컴퓨터 학습 없이, 정보 탐색, 글쓰기를 하는 동안 자연스럽게 인터넷 사용법과 컴퓨터의 키보드 활용 능력을 기를 수 있다.

소그룹이나 개인적으로 이루어진 웹 검색 활동 이후에는 검색한 웹 페이지에 대한 비평이 이루어지는 데, 이 활동의 수행 과정에서 웹에 제시된 내용에 대한 비평, 비판 능력이 신장될 수 있다. 그리고 이루어질 토론은 온라인으로 자신의 의견을 개진하고 다른 학습자의 의견을 수용할 수 있도록 해 준다.

그러나 이 수업 사례에 제시된 모든 활동들을 한 차시 동안 수행하기에는 학습 활동 분량이 많다. 그리고 전반적인 학습 활동이 컴퓨터와 인터넷에 의해서만 가능하도록 구성되어 있기 때문에, 교사

---

33) Laura Parker Roerden/홍명희, 김갑수, 전우천 역, 『인터넷 활용 수업의 이론과 실제』, 한빛미디어(주), 1999

가 해당 수업을 설계하고 진행하는 데 어려움이 있을 수 있다. 더욱이 이러한 경우, 국어과 교수 학습의 영역인 글쓰기 활동과 그 글쓰기에 대한 평가 등 국어과 학습의 내용을 자칫 간과하고, 인터넷 활용법이나 컴퓨터 사용법에 수업 시간을 뺏길 수 있음에 유의해야 할 것이다.

실제적인 수업에의 적용에서는 여기에 제시된 다양한 종류의 학습 활동 중 일부를 취하여서 부분적으로 활용하는 것이 바람직할 것이다.

■ 동화책 읽기 활동34)

관련 내용 : 읽기, 쓰기 관련 영역 활동
학년 : 초등학교 1학년에서 2학년
활동 유형 : 정보 탐색, 공동 협력 연구, 전문가 교류, 웹 출판
학습 목표 : 언어를 사용하여 비판적인 분석 및 평가를 할 수 있다.
활용 내용·방법 : Beatrix Potter의 bunny rabbit에 관한 책들을 읽고, 혼자 혹은 팀을 이루어서, 저자에 대한 연구, 서평 써보기, 이야기의 끝 부분을 바꿔 써 보기, 이야기를 희곡으로 개작해 보기, 저자를 인터뷰해 보기, 책의 내용 혹은 책 속의 등장 인물들에 대한 시를 지어 보기, 시각적인 조직자를 만들어 보기 등의 다양한 활동을 한다.

위의 사례는 읽기, 쓰기 활동을 통합하여 수행하고, 자신의 쓰기 결과물을 인터넷을 통해 다른 학습자들과 공유하며, 이메일을 통해 전문가와 인터뷰를 하는 등, 활용의 국면에 따라 국어과 교수-학습 활동에 다양하게 ICT 활용이 쓰일 수 있음을 보여 준다.

그러나 위에 제시된 모든 활용 내용을 일괄적으로 적용하기에는 어려움이 있다. 다시 말해 특정 단원의 하위 목표를 가지고 이러한 수업을 전면적으로 수행하기에는 시간적, 물질적 기반이 뒷받침되어

---

34) 백영균, 「메시지 교환을 통한 웹활용」, 『월간 에듀넷』, 7월호, 2000. 42~43쪽

야 하는 어려움이 있을 것이다. 이야기 끝 부분을 바꿔 써보기, 이야기를 희곡으로 개작해 보기, 책의 내용 혹은 책속의 등장 인물들에 대한 시를 지어 보기 등의 활동은 굳이 ICT를 활용하지 않아도 할 수 있는 것임을 고려하면, 컴퓨터를 활용하여 글짓기를 하는 것 자체에 교수-학습 설계의 초점을 잡는 것보다는 인터넷의 의견 공유 기능, 출판 기능을 활용하여 자신의 시각을 교정하고, 다른 사람의 생각을 비판적으로 수행하는 쪽으로 집중하는 것도 좋을 것이다. 특히 이 활동은 초등학교 저학년을 대상으로 한 사례임을 고려하면, 실제 글쓰기 활동은 학습지 등을 활용하는 것이 효과적일 수 있다.

■ 주장 속에 담긴 생각[35]

관련 내용 : 초등학교 6-2 7. 주장 속에 담긴 생각
          (말하기, 듣기, 쓰기)
활동 유형 : 정보 탐색, 웹 토론 학습
학습 목표 : 토론 주제에 관한 찬성과 반대 의견의 핵심 요지를 파악할 수 있다.
          찬성 의견과 반대 의견을 종합하여 자신의 의견을 논리적으로 쓸 수 있다.
활용 내용·방법 : 토론 의견이 제시된 인터넷 사이트를 검색하여, 토론 주제를 선정하고, 찬성 및 반대 의견을 파악하여 자신의 의견을 쓴다.
참고 사이트 : http://www.cein.or.kr/~happyhan 초등학생을 위한 토론
          http://www.edunet4u.net 에듀넷 나도 한표
          http://www.kcnnews.or.kr 백운 동산 꿈나무

이 사례는 인터넷을 통하여 다양한 토론 내용을 살펴보고, 자신의 의견을 쓸 수 있는 단계까지 ICT를 어떻게 활용할 수 있는지 잘 보여준다. 이렇게 인터넷 사이트를 검색하고, 검색한 정보를 비판적으

---

35) 교육자료 TL 2000-11, 『ICT 활용 교수-학습 지도안 자료집』, 한국교육학술정보원. 22~23쪽

로 읽고, 자신의 글을 쓰는 활동들은 국어 교과에서 ICT를 활용하는데 가장 기본적이라 할 만큼 광범위하게 적용될 수 있는 것이기도 하다.

그렇지만 한편으로 인터넷 정보를 검색하여 어떤 활동을 해야 하는 경우, 혹시 학습자가 광대한 정보의 바다에서 헤어나지 못하고 엉뚱한 길로 들어서 헤맬 수가 있다. 특히 초등학교 학습자의 경우 더욱 그럴 수 있는 가능성이 크다고 할 수 있는데, 이를 대비하여 교사가 관련 사이트를 미리 조사하여 학습자가 활용할 수 있는 자원들을 준비해 주는 것도 하나의 좋은 방법이 될 수 있을 것이다.

수업에서 검색한 정보를 분석, 정리하는 작업을 해야 하는 경우, 교사는 길잡이 학습지를 준비하여 학습자가 보다 효율적으로 해당 학습 활동을 수행할 수 있도록 해야 할 것이다.

2.4.3 학급협동프로젝트[36)]

관련 내용 : 국어 사랑 홈페이지 만들기
학년 : 초등학교 6학년
활동 유형 : 정보 탐색, 정보 비교·분류·분석, 공동 협력 연구, 정보 저작(웹
출판)
학습 목표 : 높임말의 사용법에 대해 할 수 있다.
낱말의 짜임과 낱말의 관계에 대해 알 수 있다.
표준어와 방언의 개념에 대해 알 수 있다.
고유어, 한자어, 외래어, 외국어의 차이점을 알 수 있다.

---

36) 교육자료 TL 2000-11, 『ICT 활용 교수-학습 지도안 자료집』, 한국교육학술
정보원. 28~29쪽

> 활용 내용·방법 : 국어 지식 관련 사이트에서 과제에 필요한 정보를 검색하게
> 하고, 각 팀별로 계획을 세워 자료 수집, 정리, 웹사이트 구성의
> 단계로 프로젝트를 진행한다. 각 팀별로 웹상에 제시된 홈페이지
> 내용을 소개, 발표, 토의하고, 토의 결과를 바탕으로 수정, 보완한
> 다. 최종적으로 홈페이지를 시연 발표하고, 완성된 홈페이지를 홍
> 보하는 메일을 작성하여 친구들에게 직접 보내도록 하며, 관리자를
> 두어 지속적으로 관리한다.
> 참고 사이트 : http://www.ganada.org   가나다 한글 맞춤법
> http://www.netian.com/~yes1998   국어사랑 나라사랑
> http://www.edunet4u.net   에듀넷 홈페이지 마을

이 사례는 짜임새 있는 계획으로 몇 주에 걸쳐 국어 사랑 사이트
를 웹으로 저작한 경과를 보여준다. 사실 웹 저작의 경우 한 두 시
간에 마무리하기가 어렵고, 더욱이 국어 교육의 내용 영역에 대한
학습까지 포함해야 하는 경우 학습자의 몫이 커지기 때문에 수업 시
간 계획을 잘 세워야 한다.

그렇지만 이러한 경우, 학습자가 개별적으로나 소그룹으로 알아야
하는 내용을 직접 찾아서 정리하는 적극적이고 능동적인 활동, 교실
에서 교사에 의해 수동적으로 이루어지는 수업보다는 학습의 흥미
측면에나 효율성 측면에서 훨씬 뛰어난 효과가 있을 것으로 예상된
다. 이는 국어 지식 영역의 교수–학습이 학습자의 문제 해결 과정이
나 탐구 과정에 의해서가 아니라 주도 교사 위주의 주입식, 암기식
으로 이루어지는 경향과도 관련이 있다. 이렇게 단순히 전수되기 쉬
운 국어 지식 영역의 교수–학습 활동을 ICT 활용을 통해 훨씬 역동
적으로 할 수가 있다.

한편 국어 지식 영역의 교수–학습에서 이러한 웹 저작 등의 활동
이 더욱 중요하다고 판단되는 것은 국어 지식 영역이 갖고 있는 위

계성과 웹이 그 특성 자체로 갖고 있는 위계성(주로 하이퍼 텍스트성으로 대표되는) 때문이다. 학습자가 스스로 해결해야 할 과제를 풀어 나가면서 새로이 구성해 내는 지식은 웹 저작으로 완성된다고 할 수 있다. 이러한 웹의 특성은 앞으로도 더욱 활성화되기를 기대해 본다.

이렇게 해서 만들어진 홈페이지는 계속적인 관리로 업데이트 해나감으로써 학습자 개개인 혹은 어떤 그룹의 학습자들이 학습 내용을 체계적으로 정리하고 이해할 수 있는 좋은 교수-학습 공간으로 자리 잡을 수 있을 것이다.

2.4.4 이메일 펜팔[37]

<table>
<tr><td>관련 내용 : 상대를 고려하는 글쓰기 관련(태도)</td></tr>
<tr><td>학년 : 초등학교 3학년에서 고등학교 3학년</td></tr>
<tr><td>활동 유형 : E-PALS</td></tr>
<tr><td>학습 목표 : 이메일을 통해 편지 주고 받는 법을 배운다.
이메일의 예절에 대해 배운다.
생활을 반성하는 글쓰기 습관을 기른다.</td></tr>
<tr><td>활용 내용·방법 : 프로젝트를 함께 수행할 친구를 "협력자 구함" 공고를 통해 구하고, 서로의 신상 정보를 참가 학교와 공유한다. 학생들은 개인 일기에 이메일 왕래의 경험들을 기록하고, 3~4명씩 소그룹을 만들어 일주일 단위로 자신의 일기를 다른 학생들에게 읽어주고, 이번 주에는 새로 무엇을 배웠는지 토론한다.</td></tr>
</table>

ICT 활용 수업에서 이메일의 활용은 국어과 교육 내용의 교환이

---

37) Laura Parker Roerden/홍명희, 김갑수, 전우천 역, 『인터넷 활용 수업의 이론과 실제』, 한빛미디어(주), 1999. 123~125쪽

라는 기능도 하지만, 한편으로는 친구 사귀기, 정보원 확대하기 등의 다양한 기능도 수행할 수 있다. 여기서 활용한 이메일의 사용은 편지 쓰기라는 비교적 단순한 활동을 통해 글쓰기의 태도와 방법을 기르도록 하고 있다. 특히 초등학교 저학년의 경우, 이메일 사용법만을 간단히 익힌 후에는 편지 쓰기 내용의 학습이나 태도 형성 학습을 가지는 데 이메일은 효율적인 도구가 될 수 있을 것이다.

한편 특정 학습의 내용과 상관없이 이메일은 교수자와 학습자의 의사소통 도구로 효과적으로 활용될 수 있다. 학습에서의 어려움이나 궁금증, 학습 결과에 대한 공유 등 교수-학습을 직·간접적으로 증진시킬 수 있는데 도움이 될 것이다.

그러나 특정 과제를 중심으로 이메일을 사용할 경우, 이메일 사용 자체가 목적이 아니라, 이메일로 전달, 교환되는 내용이 중요함을 사용자들에게 다시 한 번 환기시킬 필요는 있다. 간혹 교과의 학습이 아니라 ICT 활용 자체가 목적이 되어 의도했던 교수-학습의 설계를 실현하지 못할 우려가 있는 것이다.

2.4.5 E-mail을 통한 공동 글짓기[38]

관련 내용 : 쓰기 관련 영역(이야기 이어쓰기 등)
학년 : 초등학교 2학년
활동 유형 : E-PALS
학습 목표 : 친구들과 공동으로 이야기를 재미있기 꾸밀 수 있다.
　　　　　　문서작성기를 이용하여 글을 쓸 수 있다.
　　　　　　친구들이 꾸민 이야기에 대한 자기의 느낌을 이메일로 보낼 수 있다.

---

38) 고윤희, 「E-mail을 통한 공동 글짓기」, 『월간 에듀넷』, 7월호, 2000. 47~53쪽

> 활용 내용·방법 : 이야기 CD를 활용하여 이야기를 다같이 보고, 다음에 이어질 이야기에 대해 토의한다. 교사는 모듬장에게 새로운 이야기의 도입부를 이메일로 보내 모듬에서 이야기꾸미는 협동학습을 하도록 한다. 이야기가 모두 작성이 되면 지정된 짝 모듬장에게 꾸민 이야기를 이메일로 보내고, 이메일을 받은 모듬의 어린이들은 다른 모듬의 이야기를 읽고, 그 느낌을 써서 답장을 보내도록 한다.

공동 글짓기의 방법으로 ICT를 활용하는 경우, 이 메일뿐 아니라, 게시판, 채팅 등을 이용할 수도 있다. 이메일이나 웹 토론은 개별 학습자나 소그룹 학습자들의 정리되고 완성된 글을 주고 받을 수 있다는 데 장점이 있다. 특히 이메일의 경우, 교수자를 중심으로 각 개별 학습자나 학습자군이 피드백을 얼마든지 받을 수 있다는 점에서 훨씬 보완적이기도 하다. 그러나 이메일은 실시간으로 이야기가 진행되는 것이 아니기 때문에 웹 토론에 비해서는 비교적 덜 역동적일 수 있다.[39]

위와 같이 소그룹 활동의 결과물을 공유하는 방편으로 이메일을 활용할 경우, 소그룹 모임이 활성화될 수 있는 장치를 교수자는 고려해야 할 것이다. 소그룹 모임은 오프라인으로, 학습지로 정리하는 형태로 진행하든지, 소그룹 모임 자체도 이메일로 가능하게 한다든지 하는 수업 설계의 세밀한 국면에 대해서는 교수자의 판단이 요구된다.

이러한 다양한 활용 방법은 학습자 상정이나 목표로 하는 국어 교

---

39) 예를 들어 끝말잇기 놀이를 이메일로 할 때와 채팅으로 할 때를 비교해 보자. 이메일로는 비교적 정제된 잇기를 할 수는 있겠지만, 아이디어의 전파 속도가 실시간이 아니기 때문에 동시적인 아이디어 교환이 어려울 수밖에 없다. 대신 채팅으로 할 때에는 즉각적으로 반응하고 또 거기에 대한 피드백을 받을 수 있기 때문에 훨씬 역동적이고 집중적이다.

육의 내용과 관련하여 조금씩 다르게 적용될 수 있다. 해당 교수-학습을 설계하는 교수자의 목적과 기대하는 학습 효과를 고려하여 활용 방법은 결정할 수 있을 것이다.

■ 사이버 '표준어 찾기 대회' 개최[40)

관련 내용 : 국어지식 영역 단원

학년 : 초등학교 5학년에서 중학교 3학년

활동 유형 : 공동 협력 연구

학습 목표 : 표준어를 알고 사용하는 습관을 기른다.

활용 내용·방법 : 인터넷에서 사이버 표준어 찾기 대회를 개최한다. 각 모둠은 토의를 해서 조사할 주제를 잡아 잘못된 말의 사용 실태 조사 결과를 발표하고, 표준어 사용을 위한 방안을 제시한다. 모둠별 자료는 게시판에 올려 행사에 참여하도록 한다. 잘한 모둠의 결과를 프로젝션 TV로 보여주며 간단히 평가해 준다.

관련사이트

http://www.korean.go.kr/index2.html/ 국립국어연구원

http://natogi.new21.org/main.htm/ 나도기의 우리말글살이

이 활동은 표준어에 대한 수업의 심화·보충 학습 형태로 적합하며, 학습자들의 활동은 수행 평가 성적에 반영할 수 있다. 표준어 이외의 다양한 주제로 이러한 활동을 할 수 있다.

---

40) 김근수 외, 「국어과에서의 ICT 활용 교육방법 연구」, 한국교육학술정보원, 2001. 141~142쪽.

■ 갈래 바꿔 쓰기[41]

관련 내용 : 6학년 문학의 수용과 창작
학습 목표 : 글의 갈래와 특성과 내용을 이해하는 능력을 기른다.
활용 유형 : 게시판 활용
활용 내용·방법 : 지정된 사이트에서 게시판을 찾아 과제를 확인하고, 교사
　　　　　　가 제시한 글의 갈래와 특성과 내용을 모둠 토의를 통해 파악한
　　　　　　다. 각 모둠별로 정해진 갈래의 글로 갈래 바꿔 쓰기를 한다. 갈
　　　　　　래를 바꾼 결과물을 답변글 형식으로 게시판에 올려 다른 모둠의
　　　　　　비판을 받는다. 다른 모둠의 비판을 참고하여 최종적인 갈래 바꿔
　　　　　　쓰기 결과를 게시판에 올린다. 잘한 모둠의 결과를 프로젝션 TV로
　　　　　　보여주며 간단히 평가한다.
관련 사이트
　http://www.poet.co.kr/index.html/ 문학의 즐거움
　http://www.simaro.org/index.jsp/ 시인의 마을
　http://www.essay.or.kr/ 한국수필작가회
　http://koreanlove.com.ne.kr/ 노인숙의 국어사랑
　http://edurama.com.ne.kr/ 에듀라마

　　이 수업은 흔히 학습자들이 겪는 실제 작품의 갈래 구별을 쓰기
과정을 통해 해결할 수 있도록 설계된 것이다. 갈래 바꿔 쓰기는 학
습자들에게 작품을 통해 작품이 속하는 갈래를 파악하는 힘과 문학
의 각 갈래가 갖는 특징들을 파악하면서 작품을 그 특징에 맞게 바
꿔 쓸 수 있는 힘을 길러 준다. 이러한 과정에서 학습자들은 작품
내용 이해 능력과 상상력을 길러 줄 수 있을 것이다. 학습 내용은
ICT 활용이 필수적이진 않지만, ICT 활용으로 갈래 바꿔 쓰기를
하는 도중에 내용을 편집하기가 쉽고, 갈래를 바꿔 쓴 후 게시판에

---

41) 김근수 외, 「국어과에서의 ICT 활용 교육방법 연구」, 한국교육학술정보원,
　　2001. 146~148쪽.

서의 공지를 통해 수정과정을 가질 수 있는 이점에 있다. 그리고 게시판을 통해 학습 결과를 공유함으로써 다른 학습자들에게 도움을 줄 수 있다.

■ 이메일 독후감42)

관련 내용 : 읽기 및 쓰기 관련 영역

학년 : 초등학교 3학년에서 고등학교 3학년

활동 유형 : 공동 협력 연구, E-PALS

학습 목표 : 문학 작품을 비평적인 자세로 읽는다.
같은 문학 작품이라도 지역과 문화적 차이에 따라 어떻게 다르게 읽히는지 이해하게 한다.

활용 내용·방법 : 동일한 목록의 문학 작품을 읽고, 정해진 일정한 독후감을 써서 보내올 파트너 학급을 찾기 위해 협력자 구함 공고를 게시한다. 소그룹별로 독후감에 대해 토론하고, 독후감을 써서 제출하면 다른 참여 학급에 보내준다. 소그룹별로 통의를 통해 독후감에 대해 토의하고, 결론을 발표한다. 책에 대한 보고서를 작성해 다른 학급들과 교환한다.

이와 같은 활용은 독후감을 쓰는 활동뿐 아니라, 특히 다른 사람들이 쓴 독후감을 이해하고, 비평하는 활동에 의의를 둘 수 있다. 다시 말해 독후감 쓰기는 ICT 활용 없이도 얼마든지 할 수 있는 것이지만, 이를 굳이 ICT를 도입하여 교수-학습 활동을 한다면, 이때의 장점·효과는 나의 독후감뿐 아니라 다른 사람의 독후감을 얼마든지 접할 수 있다는 것과, 다른 사람과 자신의 생각이 어떻게 다른지, 그리고 왜 다른지에 대해 생각하고 이해할 수 있다는 데에 있다.

---

42) Laura Parker Roerden/홍명희, 김갑수, 전우천 역, 『인터넷 활용 수업의 이론과 실제』, 한빛미디어(주), 1999. 130~131 쪽

2.5 국어교육에서의 ICT 활용 방향

이와 같이 국어교육에서 ICT 활용의 방안은 활용할 ICT 구성 요소와 국어과 교육 내용, 사용 주체, 활용 방법에 따라 얼마든지 다양하게 수립될 수 있다. 교육의 내용과 방법이 서로 결합하여 최대의 효과를 낼 수 있는 것이라면, 그 활용성은 무한대로 확대된다고도 할 수 있을 것이다. 단 여기에 제시된 사례들은 매우 제한적인 것으로 본 연구에서 시도한 하나의 방법으로 선보인 것일 뿐이다. 현재 국어과에서의 ICT 활용은 에듀넷(www.edunet.net)이나 즐거운 학교(http://www.njoyschool.net) 등 다양한 국어교사들의 참여로 더욱 본격화되고 있는 상황이다.

그런데 이러한 본격화되는 시점에서 동시에 발견되는 것은 ICT 활용의 의의나 장점뿐만 아니라 문제점이다. 따라서 여기서는 결론적으로 국어교육에서 ICT를 활용함에 있어서 유의해야 할 점을 짚어보고자 한다.

2.5.1 학습자 활동 중심 설계

ICT 활용을 교사 주체로 할 경우, 가장 자주 발생되는 문제는 일방향적 자료 제시를 위주로 수업을 진행하는 것이다. 이는 제7차 교육과정에서 목표로 하는 수준별 학습이나 ICT를 교수-학습에 도입하는 목적인 개별화 수업의 의도와는 전혀 다른 획일적 혹은 일반화된 수업을 낳을 가능성이 확연히 높다. 물론 현재의 교실 상황에서 강의식으로, 일제학습을 해야 하는 경우 이런 방식으로라도 도움을 줄 수 있다는 것이 큰 의미일 수는 있지만, 국어교육의 본질을 고려하고, 궁극적인 목표를 생각할 때에는 교사 주도의 제시형 교수학습 방법을 가급적 제한적으로 적용할 필요가 있다.

이를 달리 설명하자면, 교수-학습 활동의 주체를 교사가 아닌 학습자에게 두자는 것으로 ICT 활용에 있어서도 활동의 주체가 학습자가 되도록 해야 한다는 것이다. 여기서 활동의 주체란 굳이 ICT라는 매체 활용에 국한된 범위에서가 아니라 교수-학습 과정의 전반을 두고 볼 때를 말하는 것이다. 따라서 교사 주체의 ICT 활용 수업을 한다 할지라도, 본질적인 교수-학습 활동은 학습자가 주도적으로 수행할 수 있도록 설계해야 한다.

이를 위해서는 교사가 수업을 설계할 때에43) 수업에서 자신의 활동 비중을 어느 정도 두는 지에 대한 잠정적인 한계를 갖고 있어야 한다. 다시 말해 ICT를 어느 국면에서 어느 정도 활용할 것인지를 결정해야, 도입되는 측면과 단계도 설정할 수 있을 것이기 때문이다.

그리고 이에 따라 교사는 학습자의 학습 활동에 필요한 각종 학습 자료를 만들어 제공할 필요가 있다. 이는 한편으로 학습자의 자기 주도적 활동을 지원하는 방편이며, 다른 한편으로는 교수자의 학습자 평가 자료를 확보하는 방안이기도 하다. 또 이는 수업 시간이나 진행을 짜임새 있게 하며, ICT 활용 학습 활동과 상호 보완적으로 활용되어 수업의 효과를 높이는데 기여할 것이다.

무엇보다 이러한 기술 활용의 문제에 있어서 잊지 말아야 할 것은 목적이다. 다시 말해 활용 자체가 목적인지, 활용을 통한 다른 어떤 것에 목적이 있는지를 분명히 인식하여 교수-학습을 설계하고 활용

---

43) 인터넷 수업 준비 원칙(Ferdi Serim & Melissa Koch, 이태욱 역, 『인터넷이 학교를 바꾼다』, 한빛미디어(주), 1999. 121쪽)
  - 학생들에게 기대하는 것이 무엇인지 알려 준다.
  - 인터넷 도구 사용법과 인터넷 탐색 정보를 관리하는 법을 배우기 위한 교육 과정의 주요 목표를 세운다.
  - 학생들이 인터넷에 대한 첫 경험에서 성공적으로 자료를 찾을 수 있도록 풍부한 정보를 제공한다.

방안을 세워야 할 것이다.44)

2.5.2 학습자의 ICT 활용 능력의 사전 진단

ICT 활용 수업에서 간과되기 쉬운 문제 중의 하나는 학습자의 ICT 활용 수준이다. 아주 간단하게는 키보드의 사용 능력 수준이나, 원하는 정보를 찾을 수 있는 수준, 정보를 보고 판단할 수 있는 수준 등 ICT를 활용한 국어교육이 이루어지기 위해 전제되어야 할 수준이 있기 마련이다. 그런데 국어과의 내용과 ICT 활용을 관련짓기에 급급한 나머지 이러한 학습자의 ICT 활용 수준을 간과함으로써 실제 국어교육의 과정에서 학습자가 원하는 학습 내용에 접근하기도 전에 문제에 부딪히는 경우들이 생긴다.

따라서 교사는 자신이 설계한 ICT 활용 국어 수업에서 학습자가 지니고 있어야 할 기초적인 ICT 활용 능력 수준을 점검하고, 학습자의 수준에 맞게 수업의 내용이나 방법을 조정할 필요가 있다.

2.5.3 ICT 활용 환경 점검

또 한가지 수업에서의 ICT 활용에서 주의해야 할 점 한가지는 학습자 통제 부분이다. 특히 인터넷을 활용하여 개별 학습자가 정보를 탐색할 때에 자칫하면 엉뚱한 정보원 속에서 헤어나지 못하거나, 해

---

44) 효과적인 수업을 하기 위해 인터넷을 자료 탐색 도구로 사용하려면 먼저 학생들이 탐색할 만한 주제를 선정하는 것이 필요하다. 도구를 고를 때 초점은 그 내용이 도구 사용의 목적이 되어야 한다는 것이다. 웹 브라우저 사용 기술을 익히는 시간을 갖되 학생들이 도구를 가지고 조사 활동을 할 주제가 있어야 한다는 것을 명심해야 한다.(Ferdi Serim & Melissa Koch, 이태욱 역, 『인터넷이 학교를 바꾼다』, 한빛미디어(주), 1999. 121쪽)

당 수업 목표가 아닌 다른 활동을 하는 데에 수업 시간을 빼앗길 우려가 있다. 따라서 교사가 학습자 중심의 ICT 활용 수업을 하고자 할 때에는 학습자가 컴퓨터를 적절하게 사용할 수 있는 환경들에 대해 점검하고, 학습자의 학습 활동을 바른 방향으로 이끌 수 있는 준비를 미리 해둘 필요가 있다.

2.6 결론

국어 교과에서 ICT를 활용하면서 보이는 국어 교수-학습 상의 큰 변화는 수용/표현 활동의 통합화 현상이다. 특히 초등학교 국어과 학습에서 분리되어 다루어지는 말하기, 듣기, 읽기, 쓰기의 활동이 사실상 ICT 활용과 함께 통합되는 현상을 보이고 있는 것이다.

이러한 변화들은 앞으로의 활용 경험과 연구들을 통해 더욱 치밀하게 분석되고 그 활용 효과와 함께 검증되어야 할 필요가 있다. 그렇게 함으로써, 궁극적으로는 국어 교육의 내용과 방법 역시 변화할 것이고, 보다 바람직하고 효율적인 방향으로 변화할 것이기 때문이다.

국어과 수업에서의 ICT 활용은 궁극적으로는 국어 교육의 목표에 보다 효율적으로 빨리 접근할 수 있는 방법의 일환으로 이루어지는 것이다. 이는 교사의 입장에서는 보다 적절하고 효율적으로 가르치고, 학습자 입장에서는 보다 재미있고 효과적인 학습을 할 수 있기 위한 것이다. 따라서 ICT를 활용한 국어과의 교수-학습 설계에서 항상 잊지 말아야 할 것은 그 교수-학습 과정 속에 있는 교사와 학습자에 대한 고려이다. 중요한 것은 ICT의 활용이 아니라 국어교육이며, 그 교육을 통해 성장할 학습자들인 것이다. 이러한 인식 속에서 ICT라는 첨단 기술이 국어 교육을 더욱 다양하고 실질적인 것으로 만들어 주길 기대한다.

참고 문헌

이경환 외(2000),『초·중등학교 정보 통신 기술 교육 운영 지침 해설서』,
　　　　교육부 교육과정 정책과, 29~84쪽
교육자료 TL 2000-11(2000),『ICT 활용 교수-학습 지도안 자료집』,
　　　　한국교육학술정보원, 14~29쪽
교육자료 TM 2001-2(2001),『ICT활용 교수-학습 과정안 자료집』,
　　　　한국교육학술정보원, 44~73쪽
김근수 외(2001),「국어과에서의 ICT 활용 방법 연구」,
　　　　한국교육학술정보원, 29~149쪽
김동환 외(2000),『매체언어의 소통원리와 교육적 대상화의 방법』,
　　　　서울대 국어교육연구소, 25~33쪽
서유경(2000),「국어 전자 교과서 개발의 실제와 방향」,
　　　　『국어교육학연구』제 10집, 43~71쪽
서유경(2000),「웹에서의 국어 교육 설계 방향 연구」,
　　　　『고전문학과 교육』제2집, 고전문학과 교육,53~74쪽
안정임, 전경란(1999),『미디어교육의 이해』, 한나래, 15~58쪽
연구보고 RR2000-2(2000),『제7차교육과정 대비 초·중등 정보교육
　　　　개선 방안 연구』, 한국교육학술정보원, 12쪽
유인환(2000),「ICT와 문제 해결 과정의 통합에 기반한 정보 교육 과
　　　　정 모형 개발」, 한국교원대학교 박사학위 논문,
　　　　7~10쪽
Ferdi Serim&Melissa Koch(1999), 이태욱 역,
　　　　『인터넷이 학교를 바꾼다』, 한빛미디어(주), 121쪽
Laura Parker Roerden/홍명희, 김갑수, 전우천 역(1999),
　　　　『인터넷 활용 수업의 이론과 실제』,
　　　　한빛미디어(주), 123~131쪽
Stanley J. Baran(1999), Introduction to Mass Communication
　　　　-media literacy and culture, Mayfield publishing
　　　　company, 406~440쪽

참고 사이트

http://www.edunet4u.net
http://www.njoyschool.net

사이버 공간에서의 문학 교육

　요즘 우리의 문화에서건 교육에서건 큰 변화를 몰고 오고 있는 것 중의 하나는 인터넷이다. 불과 몇 년 전만 하더라도 문자 중심의 통신 매체로만 존재하던 것이 인터넷으로 대체, 변화하면서 문학 자체나 문학교육의 장에 엄청난 변화가 일어나고 있는 것이다.45) 이런 변화는 교육 정책상으로도 반영이 되어 이제는 각 교과 교육에서도 컴퓨터나 인터넷 등의 교단 선진화 기기를 활용하여 수업을 하도록 하고 있다. 그래서 과학이든 국어든 수학이든 어떤 교과에서건 어떻게 하면 ICT (Information & Communication Technology : 정보통신기술)46)를 활용하여 기존의 교육과는 다른 방식으로 교육

---

45) 문자 통신의 시작만으로도 정보의 시대가 열리는 엄청난 변화였다. 그러나 시각화 기능이 추가·극대화되는 인터넷 시대의 시작과 보편화는 문자 통신의 영향력을 훨씬 초월하는 막강함을 보여준다.

46) ICT라는 용어는 Information & Communication Technology의 약자로

을 할 수 있을까 하는 것이 가장 중요한 현안 과제 중의 하나이다.

여기서 우리는 "뭔지도 모를 정보통신기술이라는 것을 왜 우리는 이용해야 하는가?", "국어 교육에 이런 방법을 도입하는 것 자체가 타당한 일일까?", "과연 이것이 국어 교육에 도움이 되는 것일까? 오히려 국어 교육을 잘못된 방향으로 끌고 가는 길이 아닐까?" 하는 등등의 고민들을 하게 된다. 그러나 한편으로 매체 문화의 문제는 어떤 정책적인 결정 이전에 유통되고 자리잡는 것이라는 특성을 고려한다면, 이미 보편적인 것으로 통용되고 있는 문화적 현상에 대해서 타당성을 논하는 것은 늦은 감이 있다. 반대로 학습자들 사이에서 급속하게 확산되고 있는 매체 문화, 그 중에서도 인터넷이나 컴퓨터 문화가 어떻게 교육적으로 활용될 수 있을 것인가의 측면에서 접근한다면 이러한 고민들은 좀더 긍정적으로 해결될 수 있지 않을까?

이 글은 바로 이러한 지점에서 "문학 교육이 어떻게 사이버 공간을 통해서 이루어질 수 있을까"를 다루어 보고자 한다. 그래서 문학 교육이 사이버 공간에서 이루어지는 것 자체에 대한 가능성 논의는 논외로 한다. 이미 존재하고 있는 사이버 공간의 활성화와 사용자의 참여를 바탕으로 문학 교육이 사이버 공간을 통해 어떻게 이루어질 수 있는지를 논해 보고자 하는 것이다. 여기에는 사이버 공간의 특성을 고려한 접근의 필요성, 사이버 공간에서의 문학 교육이 기존의

정보와 통신 기술을 결합한 의미이다. 처음에는 ICT라는 용어보다는 IT (Information Technology)를 사용했었지만, 통신 혹은 의사 소통 측면의 중요성이 부각됨에 따라 ICT를 사용하는 경향이 많아졌다. 이 용어는 "컴퓨터 기반의 하드웨어와 소프트웨어와 관련된 도구와 기법을 의미하며, 통신, CD-ROM과 인터넷같은 정보자원, 정보 통신 공학과 관련을 맺고 있으며, 이를 통한 정보의 수집, 가공, 저장, 검색, 전송, 수신, 표현, 통제, 관리, 조작 등과 관련된 모든 시스템을 포함하며, 이를 직업과 일상 생활에서 적절히 이용하여 효과적으로 학습하기 위해 필요한 지식, 기술(skills), 이해를 지원하기 위한" 것으로 정의된다.(유인환, 〈ICT와 문제 해결 과정의 통합에 기반한 정보 교육 과정 모형 개발〉, 한국교원대학교 박사학위 논문, 2000.)

문학 교육과는 다른 점, 사이버 공간에서의 문학 교육을 위해 이미 만들어져서 활용되고 있는 콘텐츠와 앞으로의 콘텐츠 개발 및 활용 방향 등에 관한 논의들이 포함된다.

3.2 사이버 공간·문학·문학교육

그렇다면 도대체 사이버 공간은 무엇이며, 문학과는 무슨 상관이 있고, 문학교육과 어떻게 관련될 수 있을지를 생각해 보도록 하자. 사이버 공간은 온라인(on-line) 상태에 의해 만들어지는 것이긴 하지만, 그렇다고 하여 그것만으로는 충분한 설명이 되지 않는다. 다시 말해 사이버 공간이라는 의미에는 보다 실재적이고 실제적인 현실이 구현될 수 있는 공간이라는 측면이 부가되어 있는 것이다. 그래서 문자 중심의 통신으로 소통되고 향유되던 문학을 '통신 문학', 인터넷의 성장과 함께 만들어지고 소통되는 문학을 '사이버 문학'이라고 구별하여47) 부르는 경향도 생겼다고 할 수 있을 것이다.

---

47) 이렇게 사이버 문학을 정의할 때에는 아마추어적 글쓰기는 새로운 문학의 범주 안에 들어가지 못함으로 인해 사이버 문학으로 인정되지 못하는 문제가 생긴다. 왜냐하면 이러한 사이버 문학에 대한 정의 속에는 "정보화 사회라는 변화한 시대 패러다임을 문학 안으로 끌어들이려는 우리의 의식적 실천 행위"라는 의미가 포함되어 있어서 보다 파격적인 형식의 문학, 보다 확장된 상상력에 의해 창출된 문학에 한해 진정한 사이버 문학이라고 보기 때문이다. 이렇게 문학의 소재나 방식 면에서 기존의 인쇄 매체 중심의 문학이나 통신 문학과 반드시 달라야 하고 상상력의 바탕도 제한하는 방식에 의한 사이버 문학의 정의는 폭넓게 확장될 수 있는 사이버 문학의 특질을 오히려 어느 한 쪽으로 치우치게 하는 것이 아닐까 하는 의문이 든다. 한편으로 통신 문학이나 온라인(on-line) 문학이라는 용어가 자칫 사이버 문학을 통신상이라는 협소한 공간적 의미로 전달될 위험이 있는 것은 사실이지만, 용어의 구별을 위해 '사이버 공간에서의 문학'이라는 의미를 축소할 위험은 경계해야 할 것이다.

이러한 '사이버 공간'은 정보통신기술의 발전과 더불어 새로이 구축, 활성화된 '가상 공간'의 의미를 지니며, 여기서 이루어지는 문학 활동의 결과물을 '사이버 문학'이라고 부르는 것이다.

그렇다면 사이버 공간의 속성을 살펴보기로 하자. 사이버 공간을 만드는 매체는 인터넷과 컴퓨터를 대표적으로 들 수 있다. 따라서 이 공간은 인터넷과 컴퓨터라는 매체의 속성에 의해 특성이 만들어지고, 이 공간에서의 모든 행위는 매체의 속성과 관련된다. 그래서 일차적으로 인터넷과 컴퓨터의 매체적 속성을 살펴보면, 사이버 공간의 속성도 규명될 것이다.

사이버 공간의 속성은 상호 작용성, 다중 매체성, 하이퍼 링크, 정보의 개방성, 무기명성 등으로 정리할 수 있다. 상호 작용성은 인터넷의 게시판들을 중심으로 이루어지는 커뮤니티(community)를 통해 단적으로 알 수 있다. 기존의 시청각 매체인 TV, 영화 등의 시각 매체들도 보완적으로 인터넷 사이트를 개설하고 수용자들의 다양한 의견을 수렴하고 있는 현상이나, 같은 관심사를 가진 사람들이 모여 만든 인터넷 카페 등의 커뮤니티(community)에서 쌍방향 의사소통을 하고 있는 현상들은 인터넷의 상호 작용성을 잘 보여준다. 기존의 매체들은 단방향적으로 정보를 제공하는 데 강점을 가진 반면, 인터넷은 정보 제공자와 수용자 사이에 즉각적이고 직접적인 상호 작용을 가능하게 하는 것이다.

이러한 상호 작용성은 정보의 수용자와 수용자, 생산자와 수용자 사이에 이루어지기도 하지만, 인터넷에서 제공하는 다양한 정보 혹은 인터넷이 포함하고 있는 매체들과 수용자들 사이에 이루어지기도 한다. 그래서 인터넷 혹은 컴퓨터와 수용자 사이의 상호 작용을 바탕으로 학습용 콘텐츠들이 만들어지기도 하는 것이다.

한편 다중 매체성은 인터넷이 갖고 있는 메타 미디어적 특성이라 할 수 있다. 다시 말해 인터넷은 단순히 문자 매체 뿐만 아니라 그래픽, 이미지, 사운드, 동영상, 애니메이션 등의 다양한 형태의 자료들이 복합적으로 구성되어 이루어진다. 이렇게 다양한 매체를 포괄하고 있는 인터넷 매체의 다중 매체성은 컴퓨터가 갖고 있는 멀티미디어적 특성과 직결된다. 인터넷은 컴퓨터와 네트워크를 바탕으로 이루어지는 것이며, 그래서 컴퓨터와 네트워크를 통해 이루어지는 사이버 공간은 다양한 매체의 다중적 구성을 보이고 있는 것이다.

이러한 다중 매체성은 하이퍼 링크의 특성과도 연결된다. 즉 인터넷과 컴퓨터가 포괄하고 있는 다양한 매체들은 서로 서로 연결되어 있는데, 그 연결되는 방식이 하이퍼 링크에 의한 것이다. 하이퍼 링크로 연결되어 하나의 계열체를 이루는 정보들은 하이퍼 링크되는 매체와 정보에 따라 또한 새로운 정보로 만들어진다. 이렇게 하이퍼 링크에 의해 정보를 구성하고 생산하는 사이버 공간의 속성은 사이버 문학 중에서도 하이퍼 텍스트 문학이라는 새로운 형태의 문학 양식을 가능하게 하였다. 하이퍼 텍스트 문학은 하이퍼 링크의 방식을 이용하여 문학 텍스트의 생산에 수용자가 생산자로 참여할 수 있는 문학 형태이며, 여러 명의 생산자가 이어가는 방식으로 만들어지기도 하고, 다양한 방향으로의 결말이 가능한 문학이다.

18	[나의 메피스토] 에필로그	문학통신	00/10/26	689
17	[나의 메피스토] 제5가(3)	문학통신	00/10/24	464
16	[나의 메피스토] 제5가(2)	문학통신	00/10/20	440
15	[나의 메피스토] 제5가(1)	문학통신	00/10/17	431
14	[나의 메피스토] 제4가(3)	문학통신	00/10/13	424
13	[나의 메피스토] 제4가(2)	문학통신	00/10/10	396
12	[나의 메피스토] 제4가(1)	문학통신	00/10/06	428
11	[나의 메피스토] 제3가(3)	문학통신	00/10/03	406
10	[나의 메피스토] 제3가(2)	문학통신	00/09/29	397
9	[나의 메피스토] 제3가(1)	문학통신	00/09/26	405
8	[나의 메피스토] 제2가(3)	문학통신	00/09/22	405
7	[나의 메피스토] 제2가(2)	문학통신	00/09/19	393
6	[나의 메피스토] 제2가(1)	문학통신	00/09/15	411
5	[나의 메피스토] 제1가(3)	문학통신	00/09/12	412
4	[나의 메피스토] 제1가(2)	문학통신	00/09/08	421
3	[나의 메피스토] 제1가(1)	문학통신	00/09/05	536
2	[나의 메피스토] 한 말씀	문학통신	00/09/01	456
1	[나의 메피스토] 작가의 말	문학통신	00/08/28	429

48)

또한 사이버 공간에서는 각종 정보가 무한히 개방되어 있는 특성을 지닌다. 물론 요즘은 유료 사이트나 커뮤니티(community)를 중심으로 한 사이트 등에서 회원에 대해서만 정보를 공유하도록 하기도 하지만, 이는 정보의 차별화를 위한 의도에서 별도의 프로그램이나 시스템을 통해 설정한 것이고, 기본적으로 사이버 공간에서의 정보는 모든 사용자들이 공유할 수 있도록 공개되어 있다. 이러한 정보의 개방성은 인터넷을 통한 각종 정보의 탐색을 가능하게 하고 이에 따라 학습도 이루어질 수 있다. 한편 정보의 개방성은 누구에게나 정보의 소유를 가능하게 함으로써 저작권의 문제를 야기하기도 한다.

---

48) 하이퍼 텍스트 문학을 표방하는 어느 한 사이트의 게시판의 모습이다. 이렇게 게시판을 중심으로 한 사이트의 경우 진정한 의미의 하이퍼 텍스트 문학을 실현하고 있다고 보기는 어렵다. 과도기적 형태의 하나라고 이해하고 넘어가도록 하자.

  정보의 개방성은 수용자의 참여도 무한히 허용한다. 그래서 얼마든지 참여자들이 자신의 신분을 숨기고 의견을 개진하고 정보를 제공할 수 있다. 그러나 이러한 무기명성은 잘못된 정보나 비윤리적인 정보의 유통을 허용하는 문제점을 지니고도 있다. 따라서 사이버 공간에서는 특별히 자신이 제공하는 정보에 대한 윤리적인 태도를 필요로 하고, 수용자 역시 사이버 공간에서의 정보에 대해 비판적으로 수용하는 태도가 필요하다.

  이러한 사이버 공간에서 만들어지는 사이버 문학은 사이버 공간의 무한한 개방성과 하이퍼 링크, 다중 매체성 등등의 속성에 따라 기존의 문학과는 상당히 다른 양상과 성격을 지니게 된다. 그러나 한편으로 같은 사이버 공간에서의 문학 행위라 하더라도 '교육'의 측면에서 즉, "문학교육"의 관점에서 접근하면 사이버 공간의 의미는 달라진다. 다시 말해 '사이버 문학'과 사이버 공간에서의 '문학교육'은 본질적으로 달라지는 것이다. 사이버 문학이 사이버 공간에서의 특수한 문학 활동에 의해 만들어지는 것이라면, 사이버 공간에서의 문학교육은 사이버 공간이라는 특수성에 의해 제한되거나 새로이 부각되는 의미나 효과도 있겠지만, 일반적으로 목표로 하는 문학교육의 달성을 사이버 공간에서도 이루고자 할 수도 있는 것이다. 단지 사이버 공간을 통해 더욱 효과적으로 달성할 수 있는 측면을 강화하고 개발해야 할 필요성이 있는 것이다.

3.3 사이버 공간에서의 문학교육은 무엇이 다른가?

  그렇다면 사이버 공간에서의 문학교육은 사이버 문학과는 어떻게 다르며, 기존의 오프 라인(off-line)에서 행해지는 문학교육과는 무엇이 다를까? 그리고 현재 성행하고 있는 사이버 공간에서의 문학 교육 양상은 어떠한가?

사이버 문학과 사이버 공간에서의 문학교육이 서로 다르다는 것은 앞에서 이미 살펴보았으므로, 여기서는 기존의 문학 교육과 사이버 공간에서의 문학교육이 다른 부분과 현재 이루어지고 있는 사이버 공간에서의 문학교육의 양상을 중심으로 생각해 보자.

사이버 공간에서의 문학교육이든 기존의 문학 교육이든 "문학 교육"은 교수자, 학습자, 문학이라는 세 가지 변인을 중심으로 이루어진다는 사실은 달라질 수 없을 것이다. 단지 문학교육이 이루어지는 공간이 어디이고, 교수자가 문학교육의 수행 과정에서 관여되는 방식이 어떤가에 따라 달라지는 것이라 할 수 있다.

사이버 공간의 속성은 앞 절에서도 이미 정리하였듯이, 상호 작용성, 다중 매체성, 하이퍼 링크, 정보의 개방성, 무기명성 등으로 요약할 수 있다. 사이버 공간의 이러한 속성은 사이버 공간에서의 문학 교육이 변별되는 지점을 몇 가지 말해 준다.

첫째는 문학교육의 활동 방식이 인쇄 매체 중심에서 전자 매체로 바뀐다는 것이다. 특히 이러한 매체적 변화는 문학교육 활동의 제재가 글쓰기로 표현된 문학 작품뿐만 아니라 모든 형태의 문학적 제재가 문학교육의 장에 포괄되는 것을 가능하게 한다. 기존에는 인쇄 매체에 표현된 글을 중심으로 문학 교육 활동을 하던 것이 이미지 중심의 이야기라든지, 비디오 클립이라든지 등등 표현과 수용의 과정에 전자화된 자료를 문학 교육에서 본격적으로 다룰 수 있게 된 것이다.

그리고 문학 작품의 창작이나 문학적 글쓰기가 전자 매체를 통해 이루어지게 되므로 그러한 활동의 결과물에 대한 공유나 비평이나 평가가 즉각적으로 이루어질 수 있다. 물론 표현 활동 자체나 문학 교육 활동을 중심으로 하는 커뮤니티(community)의 형성과 같은 본질적 측면에는 변화가 없다. 단지 사이버 공간이라는 공간적 특수성에 의해 표현 활동에 사용되는 매체가 변화되고 커뮤니티가 확장되며, 문학 작품 창작이나 비평 혹은 문학적 글쓰기가 훨씬 다양하게 상호작용성이 강화될 수 있는 것이다.

둘째는 교사가 문학교육에 참여하는 방식이 변한다. 기존의 오프라인(off-line) 상의 문학교육에서는 교사가 설계한 수업을 매 시간마다 달리 해야 하는 어려움이 있었고, 교사가 중심이 아닌 학습자 중심의 활동마저도 -예를 들면 문학 작품 읽기- 교사가 주도해야 하는 한계가 있었다. 그러나 문학 교육 활동의 공간이 사이버로 옮겨지게 되면, 교사의 홈페이지나 특정 사이트를 중심으로 교수-설계는 일정하게 같은 형태로 학습자에게 주어지고, 학습자의 변화에 따라 학습 활동의 내용이 변한다. 또한 학습자 중심의 활동이 극대화되며, 이에 따라 학습자의 적극적인 참여가 필요하고, 실제로 학습자의 참여가 활발해지게 되는 효과가 있다.

셋째는 특정한 문학교육 활동에 대한 평가나 피드백이 교사 중심에서 학습자 중심으로 변화한다. 기존의 문학교육을 수행하는 데에 있어서 가장 큰 어려움 중의 하나는 평가 방식일 것이다. 이는 객관식보다는 주관식 평가를 필요로 하고, 진단 방식의 평가보다는 수행 평가가 효율적인 문학 교육 나아가 국어 교육의 특수성 때문일 것이다. 그러나 사이버 공간에서는 문학교육의 활동이 학습자 중심으로 이루어지고, 그 활동의 결과물이 교사나 다른 학습자에 의해 즉각적이면서도 다양하게 평가되고 피드백을 받을 수 있게 된다.

사이버 공간의 속성에서 비롯되는 이러한 차이들을 문학교육 수업을 설계하는 교사가 인식하고, 사이버 공간에서의 변화된 문학 교육을 위해 환경을 구축하고 적합한 콘텐츠를 개발한다면 보다 효율적인 문학 교육을 수행할 수 있을 것이다.

현재 인터넷에 있는 사이버 문학 동호회나 문학교육 사이트들을 크게 두 가지 유형으로 나눌 수 있다. 하나는 게시판을 통한 글쓰기 중심의 사이트이고 다른 하나는 문학 관련 정보를 제공하고 수용자들도 참여할 수 있는 사이트이다.

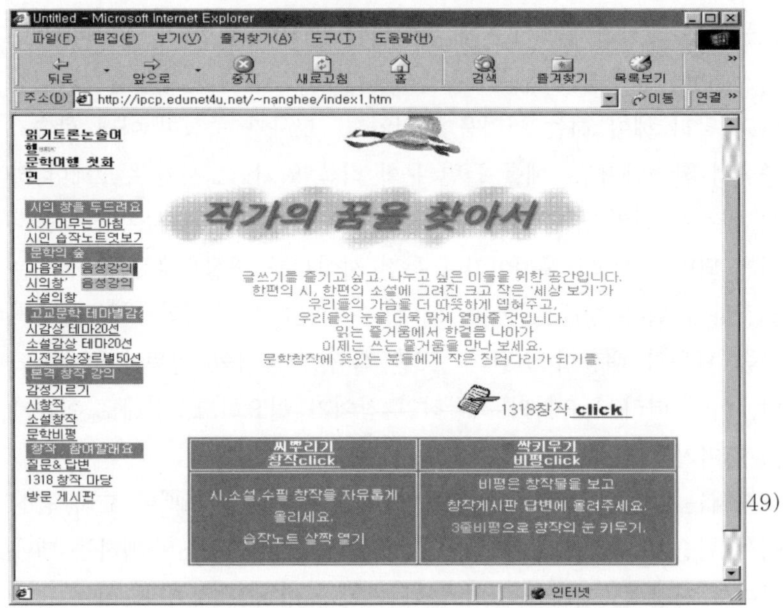

⁴⁹⁾

　게시판을 위주로 한 사이트들은 보통 문학 동호회나 글쓰기에 대한 평가를 위주로 하는 논술 관련 사이트들이다. 문학 교육을 주창을 하든 하지 않든, 인터넷에서 가장 쉽고 유용하게 개발하고 활용할 수 있는 형태가 게시판임을 고려하면 이러한 현상이 그리 문제시 되지 않는다. 그런데 문학 동호회의 경우는 문자 통신에서 이루어지

---

49) 이 사이트의 경우 게시판을 통한 글쓰기 중심의 활동과 문학 관련 정보를 제공하는 기능을 모두 수용하여 만들어져 있다. 소위 포탈(portal) 사이트를 표방하는 경우나 종합적인 정보를 다루는 경우에는 이 두 가지가 어느 정도씩 혼합되어 있기는 하지만, 일반적인 사이트의 경우 수용자 참여의 정도나 방식에 의해 나눌 수 있을 것이다.

던 것을 그대로 옮겨 온 듯한 양상을 보인다는 점에서 게시판 위주
의 활동이 별로 발전적이지는 못하다고 판단하게 된다. 문자 통신과
인터넷은 온라인(on-line)이라는 공통점이 있지만 분명히 다른 매
체 특성이 있음에도 불구하고 그 다른 특성을 효과적으로 활용하지
못하고 있는 것이다.[50] 본격적인 사이버 문학을 지향하는 동호회에
서도 다루어지는 문학 작품들이 인터넷의 매체적 특성에 입각한 새
로운 형태의 문학 -예컨대 하이퍼텍스트 문학과 같은- 이라기보다는
기존의 문자 통신에서 활성화되었던 형태가 주류를 이룬다.

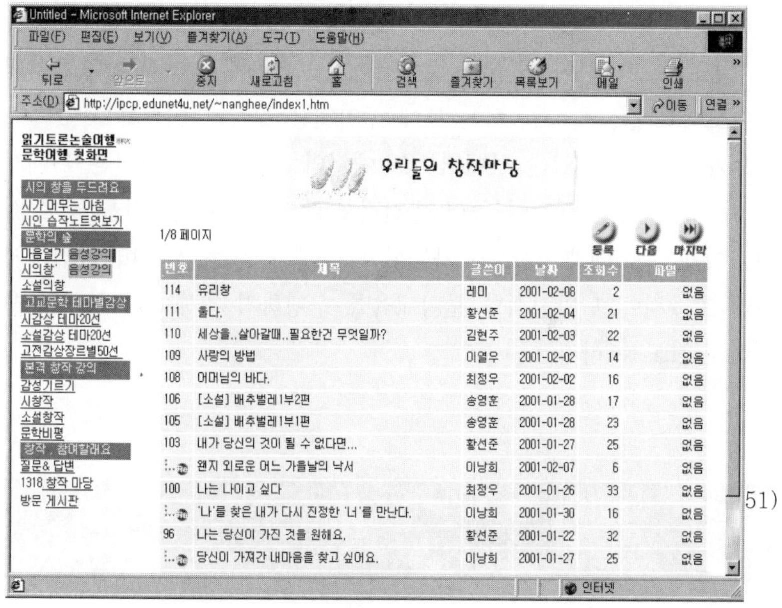

번호	제목	글쓴이	날짜	조회수	파일
114	유리창	레미	2001-02-08	2	없음
111	울다.	황선준	2001-02-04	21	없음
110	세상을..살아갈때..필요한건 무엇일까?	김현주	2001-02-03	22	없음
109	사랑의 방법	이열우	2001-02-02	14	없음
108	어머님의 바다.	최정우	2001-02-02	16	없음
106	[소설] 배추벌레1부2편	송영훈	2001-01-28	17	없음
105	[소설] 배추벌레1부1편	송영훈	2001-01-28	23	없음
103	내가 당신의 것이 될 수 없다면...	황선준	2001-01-27	25	없음
	왠지 외로운 어느 가을날의 낙서	이낭희	2001-02-07	6	없음
100	나는 나이고 싶다	최정우	2001-01-26	33	없음
	'나'를 찾은 내가 다시 진정한 '너'를 만난다.	이낭희	2001-01-30	16	없음
96	나는 당신이 가진 것을 원해요.	황선준	2001-01-22	32	없음
	당신이 가져간 내마음을 찾고 싶어요.	이낭희	2001-01-27	25	없음

[51]

  논술과 같은 글쓰기 관련 사이트들은 평가나 피드백을 통해 상업
적 이익을 달성하고자 하는 경우들이 많다는 점에서 이 글의 관심사

---

50) 통신 문학과 사이버 문학의 구별을 주장하는 이들의 생각도 이와 마찬가지의
    이유에서일 듯하다.
51) 게시판에 의해 주로 운영되는 예를 보여지기 위한 화면이다.

에서 벗어나 있다. 이들은 실제 현실에서의 활동을 보완하는 차원에서 사이버 공간을 이익 창출의 목적으로 사용하고 있는 것이다. 이들과는 달리 그야말로 순수한 게시판의 기능을 중심으로 글쓰기가 이루어지는 경우는 커뮤니티(community)나 개인 홈페이지이다. 이들 사이트에서는 같은 관심사에 대해 이야기하고, 정보를 교환하기 위해 게시판을 활용하고 있다.

다른 하나, 문학 혹은 문학교육 관련 정보를 제공하고 수용자의 참여를 유도하는 경우는 문학 교사들의 홈페이지나 인터넷 스쿨과 같은 교육 포탈(portal) 사이트, 입시 중심의 사이트들에서 볼 수 있다. 이들 사이트들의 공통점은 나름대로 체계화한 문학 교육의 중심 내용을 정리하여 제공한다는 것이다. 경우에 따라서는 수용자의 참여보다는 정보를 제공하는 데에 주안점을 두는 사이트들도 있다.

현재 성행하고 있는 사이버 공간에서의 문학 교육 양상은 위에서 본 두 유형 모두와 같이 좀더 발전적으로 개선해야 할 점을 갖고 있다. 이제 우리에게 새로운 가능성과 공간을 주는 사이버 공간에서 보다 효율적이고 발전적인 문학교육을 수행하기 위해 필요한 점들을 정리해 보도록 하자.

3.4 사이버 공간에서의 문학교육은 어떻게 가능한가

사이버 공간에서 문학 교육이 이루어지기 위해 우선적으로 필요한 것은 물적인 기반 구축이다. 물적인 기반 구축이라 함은 사이버 공간을 사용할 수 있는 환경을 의미한다. 쉽게 말하자면, 인터넷이 가능한 컴퓨터나 네트워크 환경과 같은 하드웨어가 구비되어 있어야 한다. 이러한 환경이 문학 교육에 관여되는 교사나 학습자에게 구축되어 있거나 최소한 학교에는 만들어져 있어야 할 것이다.

그리고 이렇게 구축된 하드웨어를 사용할 수 있는 소프트웨어가 구비되어야 할 것이다. 이러한 소프트웨어에는 인터넷 브라우저[52]나 각종 플러그인[53], 한글 프로그램이나 나모 웹 에디터와 같은 도구 프로그램, 문학 교육의 수행을 위한 웹 기반의 콘텐츠[54] 등이 있다. 이 중에서도 콘텐츠 부분은 문학 교육에 참여하는 교사나 학습자가 창조적으로 설계, 개발할 필요가 있다. 다시 말해 기존의 개발되어 있는 사이트를 활용할 수도 있겠지만, 교사가 창조적으로 문학 교육을 설계하고 수행하기 위해서는 다루어질 내용을 바탕으로 한 새로운 콘텐츠가 필요할 수 있기 때문이다.

여기서 사이버 공간에서 마련할 수 있는 문학 교육의 공간 개발과 활용 방법에 대해 짚고 넘어가자. 사이버 공간에서의 문학 교육을 설계할 때에 가장 우선적으로 고려되어야 할 것은 교육적 효과와 활용의 효율성일 것이다. 기존의 문학 교육과 병행하든지 아니면 별도로 구안하든지 간에 사이버 공간을 통해서 극대화될 수 있는 문학 교육적 효과에 입각하여 개발되어야 하는 것이다. 개발의 방향이나 방법은 인터넷 자료를 만들 수 있는 능력에 따라 달라질 수밖에 없는 것이지만, 가장 단순한 기능으로 효과를 가질 수 있는 것은 교사

---

52) 브라우저는 인터넷에서 웹서버의 하이퍼텍스트 문서를 볼 수 있게 해주는 프로그램이다. 브라우저란 훑어보다라는 의미를 가지며 단순히 문서의 내용만을 보여주는 것이 아니라, 하이퍼텍스트 문서를 검색하는 것을 도와주는 도구이다. 넷스케이프 커뮤니케이터와 마이크로소프트의 익스플로러가 가장 많이 사용되는 브라우저이다.(〈두산세계대백과 EnCyber〉 참조)

53) 플러그인을 간단히 말하자면 웹브라우저에 연결되어 각종 형태의 자료를 실행시키고 그 결과를 표현하는 프로그램이다. 웹 브라우저의 일부로서 쉽게 설치되고 사용될 수 있는 프로그램을 말하는데 멀티미디어를 웹에서 구현하는 데에 유용하게 쓰인다. 많이 알려진 플러그인 프로그램으로는 리얼플레이어, 미디어플레이어, 아크로뱃 등이 있다. (〈두산세계대백과 EnCyber〉 참조)

54) 여기서 콘텐츠는 인터넷에 필요한 각종 도구 프로그램과 학습 내용이 구현된 멀티미디어 자료의 총합을 의미한다.

의 홈페이지에 게시판을 붙여서 사용하는 방법이다.

인터넷 사이트에 홈페이지를 만드는 방법은 다양하게 있지만, 요즘 무료로 개인 홈페이지를 만들 수 있는 공간을 제공하는 사이트들에서 계정을 받아 자신의 홈페이지를 만들고, 게시판을 부가적으로 달아서 만드는 방법이 가장 경제적이고 유용할 것이다. 이러한 방법은 학습자 스스로도 터득할 수 있을 정도의 수준이라 생각되는데, 초등학교 고학년 이상이면 무리 없이 자신의 홈페이지를 갖는 일이 가능하다. 학습자가 자신의 홈페이지를 갖는 일은 반드시 필요한 일이라고 할 수는 없지만, 자신의 여러 가지 글들을 정리하고, 다양한 형태의 창작을 시도하고, 이러한 결과물들을 다른 사람들과 공유하는 측면에서 효과를 얻을 수 있을 것이다. 이렇게 해서 만든 홈페이지를 통해 교사와 학습자가 의사소통을 하고, 문학 교육 활동의 결과물을 공유하는 방식으로 진행한다면 오프 라인(off-line)에서는 하기 힘들었던 여러 가지 활동을 할 수 있을 것이다.

더욱 간단하게는 E-mail을 통해서 할 수 있다. E-mail을 통한 교수-학습 활동은 보편적인 ICT 활용 방법으로도 잘 알려져 있다. 별다른 장치나 공간의 확보 없이 교사와 학습자 개개인의 E-mail ID만 있으면, 얼마든지 정보의 교환이나 학습자의 의견 공유, 토론, 평가 등이 가능한 방법이다.

좀더 다양한 기능과 활동이 가능한 홈페이지를 갖고 싶은 교사가 있다면, 그러한 사이트 개발에 필요한 프로그램을 익히는 방법들을 통해 콘텐츠 개발은 가능할 것이다. 이미 그런 능력을 보유하고 있는 교사들은 특별히 더 자세한 설명 없이도 창의적이고 훌륭한 사이트를 개발할 수 있으리라 생각된다. 그러나 여기서 한 가지 확인할 점은 학습자에게 필요한 교수-학습 자료를 반드시 교사가 개발해야 한다고 생각해서는 안된다는 것이다. 기존의 자료를 활용할 수 있다면, 굳이 자신의 자료를 개발하는 쪽보다는 있는 자료를 활용하여 학습자로 하여금 좀더 다양한 자료를 접할 수 있게 하고, 교사는 좀더 편리하게 문학 교육을 수행할 수 있을 것이다.

한편 이러한 홈페이지나 E-mail을 활용한 방법은 문학교육에 한하여 유효한 방법이라기보다는 범교과적으로 적용한 방법이어서, 사이버 공간을 통하여 문학교육을 할 때에 특별히 의미 있는 효과를 찾기 어렵다고 볼 수도 있다. 그러나 기본적으로 문학 교육 활동의 내용이 문학 작품을 이해하고, 감상하고, 학습자가 다양한 문학적 글쓰기를 수행하는 것에 있다는 것을 생각한다면, 컴퓨터를 이용하여 글쓰기를 하고, 인터넷을 통해 접한 다양한 글과 매체 자료들을 읽고, 보고 비평하는 활동 자체가 문학 교육적인 것이다. 이 같은 특성은 문학 교육의 본래적 영역과 거의 일치한다는 점에서 컴퓨터나 인터넷이란 매체는 매우 문학교육적인 매체이기도 하다.

인터넷과 같은 사이버 공간을 통하여 문학 교육을 설계를 함에 있어서 한 가지 유의해야 할 점은 기존의 문학교육 시간에 다루어졌던 강의식 모형에서 벗어나야 한다는 것이다. 지금 인터넷 사이트에 문학교육이나 문학 창작 교실 등의 이름으로 만들어져 있는 경우들을 살펴보면 대부분 기존의 수업시간에 이루어졌던 강의 노트들이 서비스되는 형태로 운영되고 있는데, 이러한 전달 방식의 문학교육보다는 사이버 공간을 통해 훨씬 확장될 수 있는 학습자의 활동이 중심이 되도록 해야 한다. 기존에 이루어지던 수동적이고 소극적인 형태의 활동에서 벗어나서 보다 활동적이면서 창의적인 참여를 할 수 있도록 하는 것이 사이버 공간이라는 특성을 유용하게 활용하는 방법일 것이기 때문이다. 그렇다면 교사가 꼭 특정 정보를 개발하여 제시하는 방법보다는 학습자가 자발적이고도 적극적으로 참여할 수 있는 제재를 다양하게 제시하거나 알려주고, 이에 대한 학습자의 창조물에 대해 교사나 학습자 상호간에 피드백을 할 수 있는 체제가 더욱 적합하다.

무엇보다도 사이버 공간을 통한 문학 교육 설계에서 주요한 고려 대상으로 삼아야 할 것 중에 하나는 학습자의 수준이다. 학습자가 얼마나 인터넷을 활용할 수 있는 능력을 보유하고 있는가, 학습자가 인터넷 매체를 얼마나 이해할 수 있는 수준에 있는가 등 학습자의 활용 능력이나 연령, 인터넷 환경 등을 고려하여 사이버 공간을 활용하는 정도나 방법을 결정해야 할 것이다.

어떤 사이트든지 교사가 얼마나 운영을 활발하게 하느냐에 따라서도 사활이 달라진다. 아무리 좋은 시스템과 네트워크 환경을 완벽하게 구축하였다 하더라도, 구축 후 실제로 교육의 상황에서 활용하지 않는다면 쓸모 없는 것이다. 그래서 어느 한 개인 교사가 자신의 수업에서 사용할 공간으로 고려하고 개발하고자 한다면, 당시에 활용할 규모에 적합하게 시작할 필요가 있다. 그리하여 활용의 규모와 수용 인원을 늘릴 수 있는 방향으로 개발해 나간다면 운영상의 필요한 점과 개선할 점들을 중심으로 좋은 사이버 문학교육 공간을 설계할 수 있는 아이디어들도 생길 것이고, 독창적이면서도 문학교육적 효과가 큰 공간을 확보할 수 있게 될 것이다.

사이버 공간의 활용 초기에는 오프 라인(off-line)과 온라인(on-line)을 적절히 배합한 형태로 문학 수업을 설계하는 것도 좋은 방법이다. 다시 말해 온라인(on-line)을 통해 효과를 얻을 수 있는 부분만을 추출하여 활용하고, 교육적 경제성과 효율성을 고려하여 오프 라인(off-line)이 더욱 적절한 부분은 기존의 문학 수업을 통해 달성하면 하드웨어나 소프트웨어와 같은 물적 기반에 많이 의존하지 않고서도 새롭고 효과적인 문학교육 수업을 할 수 있을 것이다.

3.5 사이버 공간에서의 문학교육을 위하여

사이버 공간에서의 문학교육은 거시적으로 볼 때 학습자들의 다양한 창작 욕구를 불러 일으키고, 실제적인 창작 행위를 유발하는 동인을 제공할 수 있다는 데에 큰 의미가 있다. 여기에서 다양한 창작 방법론을 제공할 수 있으며, 일상적인 글쓰기에서 문학 작품에 이르기까지 다양한 영역과 양식의 글쓰기를 활성화할 수 있는 것이다.

또한 어느 한 개인의 창작물만이 아니라, 이어쓰기나 하이퍼 텍스트적 쓰기를 통하여 공동 창작이 가능하며, 자신의 글쓰기 행위 자체를 즐길 수 있는 공간이 주어지며, 자신의 관심사에 따라 여러 커뮤니티(community)를 형성하거나 다른 커뮤니티(community)에 참여할 수도 있다.

그러나 한편으로 사이버 공간이 내포하고 있는 위험에 유의해야 한다. 즉 무한한 정보의 바다 속에서 미아가 될 가능성, 불건전 정보에 대한 노출, 사이버 공간을 통해 얻은 정보에 대한 무비판적 수용 등 사이버 공간 자체가 내포하고 있는 위험과 수용 과정에서 주의해야 할 점을 교사가 미리 인지하고, 이러한 위험에 노출되지 않도록 하거나, 그러한 상황에 처한다고 하더라도 수용자가 주체적으로 판단하여 벗어날 수 있도록 해야 할 것이다.

이렇게 여러 측면에서 가능성이 커 보이는 사이버 공간을 잘 활용한다면, 이 공간을 통해서 못다 이룬 문학 교육의 이상에 좀더 가까이 갈 수 있지 않을까 행복한 꿈을 꾸어 본다.

인터넷 매체를 활용한 통합적 문학교육 연구

4.1 서론

국어교육, 좁게는 문학 교육 관련 논의에서 통합적 접근의 필요성은 실제 교수-학습이 이루어지는 공간의 특수성에서 주로 논의되어 왔다.55) 이러한 통합적 국어교육, 문학 교육의 모색은 실제적으로 국어과 교육과정의 내용 영역이 말하기, 듣기, 읽기, 쓰기, 국어지식, 문학의 6영역으로 구분되어 있다는 데에서 비롯된 것으로 보인다. 이러한 접근을 시도하는 문제의식의 핵심은 국어교육의 본질적

---

55) 통합적 문학교육 관련 논의는 『문학교육원론』(김대행 외, 서울대출판부, 2000), 『공감적 자기화를 통한 문학교육 연구』(졸고, 서울대대학원 박사학위 논문, 2002) 등 실제적으로 문학교육을 논의하는 자리에서 다각도로 이루어졌다. 따라서 통합적 문학교육의 제안이 새삼스러운 것은 아니라고 할 수 있다. 이미 제6차, 제7차 국어과 교육과정의 개정을 두고서도 이러한 통합적 접근의 모색은 이루어진 바 있다. 제7차 국어과 교육과정의 방법항에 서술되어 있는 내용을 보더라도 이러한 실제적 국어교육 현장에서의 통합성은 전제로 하고 있음을 알 수 있다.

내용을 이루는 내용 영역의 여섯 가지 내용 체계에도 불구하고, 실제적으로 교수-학습이 이루어지는 공간에서는 통합적으로 이루어질 수밖에 없다는 것이다.

그런데 문제는 이러한 통합적 국어교육, 문학교육의 수행에 대한 동일한 필요의 인식에도 불구하고, 그 구체적인 방법에 대한 접근은 아직 활발하지 못하다는 데에 있다. 따라서 본 연구에서는 통합적 국어교육의 방법을 문학을 중심으로 말하기, 듣기, 읽기, 쓰기의 활동을 통합하는 방향으로 논의해 보고자 한다.56) 그리고 이러한 통합적 문학교육의 수행을 위해 인터넷 매체를 적극적으로 수용하는 방법을 제안해 보고자 한다.

이러한 연구의 기본적인 관점은 교수-학습 환경이나 제7차 국어과 교육과정이 지향하는 바, 요즘의 문화적 특성을 주도하고 있는 매체 환경에 바탕하고 있다. 현대 사회에서 매체의 영향력은 실로 지대해서, 극단적으로 표현하자면, '생활 양식에 매체가 영향을 주는 차원'이 아니라 '매체에 의해 생활 양식이 주도되는 차원'57)이라고 까지 할 수 있다. 현대의 다양한 매체 중에서도 인터넷 매체는 그 활용성이나 확장성의 측면에서 매우 강력하여 더 이상 그 영향력에 대해서는 논의할 필요가 없을 정도이다.

이에 본 연구는 우선 인터넷 매체의 주요 속성을 살펴보고, 이러한 매체적 속성이 통합적 문학교육의 수행에 활용될 수 있는 부분을 주로 하여 통합적 문학교육을 설계해 보고자 한다. 이러한 과정에는 이미

---

56) 이러한 문학교육과 국어사용 영역의 교육이 통합적으로 이루어질 수 있는 가능성은 제7차 교육과정과 이에 바탕한 초, 중, 고 교과서의 내용이 잘 보여준다. 이에 대해서는 「학교 문학교육의 위상과 지향점」(신헌재, 『학교 문학교육의 새로운 방향』, 한국문학교육학회 제28회 학술대회 자료집, 2002. 4~5쪽)에서도 지적된 바 있다.

57) 김동환 외, 「매체 언어의 소통 원리와 교육적 대상화의 방법」, 서울대 국어교육연구소, 2000, 1~2쪽.

국어교육의 현장에서 적극적으로 시도되고 있는 ICT(Informatiom & Communication Technology) 활용에 대한 고찰을 포함하고 있으며, 보다 긍정적인 방향에서 인터넷 매체를 문학교육의 내용 및 방법으로 수용할 것을 전제로 함을 밝혀두는 바이다.

4.2 논의의 기본 전제

4.2.1 문학 중심의 활동 통합

앞서 잠깐 언급하였듯이, 본 연구에서 논의하는 통합적 국어교육의 방향은 문학을 중심으로 한 것이다. 이는 현재 국어과 교육과정의 하위 내용 영역 체계와 내용이 말하기, 듣기, 읽기, 쓰기의 국어 사용 영역과 문학, 국어지식 영역의 3영역으로 나누어져 있는 데에서 출발한다. 이러한 내용 영역의 구성은 한편으로 학습자의 활동이 중심이 되는 영역과 교수-학습 활동의 제재가 되는 영역으로 대별할 수 있음을 시사한다. 교육의 제재와 활동으로 나누어진 국어교육의 내용구성을 볼 때, 교육의 제재를 중심으로 활동을 통합하는 방법과 활동을 중심으로 교육의 제재를 활용하는 방식의 통합을 구상할 수 있다.58)

교육의 제재를 중심으로 한 통합 방법은 문학 작품이나 언어 활동

---

58) 이지호는 이러한 통합의 방법에 대해 언급하면서, 초등 국어과의 경우 활동 중심으로 구성하는 것이 보다 적절할 것이라 판단하여, 말하기, 듣기, 읽기, 쓰기 활동을 중심으로 문학과 국어지식 영역을 통합하는 방향으로 논의한 바 있다(이지호, 「국어과 통합 교육의 논리-초등학교를 중심으로」, 한국국어교육 연구회, 『국어교육』 98, 1998. 67쪽).

의 기반이 될 수 있는 읽기 자료를 주요 활동의 제재로 하여 말하기, 듣기, 읽기, 쓰기 등의 국어 활동을 하는 것이며, 활동을 중심으로 하는 방법은 말하기, 듣기, 읽기, 쓰기 활동을 주요 구획으로 하여 필요에 따라 제재를 도입하는 방법이라 할 수 있다. 어쩌면 어느 쪽이든 간에 실제적으로 국어교육이 실천되는 국면에서는 나타나는 모습이 동일할 수 있다. 그러나 이 두 접근 방법의 차이는 국어 활동을 통해 목표로 하는 국어 능력의 수준이나 종류에 있다. 활동을 중심으로 통합을 시도하였을 때에는 교육 제재가 되는 자료에서 비롯되는 내용적인 측면보다는 학습자의 활동 수준이나 종류가 주요 목표가 될 것이며, 문학 작품과 같은 교육 제재를 중심으로 한 통합은 교육 제재의 특성에 따른 활동의 다양성을 포괄하는 목표를 설정할 수 있다.

문학 중심의 국어 활동의 통합적 접근은 이미 교육과정상의 내용 영역 구성에서도 시사받을 수 있다. 제7차 국어과 교육과정상의 세부 내용 영역을 살펴보면, 말하기, 듣기, 읽기, 쓰기 영역의 구성은 모두 '본질', '원리', '태도' 항목으로 이루어져 있고, 문학 영역의 경우에는 '본질', '문학의 수용과 창작', '태도'로 이루어져 있다.[59] 여기서 학습자의 주요 활동 부분인 '본질' 항목과 '문학의 수용과 창작' 부분을 보면, 말하기, 듣기, 읽기, 쓰기 영역의 경우에는 이들 영역의 세부 내용들로 이루어져 있는 반면, 문학 영역의 경우에는 '수용과 창작'이라는 본질적으로 표현과 이해의 활동 모두를 아우르는 포괄적 범주로 이루어져 있다. 이는 문학을 매제로 한 표현과 이해, 즉 말하기, 듣기, 읽기, 쓰기의 활동을 할 수 있음을 의미한다.

그런데 이 두 가지의 방법 중 어느 한 가지만 가능하다거나 바람직하다고 주장할 수는 없을 것으로 보인다. 그것은 특정한 국어교육

---

59) 이인제 외, 「제7차 국어과 교육과정 개발 연구」, 한국교육개발원, 1997. 548~553쪽

의 목표 달성을 위해 어느 쪽이 더욱 효율적일 것인가의 문제에 따라 달라질 것이기 때문이다. 그리고 학습자의 연령이나 학습환경 등의 변인을 고려하여 어느 쪽이 더욱 적절할 것인지는 달라질 것이기 때문이다.

여기서 한 가지 짚고 넘어가야 할 것은 문학 자료에 대한 관점이다. 국어교육의 장에서 교육 제재로 문학 작품이 다루어질 때, 대체적으로 두 가지 방향으로 이루어진다. 한 가지는 다양한 국어교육 활동을 위한 언어 자료로 다루는 방향이고, 다른 한 가지는 문학 작품의 특수성과 예술성을 고려하는 방향이다. 전자의 방향에서 문학 작품은 그야말로 언어의 일상적 표현 범주에 속하는 자료로 다루어진다. 따라서 일상 언어 자료로서의 문학 작품으로 교육활동이 이루어질 때에는 자연스럽게 언어 활동의 제재로 문학 작품이 작용한다.

그리고 후자의 방향에서 문학 작품은 언어의 탁월한 사용과 특정 문화, 사회적 배경을 지닌 특수한 자료, 혹은 문학성을 지닌 언어 자료로 다루어진다. 이러한 관점에서의 문학 작품은 이해하고 감상해야 할 대상으로 주어지며, 학습자의 표현 활동도 '창작'이라는 방향에서 이루어진다.

인터넷 매체를 중심으로 한 통합적 문학교육의 구상은 근본적으로 이 두 방향 모두에 걸쳐져 있다. 그렇다고 하여 통합적 문학교육이 이 두 방향에서의 국어교육 혹은 문학교육 모두를 아우를 수 있는 방법이라는 의미는 아니다. 그러나 언어 자료로서의 문학 작품은 다양한 국어교육 활동 범주를 통합할 수 있는 계기가 되고, 예술 작품으로서의 문학 자료는 문학 영역 범위 내에서 매체와 활동을 통합할 수 있는 계기가 될 수 있다는 점에서 이 두 방향 모두를 고려할 필요가 있다는 것을 분명히 하고 싶다.

본 논의에서는 이러한 전제 하에 문학을 중심으로 인터넷 매체를 활용하여 국어교육 활동을 통합하는 방법을 구안하여 보고자 한다.

4.2.2 국어교육 내용 영역의 조정

한편 이러한 통합적 접근에서 흔히 있을 수 있는 오해의 한 가지는 일방적으로 현재의 국어과 교육과정의 하위 영역 구성 체계가 잘못되었다고 전제하고, 전면적인 통합을 시도해야 한다고 보는 관점이다. 다시 말해 통합적 국어교육을 논의한다면, 당연히 현재의 세분화된 국어과 교육과정의 영역을 통합하여 새로운 영역 구성으로 나아가야 한다고 주장하는 경우가 종종 있다. 그러나 본 연구에서는 이러한 관점에서가 아니라, 새로운 영역으로서의 통합 영역을 고려하는 측면에서 논의하고자 한다.

기존의 국어과 하위 내용 영역 구성은 실상 국어교육에서 다루어질 수 있는 내용들의 체계가 세분화되어 있음을 보여준다. 이는 달리 보자면, 그만큼 국어교육의 내용 체계가 분화, 발전되었음을 시사하는 것으로, 향후 국어교육의 체계화를 고려한다면 바람직한 것이라 할 수 있다. 이렇게 볼 때, 국어교육의 실천 국면만을 근거로 한 현장 논리에서의 통합 주장, 다시 말해 기존의 말하기, 듣기, 읽기, 쓰기, 언어, 문학의 여섯 영역을 통합해야 한다고 보는 관점은 그리 생산적이지 못하다. 오히려 이러한 측면에서라면, 국어과의 새로운 내용 영역으로 필요한 요소를 추가하고, 이를 바탕으로 새로운 내용 체계를 구성하는 방향60)으로의 고민이 필요하다.

본 연구에서 시도하는 인터넷 매체 활용을 기반으로 하는 통합적 국어교육 혹은 문학교육의 설계에서 필요로 하는 국어교육상의 새로운 영역은 '보기'이다. 이는 후술하는 바에서 볼 수 있겠지만, 인터넷과 같은 매체의 주요 특성은 텍스트 자료의 '읽기'뿐만 아니라 정

---

60) 이러한 새로운 영역으로서의 통합 활동의 필요성에 대해서는 '졸고, 「공감적 자기화를 통한 문학교육 연구」, 서울대대학원 박사학위 논문, 145쪽'에서도 언급한 바 있다.

적인 이미지나 동적인 이미지의 '보기' 활동을 필요로 한다. 물론 여기에 대해 '보기'를 '읽기' 행위 속에 포함시킬 수도 있지 않겠느냐고 반문할 수 있겠지만, '읽기'와 '보기'의 행위는 주요 매체가 달라지는 데에서 생기는 차이를 갖고 있기 때문에 새로운 영역으로서 설정을 함으로써 보다 다양하고 구체적인 활동을 설계할 수 있다. 이는 이미 존재하는 '말하기'와 '듣기', '읽기'와 '쓰기'의 활동 구분에서도 근거를 찾을 수 있는 것으로, 이러한 구분 자체가 어떤 매체적 기반에 있는가에 따라 이루어진 것이므로 새로운 영역으로서의 '보기' 설정이 필요하다.[61]

'보기' 영역의 설정과 함께 또 한 가지 새로운 영역은 '매체적 표현하기'이다. 이는 국어교육적 활동이 단지 텍스트로 쓰기만으로 표현 행위가 이루어지는 것이 아니라 활용하는 매체의 특성, 매체에 기반한 새로운 매체 자료를 생산하는 방향으로 이루어질 수 있기 때문이다. 예를 들어, 어떤 시를 듣거나 읽고, 여기서 학습자 느낀 바를 감상문의 형태로 다시 말해 텍스트로 쓰는 행위로 표현할 수도 있지만, 자신의 느낌을 어떤 이미지를 활용하여 또는 어떤 이미지를 만듦으로써 표현할 수도 있다. 좀더 구체적인 상황을 상정하여 본다면, 자신의 느낌이나 생각을 손으로 그리는 그림으로 표현할 수도 있고, 컴퓨터의 마우스를 이용하여 그림으로 표현할 수도 있으며, 인터넷에 소통되고 있는 이미지를 활용할 수도 있고, 이미지를 제작하는 프로그램을 활용하여 학습자 자신이 새로운 이미지를 만들 수도 있는 것이다.

그렇다면 국어교육의 활동 영역으로 말하기, 듣기, 읽기, 쓰기, 보기, 매체적 표현하기의 여섯 가지를 상정할 수 있겠다. 그런데 여

---

[61] '보기' 영역의 필요성은 비단 인터넷 매체의 활용에서만 생기는 것은 아니다. 기존의 텔레비전과 같은 다중 매체 활용에서부터 그 필요성은 이미 숱하게 논의되어온 영역이기도 하다.

기서 이들 영역은 개별적, 독자적인 학습자의 활동을 필요로 하기도 하지만, 말하기와 듣기, 읽기와 쓰기, 보기와 쓰기, 보기와 듣기, 보기와 매체적 표현하기 등으로 서로 연계, 통합될 수 있는 부분을 지니고 있다. 바로 이러한 부분에서 인터넷 매체의 활용은 이들 통합적 활동을 촉진시킬 수 있는 역할을 한다. 예를 들면, 어떤 문학 작품을 읽고 비평하여 쓰는 활동이나, 어떤 동영상이나 애니메이션을 보고 자신의 감상을 정리하는 쓰는 활동은 말하기, 듣기, 읽기, 쓰기, 보기 활동이 서로 연계되는 지점에 있기 때문에, 이러한 경우 인터넷 매체의 활용은 매우 효과적일 수 있다.

4.3 인터넷 매체의 특성과 문학교육

4.3.1 상호작용성

상호작용성은 인터넷 고유의 매체적 특성으로 볼 수 있다. 다른 매체들이 모두 홈페이지를 만들어 서비스하는 이유도 다양한 수용자들의 의견을 수렴할 수 있기 때문이다. 상호작용성은 웹문서와 독자, 독자와 독자, 혹은 독자와 서비스 주체, 웹문서와 웹문서간의 상호작용으로 나눌 수 있으며 하이퍼미디어, 하이퍼 텍스트 기능은 웹 자체의 상호작용성을 대표한다.

우선 웹문서간의 상호작용은 "하이퍼 텍스트" 혹은 "하이퍼 미디어"로 대표되는 인터넷의 특성으로 설명할 수 있다. 하이퍼 텍스트 혹은 하이퍼 미디어는 문자, 이미지, 영상, 사운드 등이 비구조적 또는 구조적으로 통합되어 묶여져 있는 구조를 말한다.62) 웹의 이러한 하이퍼 미디어적 특성은 기존의 전통적인 수업에서 다양한 자료를 동시에 다루기 어려웠던 점들을 극복하게 해 준다. 다시 말해 하이퍼 텍스트는 텍스트간의 관련 구조를, 하이퍼 미디어는 그래픽 등의 멀티미디어간의 관련 구조를 말하는데, 일차적으로 이들 관련 자료 혹은 미디어가 서로 구조적으로 통합됨으로 인하여 교수-학습의 상황에서 다양한 자료를 동시에 볼 수 있게 된다. 그래서 이러한 구조적 층위나 통합성의 문제는 인터넷 자료의 생산자 입장에서도 매우 중요하다. 인터넷 자료를 개발함에 있어서 어떻게 관련 내용들을 서로 구조화하고 엮어서 만드느냐에 따라 수용자들이 해당 자료를 이해하고 탐색하는 방법이나 효율성이 결정될 것이기 때문이다.

한편 웹의 하이퍼 미디어적 특성은 웹의 무한한 정보 탐색 가능성을 야기함으로써 어느 누구나 원하는 때에 원하는 정보나 자료를 얻을 수 있게 한다. 이러한 정보 탐색의 기능은 열려 있는 풍부한 자료로 언제 어디에서든 교수-학습 활동을 할 수 있게 만들었다. 그러나 이러한 무한대로 열린 정보 탐색의 길을 한편으로 특정 자료를 찾기 위해 그만큼 많은 시간을 필요로 한다는 점에서 문제를 갖고 있기도 하다. 그리고 찾고자 하는 자료를 찾는 과정에서 다른 불필요한 자료들에 시간을 할애하게 되는 경우도 많아서 장점만을 갖고 있다고는 할 수 없을 것이다. 그러나 이러한 역기능들은 실제로 인터넷이 교육의 자료로 사용되는 과정에서 적절히 보완될 수 있는 방법들이 있을 것이다.

웹의 이러한 멀티미디어와 하이퍼 미디어적 특성은 웹에 대한 메타 미디어적 관점이 필요함을 보여준다. 다시 말해 웹 자체도 하나의 매체이긴 하지만, 웹이 포함하고 있는 다양한 자료들 역시 개개별로 매체적 특성을 갖고 있는 입체적인 구성을 보이고 있는 것이다. 이는 다양한 매체가 가진 특성들이 웹에 멀티미디어 형태로 수용되면서 어떤 변화를 일으키는지, 학습자 혹은 사용자 측면에서 이

---

62) 백영균, 『웹 기반 학습의 설계』, 양서원, 1999. 71쪽

러한 메타 미디어적 특성은 어떤 효과와 기능을 발휘하는지 등에 대한 논의의 필요성을 제기한다.

이로 볼 때, 인터넷 매체의 상호작용성은 읽기, 쓰기, 보기 활동과 밀접한 연관이 있다. 인터넷에서의 쓰기는 바로 국어교육의 하위 내용 영역으로서의 쓰기와 동일하게 연결될 수 있으며, 텍스트 자료에 대해서는 읽기 활동, 인터넷에서 제공되는 다양한 동영상 자료는 보기 활동과 연계될 수 있다.

특히 이러한 인터넷의 상호작용성을 문학교육 활동 측면에서 볼 때 의미 있는 점은 학습자의 창작 활동을 활성화할 수 있는 주요한 동기로 작용할 수 있다는 것이다. 특히 문학교육 활동에서 창작은 학습자에 의해 처음부터 끝까지 계획되고 완성되는 것으로 이루어지기보다는 주어진 텍스트의 모방이나 변형, 새 이야기의 추가로 학습자의 수준에 따라 다양하게 이루어진다는 점에서 인터넷 매체를 활용한 쓰기는 유효하다.

4.3.2 이미지화, 시각화

문자로 표현할 수 있는 것을 웹에서는 그래픽, 이미지로 바꾸어 표현하는 경향이 있다. 여기서 나아가 인터넷 이용자들은 글로써 자신의 생각이나 감정을 표현할 때 상형문자의 방식을 선택하여 문자 자체를 이미지화하는 경향이 있다.[63] 이는 인터넷이라는 매체가 단지 읽는 매체가 아니라 보는 매체로도 자리잡은 것과 관련지을 수 있다. 우리는 컴퓨터로 많은 것을 읽지만, 많은 것을 보기도 한다. 텔레비전에 나오는 드라마들도 컴퓨터로 보며, 예쁜 그림들도 보는 것이다.

---

63) 이러한 방식은 주로 커뮤니티 형성에서 사용자들의 소통에 이용된다.

그렇다면 텍스트는 우리가 보는 것인가, 읽는 것인가? 이 점에서 인터넷 문서는 텍스트를 읽는 것과 이미지를 보는 것을 함께 통합하는 방향으로 만듦으로써 텍스트를 읽을 뿐만 아니라 볼 수 있도록 한다.

언니 글 쓰신지 얼마 안되었나바여^^
내가 처음으루 읽었넹^^*
헤헤^0^

율리두여...
언니 처럼 많이 마시진 못하지만..

ㅡ.ㅡ

웅...

언니처럼...

칵테일도 마시궁...
술두 마시구 싶다..^^
헤헤^0^

언니 좋은 주말 되세여,....

그냥 지루한 주말 달래기 위해서./...

모,.담주부터 셤인데..공부두 안되궁....
쩝...

구냥 뚤래 뚤래 써바떠여...^^

언니 안냥여~~~^^*

ㅂㅂㅏ ~~~~~~★

이러한 이미지화의 경향은 인터넷 문서를 시각적으로 읽기 좋게 만드려는 의도에서부터 시작된 것으로 보이는데, 요즘은 문자 대신에 그래픽이나 이미지를 사용하는 경우들도 많아지고 있다.

또한 최근에는 단순히 텍스트로만 이메일을 사용하는 것이 아니라, 인터넷에서 제공되는 재미있는 그래픽이나 동영상, 애니메이션과 함께 편지를 보낸다. 자신의 감정을 가능한 시각적 이미지를 동원하여 표현하게 되는 셈이다.

이는 인터넷이 포함할 수 있는 멀티미디어 자료들을 수용자가 수용하는 과정에서 공감각적으로 체험할 수 있도록 하게 한다. 다시 말해 문자가 전해줄 수 있는 의미나 정서에 더하여 이를 표현해 줄 수 있는 다양한 감각의 멀티미디어로 더욱 강하게 하는 것이다. 그래서 이런 인터넷의 특성은 보기 활동과 쓰기, 매체 표현 활동과 밀접한 연관을 지니는 것이라 할 수 있다.

4.3.3 서사화

인터넷의 많은 커뮤니티에서 이루어지는 소통의 양상을 보면, 이야기 방식으로 생각이 표현되는 경향이 강하다. 이는 적층적 성격을 띠는데 이와 관련해서는 사이버 공간에서 유통되는 문학작품들을 살펴볼 필요가 있다. 사이버 공간의 문학작품들은 일상적 이야기를 문서화하는 경향으로 그 속성을 규정할 수 있다. 또한 인터넷 카페 등의 커뮤니티 자료실에는 게시판을 통해 쌍방향적으로 일상적 글쓰기가 이루어지고 있다.64) 웹 콘텐츠는 주로 하이퍼텍스트로 결합되어 있는데, 이들 결합 구조는 일종의 서사화 경향을 보인다. 다시 말해 하나의 웹 문서가 가지는 구조는 이야기처럼 연결되어 있는 것이다.

이러한 서사화는 한편으로 위에서 이미 언급한 상호작용성과도 관련 있다. 다시 말해 인터넷의 하이퍼텍스트, 하이퍼미디어 특성이 결과적으로 만들어낸 구조가 서사적 경향을 지니는 것이므로, '서사화'는 인터넷 매체의 상호작용성의 일부 결과라고 할 수 있는 것이다. 그런 점에서 '서사화'는 학습자의 서사 활동으로 연결지을 수 있다.

특히 하이퍼텍스트나 하이퍼미디어 특성은 창작자의 창의성을 발휘할 수 있는 방법이 될 수 있다는 점에서 문학교육과 관련성이 높다. 하이퍼텍스트나 하이퍼미디어는 학습자에게 주어지는 자료로 구조화될 수도 있지만, 학습자가 새로운 창작의 도구나 방법으로 활용될 수 있기 때문이다. 하이퍼텍스트/하이퍼미디어 특성을 활용하여 만들어진 자료를 학습자에게 줄 때에는 다양한 읽기나 보기 활동을 할 수 있겠지만, 이를 활용하여 학습자가 쓰기, 매체 표현 활동을 한다면, 인터넷 매체는 학습자의 창의적 상상력을 최대한 발휘하고 적용할 수 있는 방법으로 도입될 수 있다고 할 수 있다.

---

64) 이러한 일상적 이야기들은 동시에 쓰레기 양산이라는 문제 역시 포함하고 있다. 다시 말해 그렇게 유통되는 이야기들이 쓰레기처럼 가치 없는 것들일 수도 있기 때문이다. 이런 측면에서는 인터넷은 비경제적이고 비생산적인 매체일 수 있다. 이러한 쓰레기 정보는 중복성과도 관련된다. 웹을 뒤져보면 같은 주제에 대해 어디에서 가져온 지도, 원저작자가 누군지도 모르는 중복된 정보들이 소통되고 있다. 이들을 유용한 정보로 가공하기 위한 능력이 '매체 교육'을 통해 이루어져야 할 것이다.

4.3.4 시 · 공간차 극복

인터넷은 언제 어디서나 필요한 사람에게 정보를 제공할 준비를 하고 있다. 다시 말해 특정 시간에만 특정 지역의 이용자에게 특정 정보를 이용할 수 있는 제한이 없어졌다(TV 매체가 공중파로 제공될 때와 인터넷에서 제공될 때의 차이를 생각해 보자). 특히 이메일이나 채팅을 통해서는 전 세계의 사람의 소통할 수 있다.

이와 같은 시간의 극복을 가능하게 하는 인터넷 매체는 그 강력한 기능 때문에 공중파 방송을 방영하는 방송국에서도 별도로 인터넷 사이트를 운영하는 경우가 대부분이다. 이는 이러한 사이트를 통하여 자신들의 방송 내용을 시간에 구애됨이 없이 늘 재방송할 수 있기 때문이며, 이러한 시간의 극복은 수용자들을 더욱 강하게 끌어들일 수 있는 방법이 될 수 있기 때문이다. 각각의 방영물에 대한 메뉴들도 추가로 만들어 거기에 다양한 수용자들이 의견을 주고 받을 수 있게 한다. 여기서 경상도와 경기도 사람이 만나 서로의 의견을 개진하며, 방송된 내용에 대해 자신의 방식으로 새로운 이야기를 만들어 유통시키기도 한다.

이러한 인터넷 매체의 속성은 국어교육 활동 혹은 문학교육 활동을 언제든 원하기만 하면 수행할 수 있도록 할 수 있는 도구가 된다. 그리고 이는 학습자 중심의 개별적 문학교육 활동을 얼마든지 수행할 수 있는 방법이다. 교사의 활동 범위에 따라서 혹은 교수-학습 방법의 적용에 따라서 다양한 국면에서 유효한 방법이 될 수 있을 것이다.

4.3.5 새로운 자기 창조

인터넷이 가진 기능 중 쌍방향적 의미 생산과 공유의 기능은 수용자가 생산자가 될 수 있도록 한다. 그리고 인터넷의 이러한 기능을 사용하는 사람들은 자신을 숨기고 새로운 자기로서 사이버 공간을 누빌 수 있다. 바로 여기에서 자기 표현의 원리가 나온다. 그들은 자신을 다양하게 다양한 naming으로 표현함으로써 실제로 자신이 어떤 사람인지 철저히 숨기고 다른 사람을 만날 수 있는 것이다. 감각적, 감성적, 때로는 퇴폐적으로 자신을 변화시키며 사이버 공간을 누빈다. 감각의 폭이나 자신의 존재 방식은 아무런 제한을 받지 않는다. 이러한 네이밍은 한편으로 자신과의 소통 대상과 소통 내용을 결정하는 기능을 한다. 다음은 인터넷 사이트에서 통용되고 있는 네이밍들을 몇 가지 뽑은 것이다.

이세상의 모든 것	이뿌니	클레오 파트라
나랑번개할여	신소녀	금빛바다
천년잎세	RATM	딸기기
하얀사과	하루	뻐ㅓ뻐ㅓ
KILLER	구칸	남자가시로
이도경	사랑 때문에..	동감
文熙畯각시~	hanmail.net	정영민
이히~~히	정충식	최지우
Whwu	파도리	짜샤~!싸랑한다~♡
쫑민엔젤♥~	★내가 왜 살았는데!!	좋다
2%♡	매너남	수호천사

이러한 자기 창조의 측면은 특별히 익명성(secret identity)과 관련지어 볼 수 있다. 이것은 대중매체 전반의 매력일 수도 있으나

인터넷에서는 특히 익명으로 어떤 정보를 유통시킬 수 있는 주도권을 부여받는다는 데에 더 큰 매력이 있는 것으로 판단된다. 또한 커뮤니티 형성에서 자신을 다양한 방식으로 표현하는 것을 가능하게 하기도 한다. 대화방에 참여할 때 사용하는 대화명들을 보면 명확해진다. 그러나 이 익명성은 동시에 타인의 개인 정보를 노출시킴으로써 피해를 입힐 수 있게 한다. 그래서 요즘 보안 관련 문제가 심각하게 떠오르고 있다.

여기서도 인터넷 사용자의 비판력이나 윤리 의식은 중요하게 부각된다. 서로 잠재적으로나마 사이버 공간에서 다른 사람을 만날 때, 혹은 어떤 자료를 유통시킬 때에 지켜야 할 에티켓을 갖고 있어야 하는 것이다. 그래서 '네티켓'이라는 용어로 이러한 인터넷 사용의 윤리를 항목화하기도 한다.[65]

그런데 이러한 현상에서 찾을 수 있는 국어교육적 의의는 이런 과정에서 어떤 주체가 이루어내는 새로운 자기 창조는 언어 사용을 통해 창의성을 길러 나가고, 자신의 주체성을 찾고 표현하는 과정이라는 데 있다. 시시각각으로 변하는 자신의 상태나, 어떤 지점에서 자신의 원하는 자기를 새로운 이름짓기로 표현하는 과정은 매우 사소해 보이는 활동이긴 하지만, 창조적인 사고와 표현을 시도하는 의미

---

65) 이의 구체적인 내용은 다음과 같다.
   1) 상대방도 나와 같은 인간임을 기억하자
   2) 통신상에서도 실제 생활과 동일한 행동규범을 준수하자
   3) 자신이 가상공간의 어디에 있는지를 알고 그곳의 문화에 알맞게 행동하자
   4) 다른 사람의 시간을 존중하자
   5) 통신상에서 예의바르게 행동하고 자신을 근사하게 만들자
   6) 전문적 지식은 공유하자
   7) 논쟁은 절제된 감정하에서 행하자
   8) 다른 사람의 사생활을 존중하자
   9) 권력을 남용하지 말자
   10) 다른 사람의 실수를 용서하자

있는 활동이 될 수 있다.

4.4 통합적 문학교육 설계의 방법

그렇다면, 인터넷 매체를 활용한 문학교육의 설계는 어떻게 가능할까? 그리고 어떠한 방법들이 있을 수 있을까? 이제까지 살펴본 인터넷 매체의 속성과 국어교육 활동, 활동 주체, 교수-학습 환경에 따라 유형화된 교수-학습의 양상 등을 다음과 같이 정리해 볼 수 있다.

매체 속성	국어교육 활동	활동 주체	교수-학습 유형
상호작용성 시각화 서사화 시공간차 극복 새로운 자기창조	말하기 듣기 읽기 쓰기 보기 매체적 표현하기	교사 학습자	일제형 모둠형 개별학습형

여기서 매체 속성 요인을 말하기, 듣기, 읽기, 쓰기, 보기, 매체적으로 표현하기와 직접 대응될 수 있는 요인들로 다시 묶어 볼 필요가 있다. 상호작용성과 서사화, 시공간차 극복의 요인은 실제로 복합적으로 또한 동시적으로 관련되는 특성을 지니고 있고, 새로운 자기 창조의 경우에는 직접적인 학습자의 활동과 관련되기보다는, 그러한 활동의 결과 생길 수 있는 학습 효과라고 할 수 있기 때문에 매체 속성 요인은 '상호작용성'과 '시각화' 두 가지로 묶을 수 있다.

그리고 국어교육의 하위 활동을 보면, '말하기'의 경우는 인터넷 매체를 활용할 때 그 빈도가 현저히 떨어지는 영역이다. 물론 화상 채팅이나 음성 채팅 등과 같이 음성을 전송할 수 있는 경우도 있지만, 이의 활용 정도는 다른 활동에 비해서는 실제적으로 낮다.

그리고 활동 주체와 교수-학습 활동의 유형은 서로 밀접한 연관 관계가 있는 것으로, 활동 주체의 중점을 어디 두느냐에 따라 교수-학습 활동이 달라진다고 할 수 있으므로 활동 주체나 교수-학습 활동 중 어느 한 변인으로 묶어볼 수 있다.

이렇게 볼 때, 다음과 같이 조정하여 볼 수 있다.

매체 속성	국어교육 활동	교수-학습 유형
상호작용성 시각화	듣기 읽기 쓰기 보기 매체적 표현하기	교사 : 일제형 학습자 : 모둠형 개별학습형

여기서 교수-학습의 유형에 따라 크게 세 가지 인터넷 매체를 활용한 통합적 문학교육 활동의 모델을 만들어 볼 수 있다. 일제형, 모둠형, 개별학습형이 그것인데, 일제형은 교사가 학습자 다수를 대상으로 교수-학습 활동을 구안하는 유형이며, 모둠형은 학습자간의 상호작용을 중시하는 유형이고, 개별학습형은 학습자 개개인의 개별적이고 주체적인 학습 활동을 상정한 유형이다. 이들 교수-학습 유형에서 이루어질 수 있는 국어교육 활동 및 문학교육 활동은 매우 다양하게 이루어질 수 있을 것이다. 각 하위 국어교육 영역에서 이루어질 수 있는 인터넷 매체 활용 활동은 통합 활동뿐만 아니라 세부 활동 개별적으로도 이루어질 수도 있기 때문이다.

그런데 이 연구에서는 이들 있을 수 있는 모든 활동 중에서도 통합적 활동에 초점을 맞추어 각 교수-학습 활동 유형을 대표하는 활동을 범주화하여 이를 각각 보여주기, 상호작용하기, 자기 표현하기로 명명하여 보고자 한다.

그런데 여기서 한 가지 짚고 넘어가야 할 것은 이들 유형의 수업 환경이다. 인터넷 매체를 활용한 교수-학습이 이루어지기 위해서는 이러한 교수-학습이 가능한 매체 환경이 뒷받침되어야 한다. 일제형의 보여주기 유형은 교사용 컴퓨터와 수업용 자료 제시가 가능한 대형 화면이나 빔 프로젝트 및 스크린이 필요하다. 보여주기 유형은 학습자가 직접 인터넷 매체를 활용하는 방식보다는 일대 다수 수업에서 교사가 해당 교수-학습용 자료를 제시하는 방식이기 때문이다.

모둠형의 경우에는 필요에 따라 모둠학습에 컴퓨터 수와 프린터 등의 주변 기기가 달라진다. 만약 모둠학습의 방식이 교실에서는 모둠 활동을 하는 데에만 초점을 맞추고 상호작용 활동은 교실 밖에서 하도록 하는 것이라면, 굳이 교실에 이런 활동을 뒷받침할 수 있는 매체 환경이 갖추어질 필요는 없다. 그러나 이런 활동을 교실에서 하는 방식으로 수업을 진행한다면, 교실에도 최소 4~5대의 컴퓨터가 필요할 것이다. 그리고 모둠 활동의 결과를 발표하는 것도 교실에서 해당 수업시간에 이루어져야 한다면 프린터가 갖추어져 있어야 할 것이다.

개별학습형의 경우는 일제형이나 모둠학습형에 비해서는 매체 환경이 전혀 다르다. 개별학습형은 굳이 교실 수업을 상정하지 않으며, 학습자가 수업 시간 외에 가정이나 다른 곳에서 혼자 원하는 공부를 할 수 있는 사이버교육 체제에 기반하는 유형이다. 만약 수업 시간에 이러한 개별학습형의 교수-학습 유형을 적용하고자 한다면, 1인 1대 혹은 2인 1대 정도의 컴퓨터를 활용할 수 있는 환경이 필요하다. 개별학습형은 전적으로 학습자의 적극적이고 주체적인 활동으로 이루어지는 교수-학습의 형태라고 할 수 있겠다.

4.5 인터넷 매체를 활용한 통합적 문학교육 활동 구상

4.5.1 보여주기 : 읽기/쓰기, 보기/쓰기, 듣기/쓰기

문학 작품을 중심으로 통합적 국어교육을 할 때, 인터넷 매체를 활용한다면 가장 쉽게 접근할 수 있는 방법은 수업 시간에 교사가 필요한 자료를 보여주는 방식이다. 해당 수업 시간의 자료를 텍스트 형태로 보여줄 수도 있고, 그림, 이미지와 같은 시각 자료 형태나 음성 자료 형태로 혹은 동영상이나 애니메이션 등의 형태로 보여줄 수도 있다.

그런데 통합적 문학교육의 활동은 이렇게 보여주는 데 그치는 것이 아니라 학습자가 읽고 쓰고, 보고 쓰고, 듣고 쓰는 등의 실제적인 통합적 활동이 이루어질 수 있도록 해야 한다. 다시 말해, 이러한 경우의 매체 활용은 학습자의 통합적 활동을 유도하기 위한 기초 자료 제시를 위한 것이다. 따라서 이 경우 인터넷 활용의 주된 주체는 주로 교사이다. 교사가 통합적인 학습자의 활동을 위한 필요 자료를 인터넷 매체를 활용하여 검색하여 찾아서 준비해야 하는 것이다.

물론 이때 인터넷 매체 활용 주체를 교사가 아니 학생에게까지 넓힐 수 있다. 다시 말해 여기서 이루어지는 학습자 활동 부분, 읽고 쓰거나 보고 쓰는 활동을 학습자가 인터넷 매체를 활용하여 할 수도 있는 것이다. 단 여기서는 이러한 확장 가능성을 인정하면서, 현재 일반 교실 환경에서 있을 수 있는 교수-학습 활동의 예-교사 중심의 인터넷 매체 활용 수업-에 초점을 맞추어 제시하고자 한다.

보여주기에서 통합적 문학교육 활동을 이루는 핵심은 교사가 문학 작품을 어떤 형태로 제시할 것인가에 있다. 교사는 해당 문학 작품을 읽기 대상으로서 있는 그대로의 텍스트를 보여주고 학습자의 활동을 도출할 수도 있으며, 원래의 문학 작품을 다른 매체 자료-영화, 애니메이션, 사운드 등로 변용한 자료를 들려주거나 보여줄 수도 있는 것이다. 이때 교사는 무엇보다도 해당 교수-학습 활동의 목표와 학습자 수준에 적합한지를 스스로 검증하는 과정을 반드시 거치도록 해야 한다. 왜냐하면 인터넷에서 제공되는 정보들이 다양성의 측면에서는 매우 유용하지만, 특정 개인에 의해 자의적으로 개발되어 검증되지 않은 채로 제공되는 경우가 많아 그 질적인 수준은 보증되지 못하는 문제가 있기 때문이다. 정보에 대한 비판적 인식, 수용은 학습자에게만 필요한 것이 아니라 모든 정보의 사용자에게 필요한 것이다.

한편 어떤 문학 작품의 텍스트 자료나 관련 이미지나 동영상을 학습자에게 보여줄 때에, 해당 자료 낱낱의 파일을 찾아서 수업시간에 활용할 수도 있겠지만, 교사가 준비하는 과정에서 이들 자료를 하나의 수업 자료로 엮어서 활용할 수도 있다. 아주 쉽게는 파워포인트와 같은 프레젠테이션 도구를 이용하여 한 시간에 활용될 자료들을 묶고, 연결하여 제시할 수 있는 것이다.

만약 교사 주도의 활용이 아니라 학습자 중심으로 인터넷 매체를 활용하고자 한다면, 학습자가 필요한 자료를 검색하고 저장, 공유하는 활동을 할 수 있도록 교수-학습 과정을 설계해야 한다. 인터넷 매체의 주요 기능 중의 하나가 검색과 시각화에 있으므로, 이러한 기능이 적합하게 활용될 수 있는 교육 내용에 인터넷 매체를 적용한다면 보여주는 활동 자체가 학습자의 교수-학습 동기를 유발하고, 보다 즐겁게 학습자가 교수-학습 활동에 임할 수 있는 효과를 얻을 수 있을 것이다.

4.5.2 상호작용하기 : 읽기/쓰기, 보기/쓰기, 듣기/쓰기, 보기/매체적 표현하기

상호작용하기 유형은 학습자와 학습자간의 상호작용, 텍스트와 텍스트간의 상호작용, 사회문화적 현상과의 상호작용 등의 측면을 강화하는 측면에서 접근할 수 있다. 수업 환경의 측면에서 보자면, 상호작용하기 유형은 모둠학습 형태에 기반한다. 모둠학습과 같이 학습자간의 상호작용과 소집단별 학습을 중시하는 학습 형태는 모둠별 협동학습, 문제해결을 위한 프로젝트 학습, 탐구학습 등 다양한 교수-학습의 방법을 시도할 수 있다.

여기서 특히 인터넷 매체의 게시판 기능이나 상호 소통을 위한 이메일 기능 등의 활용은 이러한 소집단별 학습을 원활히 진행하고, 소집단별 혹은 학습자별 학습 결과를 공유하는 데 효과적이다. 읽고 쓰고, 혹은 보고 쓰는 활동의 단위가 소집단 내 혹은 소집단 간에 이루어지기 때문에 이 과정에서 학습자간의 소통은 그 소집단 학습이 얼마나 성공적인가를 판가름할 수 있는 주요 변인이 된다.

그렇지만 여기서 유의해야 할 것은 학습자간의 상호작용과 소통 정도를 교수-학습의 실질적인 내용을 간주할 것인가, 아니면 교수-학습의 방법 차원에서 도입하고자 하는 것인가를 변별적으로 판가름 하여야 한다는 것이다. 만약 교수-학습상의 내용이나 목표가 아닌 방법 차원에서의 활용이라면 인터넷 매체 활용 비중이 지나치게 커지지 않도록 해야 할 것이다.

인터넷 매체를 보다 적극적으로 상호작용하기 유형의 학습에 도입하는 예는 게시판을 통한 이야기 이어쓰기에서 볼 수 있다. 이 활동은 굳이 인터넷 매체를 활용하지 않을 수도 있지만, 매체를 활용할 때 훨씬 효과적일 수 있다. 주어진 문학 작품의 이야기를 학습자 개개별로 이어쓰기를 할 수도 있지만, 학습자간의 이어쓰기 활동은 특히 매체를 활용할 때 가능하기 때문이다. 이런 학습 활동은 이어쓰기할 텍스트에 대한 이해와 비평 과정을 포함하기 때문에, 통합적 문학교육 활동에서 있을 수 있는 활동의 다양성이 그만큼 더 확대된다.

특히 상호작용하기 유형으로 효과를 거둘 수 있는 통합적 문학교육 활동은 모둠별로 수행하는 공동 창작 혹은 공동적 표현 활동이다. 위에서 제시한 이어쓰기 활동 역시 공동 창작의 범주에 넣을 수 있겠다. 그렇지만 공동 창작 혹은 공동 표현 활동의 종류는 이 외에 매우 다양하게 있을 수 있다. 예를 들면 모둠별로 주어진 문학 작품을 다른 매체 양식 —그림, 사운드 등— 으로 바꾸어 보는 활동이라든지, 모둠별로 창의성을 발휘하여 새로운 이야기로 변형 생산하는 활동, 이메일을 활용하여 공동 글짓기를 하는 활동, 학급 신문만들기 등의 프로젝트 학습 활동 등 다양하게 있을 수 있다.

인터넷 검색기를 활용하는 경우, 모둠별로 주어진 과제를 해결하기 위해 다양한 정보를 인터넷을 통해 수집하고, 이를 모둠 안에서 분석, 비판하는 과정을 거친 후 정리하도록 한다면 매우 유용할 것이다. 이러한 정보 수집, 분석 차원에서의 활용이 유효한 활동은 해당 문학 작품에 대한 지식, 정보를 정리하는 경우이다.

그리고 학습 활동의 결과를 표현하고 공유하는 과정에서 인터넷 매체를 활용하는 경우, 텍스트로 표현하는 방법도 있을 수 있고, 그림이나 다른 시각화한 자료의 형태로 표현하는 방법도 있을 수 있다. 실제적인 표현의 과정은 컴퓨터나 인터넷을 활용하지 않더라도 최종적인 학습활동의 결과를 공유하는 과정에서는 인터넷을 활용하는 방식으로 제한적인 적용도 있을 수 있고, 표현 매체 자체를 인터넷으로 하는 방식도 있을 수 있다.

4.5.3 자기 표현하기 : 읽기/쓰기, 보기/쓰기, 듣기/쓰기, 보기/매체적 표현하기

자기 표현하기 유형의 인터넷 매체 활용을 통한 통합적 문학교육 활동은 교실 수업 상황에서 한정적으로 이루어질 수도 있지만, 전자 교과서의 활용과 같은 전폭적인 온라인 수업 상황에서 보다 다양하고 적극적으로 이루어질 수 있다. 이 유형의 교수-학습 활동은 전적으로 학습자 개별적인 활동을 상정하고 있고, 통합적 문학교육의 최종적인 단계, 즉 학습 활동의 결과를 표현하는 단계에서 인터넷 매체를 활용하는 데 초점이 있다고 할 수 있다.

자기 표현하기로서의 통합적 문학교육은 자기 표현으로서의 서사하기나 매체적 표현하기로 이루어질 수 있는데, 그 표현하기 활동의 방법은 단순히 서사물을 창작하는 방법도 있을 수 있지만, 주어진 활동 제재를 학습자의 관점에서 바꾸어 보는 방법도 있을 수 있고, 다른 표현 기법을 적용하여 변용하는 방법도 있을 수 있다.

이러한 개별적인 학습자의 활동을 중시하는 경우에는 그 활동 결과에 대해 교사가 개별적인 피드백을 주는 것이 중요하다. 학습자가 개별적인 활동을 하는 것 자체도 중요한 의미가 있지만, 학습자 자신이 표현한 결과에 대해 동료 학습자가 평가한 내용이라든지 교사가 해 주는 조언은 학습자가 향후 다른 학습 활동을 할 때 보다 나은 단계로 나아갈 수 있는 지침이 될 수 있기 때문이다. 따라서 학습 활동 자체는 학습자 개개별로 할지라도 학습의 결과에 대해서는 학습자간에 서로 공유할 수 있는 교수-학습 방법을 설계하는 것이 필요하다고 하겠다.

4.6 통합적 문학교육의 수용 방향

본 연구에서 시도한 통합적 문학교육은 근본적으로 학습자의 적극성과 매체의 긍정적 수용을 바탕으로 한다. 이는 실제적 교수-학습 활동의 상황에서는 언제나 제한적으로 이루어질 수밖에 없는 학습자의 표현 활동을 보다 활발하게 이루어지게 할 수 있는 방법으로서의 매체 활용을 전제로 한 것이다. 그리고 이러한 시도는 학습자의 적극적 표현 활동에는 어떤 문학 작품의 일부 혹은 전체를 이해한 활동과 연계되어야 한다는 시각을 갖고 있는 것이다. 사실 어떠한 표현 활동이든지 그러한 표현이 있기까지 토대가 된 어떤 표현물이 있는 것이 대부분이다. 더욱이 그것이 국어교육이라는 교육적 틀 내에 있는 것이라면, 학습자의 창의적 학습 활동을 유발하고 도와줄 수 있는 토대로서 표현물은 제시되는 것이 바람직하다. 그리고 이러한 기본 토대의 제시와 학습자의 표현 활동에 매체 활용을 도입한다면 훨씬 효율적인 교수-학습 활동이 이루어질 수 있을 것이다.

인터넷 매체를 활용한 통합적 문학교육의 활동 구상은 근본적으로 문학작품을 중심으로 이해와 표현 활동을 아우르고자 하는 시도이다. 아직까지는 전격적으로 이러한 시도를 하기에는 교과서 체제나 현재 교육과정의 범위 내에서는 많은 노력을 필요로 한다. 제7차 교육과정의 적용에 따른 새로운 초, 중학교 교과서를 보면 알 수 있듯이, 교과서 자체가 이미 말하기, 듣기, 읽기, 쓰기, 언어, 문학의 각 영역을 세분화하여 단원을 구성하는 방식으로 만들어져 있다. 이러한 상황에서 통합적 문학교육의 설계는 요원해 보인다.

그러나 이러한 교과서 체제나 교육과정의 구성에도 불구하고, 근본적으로 교육과정 상에서도 지향하는 바는 통합에 있다. 그리고 교과서 구성에서도 부분적으로는 통합의 기미가 보인다. 그러나 앞서 전제하였듯이, 통합적 국어교육 혹은 통합적 문학교육의 영역은 새로운 국어과 내용 영역을 필요로 하며, 기존의 영역을 통합하는 방법 외에 통합 영역으로서의 국어교육 내용을 필요로 한다. 이런 필요 조건이 갖추어질 때 통합적 문학교육이나 인터넷과 같은 다양한 매체의 수용 역시 체계적으로 활발하게 이루어질 수 있을 것이다.

참고 문헌

김대행 외(2000), 문학교육원론, 서울대출판부, 24~25쪽.
김동환 외(2000), 「매체 언어의 소통 원리와 교육적 대상화의 방법」,
　　　　서울대 국어교육연구소, 1~2쪽.
김영석(1999), 멀티미디어와 정보사회, 나남출판, 144~148쪽.
서유경(2002), 공감적 자기화를 통한 문학교육 연구,
　　　　서울대대학원 박사학위 논문, 144~149쪽.
신헌재(2002), 「학교 문학교육의 위상과 지향점」,
　　　　『학교 문학교육의 새로운 방향』,
　　　　한국문학교육학회 제28회 학술대회 자료집, 4~5쪽.
이인제 외(1997), 제7차 국어과 교육과정 개발 연구, 한국교육개발원,
　　　　548~553쪽.
이지호(1998), 「국어과 통합교육의 논리-초등학교를 중심으로」,
　　　　한국국어교육연구회, 『국어교육』 98, 57~73쪽.
Dietrich Scheunemann ed.(1996), Orality, Literacy,
　　　　and Modern Media, CAMDEN HOUSE.
Ferdi Serim&Melissa Koch, 이태욱 역(1999),
　　　　『인터넷이 학교를 바꾼다』, 한빛미디어(주), 121쪽.
Linda Myers(1993), Approaches to Computer Writing Classrooms :
　　　　Learning from Practical Experience, State university.
Laura Parker Roerden/홍명희, 김갑수, 전우천 역(1999),
　　　　『인터넷 활용 수업의 이론과 실제』, 한빛미디어(주),
　　　　123~131쪽.
Stanley J. Baran(1999), Introduction to Mass Communication
　　　　-media literacy and culture,
　　　　Mayfield publishing company, 406~440쪽.

참고 사이트

http://my.netian.com/~iwanchoi/frame.html/
http://soback.kornet21.net/~leeks2k/ 사이버공간의 정치경제학
http://www.yahooligans.com/tg/litintro.html/
Teaching Internet Literacy

사이버 감사방 만들기

5월 감사의 달을 맞이하여 국어과의 학습 영역인 쓰기와 정보통신기술 활용을 결합하여 '사이버 감사방 만들기' 수업을 구상해 보았다. 국어 교과의 경우에는 컴퓨터를 활용하여 글쓰기를 하는 활동 자체가 국어 교육의 내용 영역이자 정보통신기술 활용이 되는 특성이 있으므로, 교과 고유의 교육 내용을 정보통신기술 활용으로 전환하든지 교과 교육 내용을 뒷받침하거나 도구적으로 활용되는 측면에서 정보통신기술을 도입하는 두 가지 측면에서 생각해 볼 수 있다.

'사이버 감사방 만들기'는 감사하는 마음을 글쓰기로 표현하는 국어과 고유의 교육 내용을 컴퓨터를 사용한 글쓰기나 인터넷을 통한 정보 탐색, 이메일 교환 등의 정보통신기술 활용 내용과 결합한 형태의 활동이다. 감사의 마음을 표현하는 글쓰기 활동은 국어 교과서의 특정한 단원과 관련지을 수는 없지만, 자신의 생각이나 느낌을 표현하는 쓰기 영역과는 광범위하게 연결될 수 있을 것이다.

또한 이러한 방식의 글쓰기 활동은 자신의 글쓰기를 완성하는 활동뿐만 아니라, 다른 학습자의 글쓰기를 자신의 관점에서 비평해 볼 수 있는 활동까지 가능하게 한다는 점에서 국어교육적으로 중요하다고 할 수 있을 것이다.

보통의 경우 교실 수업에서 말하기를 중심으로 한 발표 수업이나 인쇄 매체 중심의 쓰기 활동에 비해 정보통신기술을 활용한 수업에서 학습자의 자발적이고 능동적인 참여도가 높아지고 글쓰기 활동에 자연스럽게 적응하는 경향이 있으므로, 쓰기 영역 교육에서의 이러한 접근 방식은 교육적 효과 면에서 중요하고 필요한 일이다.

이 글은 하나의 목표 학습을 위해 가능한 정보통신기술 활용의 방법들을 최대한 구상하고 제안하는 방식으로 진행될 것이다. 일반적으로 정보통신기술을 활용한 수업 모델이나 사례가 특정한 환경의 제한을 받는다는 문제를 고려하여 다양한 환경에서 응용될 수 있는 방법들도 같이 모색해 보고자 하였다. 각기 다른 유형으로 제시된 활동들도 적절한 상황에서 조합적으로 선택하여 활용할 수 있을 것이므로, 각 교실의 상황이나 학습자 특성에 따라 교사들이 실제 적용 단계에서 응용할 수 있을 것이다.

이 활동의 결과물은 갖가지 내용의 감사 편지글과 여러 가지 형태로 표현된 편지들이 모인 웹 사이트가 될 것이다.

- ■학습 주제 : 자신의 생각이나 느낌을 표현하기
- ■교과 : 국어
- ■관련 단원 : 말하기, 듣기, 쓰기 단원
- ■수업 요약
- ■관련 학습 목표
    - -감사하는 마음이 드러나게 글을 쓸 수 있다.
    - -이야기를 듣고 생각하거나 느낀 점을 표현할 수 있다.
    - -적절한 비유어를 활용하여 표현할 수 있다.
    - -문장이 자연스럽게 연결되도록 표현할 수 있다.
    - -친구의 글을 읽고 비평할 수 있다.
- ■필요 자원

　　유형 1 : 인터넷 가능 컴퓨터 40대, 프로젝션 TV, 스캐너
　　유형 2 : 인터넷 가능 컴퓨터 5~6대, 프로젝션 TV, 스캐너
　　유형 3 : 인터넷 가능 컴퓨터 1대, 프로젝션 TV, 스캐너
　■ 활동 유형
　　- 수업에 필요한 정보 및 자료를 적절히 안내할 수 있다.
　　- 문서 작성 프로그램을 이용하여 글을 쓸 수 있다.
　　- 인터넷에서 찾은 그림 파일을 복사하여 붙여 쓸 수 있다.
　　- 게시판에 글을 작성하여 올릴 수 있다.
　　- 자료실에 작성한 파일을 올릴 수 있다.
　　- 인터넷에 접속하여 원하는 정보를 찾을 수 있다.
　　- 이메일을 이용하여 의견을 주고받을 수 있다.
　■ 활용 수준 : 초·중급

5.1 활동 준비

5.1.1 교사는 사이버 감사방 만들기 수업을 위한 환경을 점검한다. 학습자 1인당 컴퓨터 수 등의 물적 환경과 수업에 필요한 소프트웨어가 구비되어 있는지 점검한다. 학습자 1인당 컴퓨터 수가 확보되어야 하는 경우 교내의 컴퓨터실 사용을 고려한다. 사용할 교실을 결정한 후에는 사용할 컴퓨터가 제대로 작동하는지 점검한다.

5.1.2 학습자의 정보통신기술 활용 수준 등 수업의 질적 환경을 점검하여 학습자 활동의 적절한 유형을 선택한다. 예를 들어 학습자의 수준이 낮은 경우, 정보통신기술 활용은 교사 중심으로 이루어지도록 하는 것이 더욱 적절할 것이다.

5.1.3 컴퓨터나 인터넷의 사용을 도입할 수업의 측면을 결정한

다. 다시 말해 전체 수업에서 어느 정도의 비율과 정도로 정보통신 기술을 활용할지를 고려한다.

5.1.4 학습자의 소통 공간 및 학습 활동 결과물을 공유할 수 있는 형태를 모색하여 결정한다. 가장 쉬운 방법은 자신의 개인 홈페이지를 활용하는 것이다. 평소에 운영하던 사이트가 없더라도 학교 홈페이지에서 계정을 받든지 무료 홈페이지를 만들어 주는 사이트에 가서 간단히 홈페이지를 개설하고 게시판 위주로 운영하는 것도 좋은 방법이다.

5.2 활동 과정

※ 1. 활동 내용 서술 뒤에 있는 번호 ①, ②, ③은 각각 필요 자원 유형 1, 2, 3을 말한다.

   ① 인터넷 가능 컴퓨터 40대, 프로젝션 TV, 스캐너
   ② 인터넷 가능 컴퓨터 5~6대, 프로젝션 TV, 스캐너
   ③ 인터넷 가능 컴퓨터 1대, 프로젝션 TV, 스캐너

2. 교사의 운영 방식에 따라 차시 구성은 바뀔 수 있다.

활동단계	활동 내용
1차시	·활동 안내 ·감사의 대상 정하기 - 교사가 준비한 그래픽, 동영상 등을 프로젝션 TV를 통해 보여주고, 학습자들에게 비슷한 경험이 있는지 말하게 한다. ①②③

■ 교사 준비 사항 :
  1. 어려운 사람을 도와주는 그림이나 사진을 인터넷에서 참조, 수집한다.
  2. 참조가 되는 신문 기사나 교내의 사례를 찾아서 읽어 주거나 이야기해 준다.
  3. TV 등의 대중 매체를 통해 감사하는 이야기나 감사의 마음을 가질 수 있는 사례가 방영된 프로그램을 찾아 동영상 파일이나 사운드 파일로 저장해 둔다. 애니메이션이나 영화의 소재도 학습자들에게 흥미 있는 접근을 유도할 수 있다.
- 감사하는 마음이 들 때가 어떤 때인지 말하게 한다.
- 감사 편지를 쓰고 싶은 대상을 결정하여 말하게 한다.
- 어떤 감사의 내용을 가지고 있는지 말하게 한다.
- 자신이 결정한 감사의 대상과 선정 이유를 문서 작성기로 쓰고, 그 파일이나 내용을 교사에게 메일로 보내도록 한다. [1]
- 자신이 결정한 감사의 대상과 선정 이유를 모둠별로 정리하여 교사에게 보낸다. [2]
- 자신이 결정한 감사의 대상과 선정 이유를 공책에 적어 정리해 둔다. [3]
- 교사가 게시판을 개설, 활용할 수 있는 경우

■ 감사 편지를 보내고 싶은 사람 생각해보기 게시판을 개설하고, 학습자가 참여하게 한다. 감사 편지를 보내고 싶은 동기에 대해서도 적어 보게 한다. [1]
■ 사이버 감사방에 대한 아이디어 모집 게시판을 만들어 학습자들의 의견을 수렴하고, 보다 적극적으로 활동에 참여할 수 있게 한다. 이 게시판의 내용 중에 적절하다고 판단되는 것은 교사가 수렴하여 반영하도록 한다. [1][2]
■ 교장 선생님, 대통령 등 학습자들이 공통적으로 감사 편지를 쓸 수 있는 대상이 있을 경우, 감사의 글 이어쓰기 게시판을 개설하여 학습자가 참여하게 할 수 있다. [1]

1차시

이어쓰기 게시판의 경우, 게시하는 글의 형식이나 내용에 대해 안내를 하는 것이 중요하다. 전체적인 글의 내용과 이어쓰는 방법 등에 대한 사전 안내로 전체 학습자 혹은 모둠별 이어쓰기 활동이 원활하게 이루어질 수 있도록 한다.

· 지난 시간의 활동 정리 및 소개
- 교사에게 보내 온 메일들을 정리하여 게시판에 올리고 소개한다. ①②③
- 학습자들이 정리한 내용을 발표하게 한다.
- 이번 시간에 활동할 내용을 안내한다.
· 인터넷 사이트에서 자료 찾기
- 다른 사람들이 쓴 감사의 글을 인터넷을 통해 찾아본다. ①②
- 찾은 글을 자신의 컴퓨터에 저장한다. ①②
- 찾은 자료들을 모둠별로 공유하고 좋은 자료들에 대해 이메일과 게시판을 통해 의견을 나눈다. 비슷한 일들을 경험한 적이 있는지 말해 본다. ①②
- 좋은 참고 자료로 선정된 감사 편지들을 함께 읽어본다. ①②③
■ 교사 준비 사항 및 유의 사항 :
1. 야후 코리아, 엠파스(http://www.empas.com/) 등의 검색 사이트에서 감사 편지를 검색하도록 미리 안내한다. 이때 학습자의 정보통신기술 활용의 수준에 따라 인터넷 접속에 대한 간략한 제시나 검색어 지정 등의 보완 정보를 알려 준다.
2. 검색된 자료들 중에서 선정하는 기준에 대해 이야기하는 시간을 갖는다.
3. 검색한 자료들을 감사의 대상별로 분류해 본다. 이런 분류 활동은 필요한 학습자에게 도움을 줄 수 있는 방법이 될 수도 있다. 단 이러한 자료를 찾아서 분류하고 선정하는 시간이 지나치게 많이 걸리지 않도록 유의한다.
4. 1교실 1PC 환경이 아닐 경우 학습자 활동이 위축되지 않도록 스케치북이나 공책, 학습지 등을 활용하여 학습자가 쓰기 활동에 적극적으로 참여할 수 있도록 한다.

2차시	·편지 꾸밀 자료 찾기 - 자신의 감사하는 마음을 표현하기에 가장 적합한 멀티미디어 자료들을 인터넷 사이트에서 찾아 저장한다. ①② - 자신이 찾은 자료나 참고할 수 있는 정보를 학습자간에 서로 공유하도록 한다. ①②③ - 문서 작성기로 자신이 쓸 감사 편지의 바탕 배경을 만들어 본다. 이 때 각종 사이트에서 얻은 클립들을 활용한다. ① - 감사의 마음을 표현할 수 있는 배경 그림을 찾아보거나 자기 나름대로 구상하여 표현한다. 이는 학습자 1명당 1컴퓨터 환경이 제공되지 않을 경우 응용할 수 있는 활동이다. 자신의 감정이나 느낌을 텍스트 뿐 아니라 시각 작품으로 표현할 수 있도록 함으로써 최종 결과물이 시화 형태가 될 수도 있다. ①②③ ·편지 내용 등에 대해 궁금한 점을 선생님이나 친구들에게 메일을 보내 의논한다. - 모둠별 활동을 중심으로 할 경우는 같은 모둠의 학습자들끼리 메일로 의견을 주고 받을 수 있도록 한다. ①② - 게시판을 활용할 수 있는 경우는 본 학습 주제에 관한 의문들을 해결할 수 있도록 질문답변 게시판을 개설하여 운영한다. ①② ·완성될 사이버 감사방의 모습을 결정한다. - 지금까지 제시된 사이버 감사방의 모습에 대한 의견들을 종합하여 최종적으로 출판될 형태, 메뉴 등을 결정한다. ①②③ - 이어쓰기 게시판이나 작품을 최종적으로 게시하는 게시판을 개설할 경우 게시판 이름에 대해 의논하여 결정한다. 예를 들면 "우리 선생님은요", "우리 부모님은요", "참 감사해요" 등 학습자 수준에 적합한 게시판의 이름을 붙이도록 한다. ①
3차시	·문서 작성기로 그 동안 정리한 내용을 바탕으로 감사의 편지를 작성한다. - 문서 작성기로 참고 자료와 떠올린 경험을 바탕으로 내용을 정리하여 감사 편지를 작성한다. ①②

- 그동안 정리한 내용을 바탕으로 완결된 편지를 학습지에 완성한다. ③
- 잘못된 글자나 내용이 없는지 검토한다. ①②③
· 작성한 편지를 사이버 감사방에 올린다.
- 문서 작성기로 쓴 글을 지난 시간에 만들었던 편지 배경 파일과 결합하여 편지를 완성한다. ①②
- 스케치북이나 학습지에 표현한 배경그림 등 위에 완성한 편지글을 옮겨 적어 시화로 완성한다. 완성한 편지는 스캐너를 이용하여 파일로 저장한 다음 게시판에 올려 공유한다. ①②③
· 다른 친구들의 감사 편지를 읽고 느낀 점을 말하거나 써 본다.
- 게시판에 올려진 다른 친구들의 감사 편지를 읽고 느낀 점을 써 본다. ①②③

3차시

■교사 유의 사항
1. 다른 친구들의 글에 대해 비평할 때에 주의해야 할 점을 학습자들에게 주지시킨다.
    - 다른 친구들의 글에서 좋은 점들을 이야기해 본다. ①②③
    - 다른 친구들의 글이 좀더 좋아질 수 있는 방법에 대해 이야기해 본다. ①②③
2. 일반적인 정보통신 생활에서의 윤리적 측면과 관련하여, 자신이 쓴 글을 읽을 상대방을 고려하는 마음과 태도를 학습자들이 가질 수 있도록 유도한다.
· '사이버 감사방 만들기' 활동에서 좋았던 점이나 부족했던 점에 대해 말해 본다.
- 전체 학습 활동을 마무리하면서 좋았던 점이나 부족했던 점에 대해 말해 보고, 글로 정리한다.
- 모둠별 활동을 정리하고, 느낀 점을 이야기하여 본다.

5.3 의의 및 유의 사항

5.3.1 학습자 수준에 따른 다양한 활동 도입

감사를 표현하는 글쓰기는 초등학교 저학년에서 고학년에 이르기까지 광범위하게 적용할 수 있는 활동이므로, 학년에 따라 적합하게 글쓰기 범위나 방법을 제한하여 주는 것이 보다 효율적일 것이다. 예를 들면, 고학년일수록 감사하는 마음을 갖게 된 동기나 과정을 묘사나 서사의 방법을 동원하여 자세하게 쓰도록 유도한다든지, 저학년이라면 간단하면서도 명료하게 감사의 마음을 표현할 수 있는 문장들을 만들도록 한다든지, 감사의 마음을 비유법을 써서 문장으로 표현하게 한다든지 하는 방법이 있을 수 있을 것이다.

또한 학습자의 정보통신기술 활용 수준을 고려하는 것도 매우 중요하다. 그래서 모둠을 나눌 때에 감사 편지의 대상 설정이라는 내용을 중심으로 하여 나누는 것도 좋지만, 정보통신기술을 활용하는 수준에 따라 모둠을 만들어 비슷한 수준의 학습자끼리 활동을 하도록 하는 것도 좋은 방법일 수 있다.

5.3.2 학습자 주체적 활동으로서의 글쓰기

감사하는 마음을 표현하는 "사이버 감사방 만들기" 활동은 무엇보다도 학습자가 주체적으로 읽고, 쓰고, 표현하는 활동에 적극적으로 참여할 수 있도록 하는 것이 중요하다. 본래 표현 행위 자체가 학습자의 주체적 행동을 요구하고 표현의 결과물이 남는 것이므로 학습자의 의도적이고 실천적인 참여 행동과 의지는 학습의 효과에 큰 영향을 미치는 요인이라 할 것이다. 바로 이러한 학습자의 주체직인 활동에 의한 학습이라는 점에서 이와 같은 글쓰기 활동이 중요한 의의를 지니기도 한다.

5.3.3 통합 활동으로서의 "글쓰기"

"사이버 감사방 만들기"와 같은 글쓰기 활동은 읽고, 쓰고, 비평하는 행위의 통합이라는 점에서, 그리고 언어적 표현과 그림 등의 시각적 표현을 통합적으로 한다는 점에서 여러 가지 활동을 하나의 주제를 중심으로 동시에 해 볼 수 있는 강점을 지닌다. 단 학습 활동의 가장 중요한 목표가 어디에 있는지를 고려하고 이 점이 흐려지지 않도록 유의하는 것이 필요하다.

5.3.4 수용과 표현 확장 도구로서의 정보통신기술

앞서도 언급했듯이 국어 교육에 있어서의 정보통신기술은 읽고 쓰는 본연의 내용 영역과 직접적으로 연결되어 있다. 그래서 정보통신기술을 잘 활용하는 것은 수용과 표현의 영역을 확장하고 더욱 다양한 활동을 가능하게 하는 것이다. 특히 인터넷과 같은 다중 매체의 경우 국어 교육에서 읽기의 영역으로 다루어질 새로운 부분이기도 하다. 이렇게 정보통신기술의 발달과 활용은 한편으로 읽고, 쓰는 인간의 소통적 영역을 확장하는 도구이다.

5.3.5 국어 교육의 효과를 높이는 수단으로서의 정보통신기술

다른 여느 교과에서와 마찬가지로 정보통신기술은 한편으로 교육의 방법을 구조화하고 효과를 높이는 수단이 된다. 교사의 자료 제시를 보다 편리하고 세련되게 하는 수준에서부터 수업을 능동적으로 이끌어가는 단계에 이르기까지 정보통신기술은 우리의 교실을 새롭게 만드는 수단이 될 수 있을 것이다.

5.4 참고 자료

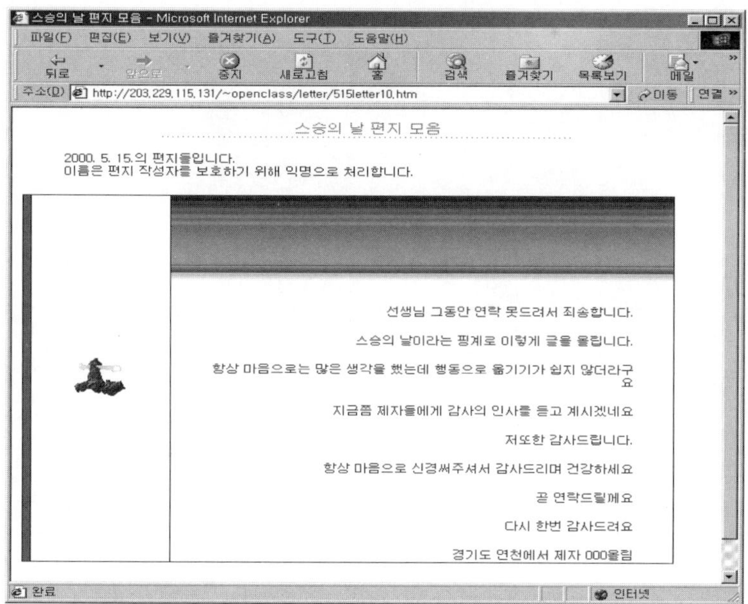

〈그림 1〉 http://203.229.115.131/~openclass/letter/515letter10.htm에서

안녕하십니까?
저는 삼광 중학교 3학년에 재학중인 이광수라고 합니다.
요번에 사랑의 쌀 잘 받았읍니다
어려운 시대에 이렇게까지 신경 써 주시고 도와주셔서
감사합니다.
저희 집 표즘 마니 어렵고 힘들었는데 신경써 주셔서
더욱 힘이 납니다.
감사합니다.

지금처럼 어려운 사람 신경 써주시면서 사세요
조그만 정성이 건해 질때미다 힘들었던 거 잊구
다시 힘이 나니까요
세상이 마니 험악 해졌고 정이 메말랐다고들 하는데
아직까진 나쁜사람 보단 좋은 사람이 더 많은 것
같아요.
세상이 아직까진 어려운 사람을 돌봐 줄 수 있고
도와줄 수 있으니 살 만한것 같아요.
감사 하고 · · ·
2〇〇〇〇 줄이겠습니다

추신 · 감사합니다.

기다리바는 말을 하며
나에게 손을 흔들면
그 사람의 얼굴이 안보입니다.
꿈속에선 나바날까, 조심조심
잠도 청해 보지만,
그 사람의 얼굴을 떠올리긴
너무 힘이 드네요
이제 영영 못보게 되면, 어떡하나
하는 마음에 조바심도 내 보지만
소용이 없네요. 미안해요.
전 당신이 안보여요...
                    이정현

고마우신 분들께..
그동안 편히 계셨어요 ? 요즘 날씨
가 많이 쌀쌀해 졌어요. 건강 조
심하세요. 저는 이번에 화재를
입은 강석곤, 이정자씨의 딸 강
명옥,이라고 해요. 지금도 많이 늦
었지만 더 늦기전에 감사하는 맘을
전해 드려야 할것 같아서 이렇게 펜을
들었어요. 이제야 이렇게 찾아뵙지 못하고.
홀로 인사드려 죄송해요. 하지만 저의 딸
을 알아 주시리라 믿어요. 그리고 감사드립니다.
저에게 갑작스럽게 큰 일이 닥쳐서 처음엔 혼
란스럽고. 너무 힘들었어요. 하지만 저에게 힘
들고 어려운 순간들도 있었지만 주위의 도움의 손길
이 있었기에 잘 이겨내고 지금껏 무사히 잘 생활하고 있어요. 어려울때
저에게 정말 큰 힘과 용기를 주셔서 감사해요. 지금은 학교 다니면서 병원도
다니고 있어요. 조금은 힘이들지만 지금은 처음보다 참을만 해요. 지금
고3이라 더욱 신경이 쓰이지만 저를 도와주신 모든 분들께 보답
하기위해 공부 열심히 하려고 노력하고 있어요. 그동안 학교를 못
나와서 힘들기도 해요. 이번일로 저에게 잃은 것도 많지만, 믿은 것
도 많고, 깨달은 것도 많아요. 제가 받고 있는 사랑을 다 보답해야
하는데 그럴 수 있겠죠? 저도 어려운 사람을 도우며 살고 싶어요. 힘은
들겠지만 말이예요. 지금도 밖엔 계속 비가 내리고 있어요. 저도 열심
히 생활 할께요. 건강하시고. 날씨가 변덕이예요. 감기 조심 하세요.
항상 모든 분들 가정도 화목하시고, 편안하길 기도 드릴께요. 도와 주
셔서 정말 감사 해요. 건강 하세요.
                    2000년 9월 15일 금요일.
                    강 명옥 올림.

〈그림 2〉 http://www.yj119.or.kr/pyunji.htm에서

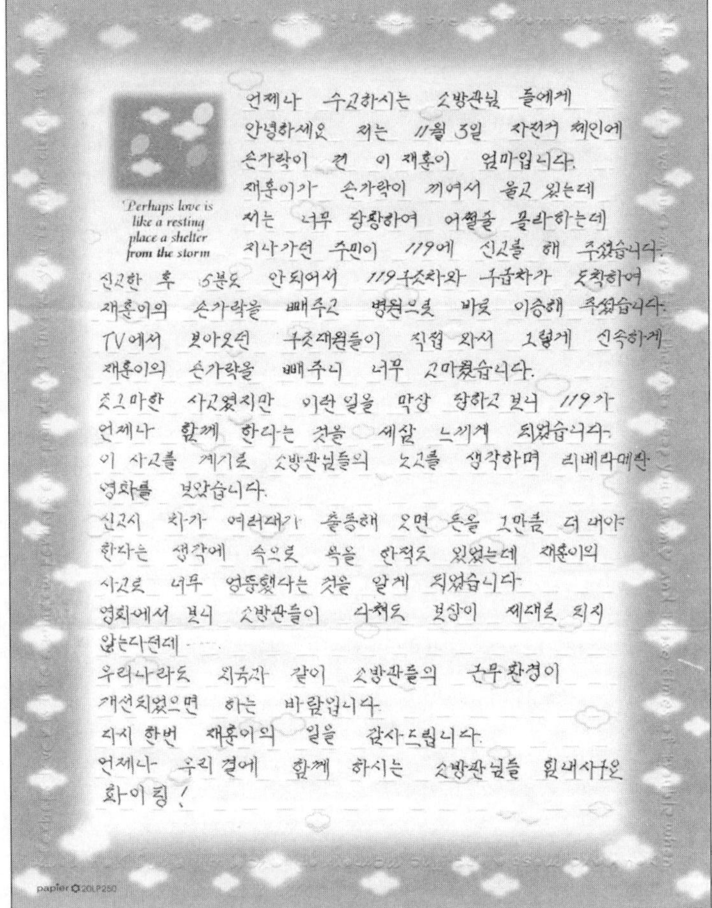

〈그림 3〉 http://www.yj119.or.kr/pyunji.htm에서

멀티미디어 교육자료 개발 현황과 국어교육적 활용

　　2001년부터는 교육인적자원부 차원에서 각 교과 수업에 정보통신기술을 10%[66] 이상 활용하도록 권장하고 있다. 이제 막 7차 교육과정이 적용되고 있는 시점에서, 뭔지 모를 정보통신기술 활용이라는 어려운 과제는 아마도 여러 선생님들을 당황하게 하고 있을 것이다. 이러한 문제들을 해결하기 위한 한 방법으로 교육부의 주관 하에 한국교육학술정보원(www. keris.or.kr)에서 2000년 7월부터 1종 교과서 개발 기관과 공동으로 멀티미디어 교육자료를 개발하고 있다. 사업명이 "멀티미디어 자료 공동 개발"이어서, 처음 이 이름을 듣는 사람들은 무엇을 "공동"으로 개발하는지 그리고 도대체 이 자료들이 어떻게 쓰일 것인지, 어떤 목적과 기획 아래 개발되고 있는 것인지 등등 궁금해 한다.

　　"공동"이라 함은 한국교육학술정보원과 한국교육과정평가원 등의 1종 교과서 개발 기관과의 협력 과제임을 우선적으로 의미하지만, 한편으로 개발된 자료가 활용될 측면을 생각해 보면, 각 자료의 교

---

66) 사실 이 '10%'라는 수치는 양적인 면에서의 계량적 의미라기보다는 상징적, 질적 의미라 할 수 있다.

과간 공동 활용과 선생님과 개발 기관과의 공동 개발 자료라는 의미도 부여할 수 있을 것 같다. 그것은 특정 교과 시간을 위한 특정한 학습 자료가 아니라, 어떤 교과에서든 있을 수 있는 학습 요소라면 검색을 통하여 사용할 수 있도록 설계하고 있기 때문이며, 일차적으로 구축될 멀티미디어 자료가 완성품이 아니라 관심 있는 선생님들의 참여와 여러 가지 멀티미디어 자료 개발 사업과의 연계를 통하여 계속해서 추가될 라이브러리 형태를 지향하고 있기 때문이다. 개발된 자료는 에듀넷(www.edunet4u.net)을 통하여 서비스될 예정이다.

멀티미디어 자료 공동 개발 사업을 소개하고 홍보하는 홈페이지는 에듀넷(www.edunet4u.net) 교사 채널의 「멀티미디어 자료 개발」이라는 메뉴를 선택하면 볼 수 있다. 여기서 사업 소개 및 진행 현황에 대한 안내를 받을 수 있으며, 관심 있는 교사 및 교육 전문가의 참여가 가능하다.

이 글에서는 정보통신기술 활용이 무엇인지, 어떻게 가능한지에 대해서는 다루지 않고, 정보통신을 활용한 수업을 가능하도록 하는 이러한 멀티미디어 자료 공동 개발 사업의 추진 배경과 방향, 내용, 현재 진행 상황과 이의 기대 효과와 국어교육적 활용을 다루도록 하겠다.

6.1 추진 배경 및 목표

멀티미디어 자료 공동 개발 사업 추진의 일차적인 배경은 '교육정보화 종합 계획'에 따른 교단선진화 장비 보급, 네트워크 구축 등의 물적 기반 구축에 있다. 멀티미디어 자료 공동 개발은 이렇게 구축된 물적 기반 아래에서 본격화되는 정보통신기술 활용 수업을 지원할 수 있는 콘텐츠를 제공하기 위한 것이다.

그래서 이 사업의 목표는 "7차 교육과정 목표인 「국민공통 기본
교과(10개 교과 10개학년) 수업에서 정보통신기술 10% 이상 활용」
을 지원할 수 있는 수업 보조교재 개발"로 정리할 수 있다. 개발된
멀티미디어 교육자료는 교사가 수업 시간에 바로 사용할 수도 있지
만, 특정한 수업을 위해 교사가 자료를 만들거나 교육용 S/W를 개
발하고자 할 때 응용하여 사용할 수 있도록 자료와 관계된 모든 정
보가 함께 제공된다.

6.2 개발 방향 및 내용

멀티미디어 교육자료 개발의 전반적인 방향은 첫째, 개발된 자료
가 수업에 직접 활용될 수 있도록 교과서와 연계하여 개발하고, 교
과서 내용과 관련된 모든 멀티미디어 자료를 내용 분석을 통해 전자
화할 수 있도록 하는 것이다. 이는 무엇보다 교사가 수업 시간에 활
용할 수 있는 자료로 개발하는 것이 중요한 목표이기 때문이고, 개
발된 자료가 수업 시간에 활용되기 위해서는 교육과정 및 교과서와
의 관련성이 커야하기 때문이다.

둘째는 국민공통기본교과의 제7차 교육과정 적용 연도를 고려하
여 단계적으로 개발하고, 2002년까지 개발을 완료하는 것이다. 그
래서 2000년에 우선적으로 개발을 시작한 대상 학년이 초등학교 1,
2, 3, 4학년과 중학교 1학년이다. 1차 개발이 완료되는 2001년 4
월 즈음에는 이들 학년의 1학기 수업에서 지금 개발되고 있는 멀티
미디어 자료들을 활용할 수 있을 것이다.

셋째는 학교 수업에서 다양한 학습자 수준 및 환경을 고려하여,
활용할 수 있는 요소별 자료를 개발하는 것이다. 여기서 '요소'는 수
업 시간에 필수적으로 다루어지는 학습 요소를 의미하는 것으로, 교

과서와 교사용 지도서 등의 교수-학습 상황에서 필수적으로 다루어지는 요소들을 추출한 것이다. 추출된 학습 요소를 기준으로 하여 필요한 멀티미디어 자료를 설계하고 개발하고 있다.

넷째는 교사가 편집하여 활용할 수 있도록 소스 파일을 제공하고, on line/off line의 모든 상황에서 활용할 수 있도록 멀티미디어 자료를 제공할 것이다. 소스 파일까지 제공하는 것은 교사가 파워포인트, CD-ROM 등의 2차적인 자료 개발에 쉽게 사용할 수 있도록 하게 하기 위한 것이다.

이러한 전반적인 방향 설정 아래에서 교육과정 및 교과서 개발자가 함께 참여하여 자료를 개발하고 있는 중이다. 연차적인 개발 대상 교과와 내역을 제시하면 다음과 같다.

개발연도	대상 학년	개발 내역		개발량	
2000년	초등학교 1~4학년	·국어(8) ·바른생활(4) ·즐거운생활(4) ·사회(4) ·체육(2) ·미술(2)	·수학(8) ·슬기로운생활(4) ·도덕(4) ·과학(4) ·음악(2) ·초등영어(2)	48종	58종
	중학교 1학년	·국어(2)	·도덕(1)	3종	
	특수학교 (기본교과)	·국어 ·수학 ·건강 ·직업	·사회 ·과학 ·예능	7종	

2001년	초등학교 5~6학년	·국어(4) ·사회(4) ·과학(4) ·체육(2) ·미술(2)	·도덕(2) ·수학(4) ·실과(2) ·음악(2) ·초등영어(2)	28종	36종
	중학교 2학년	·국어(2) ·국사(1)	·도덕(1)	4종	
	고등학교	·국어(2) ·국사(1)	·도덕(1)	4종	
2002년	중학교 3학년	·국어(2)	·도덕(1)	3종	3종

이들 개발 자료의 형태는 크게 클립 형태와 모듈 단위의 프로그램 형태의 두 가지로 볼 수 있다. 클립 자료는 이미지, 그래픽, 동영상, 애니메이션, 음성/음향/음악 등의 독립적인 개별 자료이며 모듈 단위의 프로그램 형태는 교과별 최소 학습 단위의 시뮬레이션 프로그램 등 클립 자료와는 달리 상호 작용이 가능한 자료이다.

6.3 개발 체제

이 멀티미디어 교육자료 개발의 전체적인 총괄은 교육부에서 담당하고 있으며, 한국교육학술정보원에서 운영과 시스템 개발, 홍보 등의 역할을 담당하고 있다. 내용은 7개의 1종 교과서 개발 기관(한국교육과정평가원, 서울대, 교원대, 서울교대, 인천교대, 고려대, 대구대)에서 개발하였다. 내용 설계와 자료제작 과정에서 전국의 교과 교육 및 소프트웨어 전문가로 이루어진 140여명의 심사평가단의 심의가 이루어진다. 심의 기준은 내용 설계의 적합성과 타당성, 활용을 고려한 자료 설계의 효용성 등이다. 이렇게 최종적으로 개발된 멀티미디어 자료의 심의와 수정이 이루어지고 나면 본격적인 서비스가 이루어진다.

6.4 기대 효과

멀티미디어 자료 공동 개발로 기대하고 있는 가장 중요한 효과는 교사가 정보통신기술을 활용하여 수업을 할 수 있는 동인과 자료를 제공함으로써 교육 활동의 효율성을 높이는 것이다. 개발된 멀티미디어 자료들은 수업의 각 국면에서 교사의 필요에 따라 활용될 수 있으며, 이들 자료는 학습자의 다양한 학습 활동이 이루어질 수 있는 제재로 활용될 것이다.

한편 이들 멀티미디어 자료는 교사 등 관련 교육 전문가의 자발적이고도 적극적인 참여로 계속해서 추가·제공될 것이다. 그리하여 진정한 멀티 미디어 라이브러리로 구축될 것이다.

그리고 개발된 자료를 원시 자료로 하여 개발되는 2차, 3차의 자료도 활성화되어 이 라이브러리와 연계되고, 교사들 간에 공유될 수 있을 것으로 기대된다.

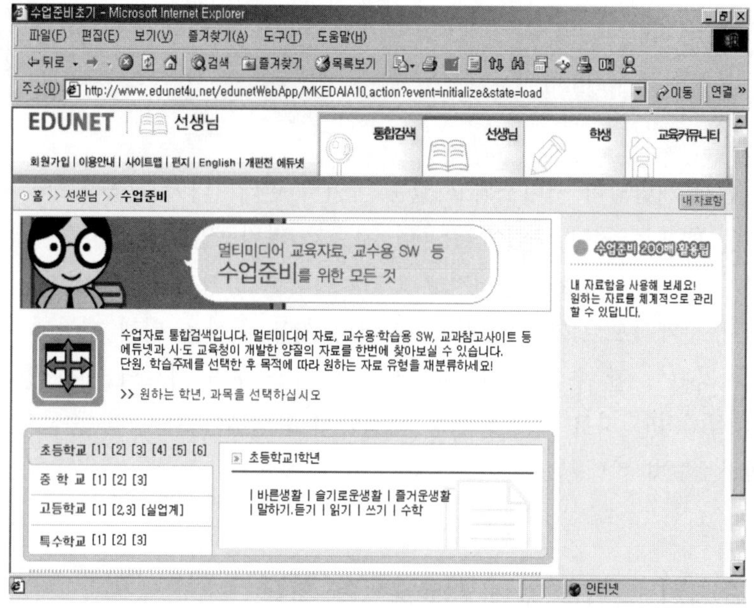

　무엇보다 이러한 개별화된 멀티미디어 자료들은 교사들에 의해 필요에 따라 재구성, 새로운 수업 자료로 활용될 수 있다는 점이 중요하다. 이러한 점에 착안하여 전국의 각 연구 시범학교를 중심으로 이런 멀티미디어 자료를 바탕으로 한 교수학습 자료의 개발이 활발히 진행되었으며, 지금도 개발되고 있는 중이다. 이러한 자료들 중에서도 국어교육의 자료로 제작되어 활용되고 있는 양상을 다음 절에서 살펴보도록 하자.

6.5 멀티미디어 자료의 재구성을 통한 국어교육적 활용

현재 개발되어 서비스되고 있는 국어과 멀티미디어 교육자료의 활용은 대체로 국어 수업에 활용될 자료를 파워포인트를 사용하여 재구성하는 방식으로 이루어지고 있다. 이러한 방식은 교육인적자원부에서 주체적으로 개발된 멀티미디어의 활용 확산을 위해 고안해 낸 것이라고도 할 수 있는데, 여기서는 이러한 수업 자료의 구성 양상과 실제적인 자료 제작과 활용 과정에서 유의해야 할 점을 중심으로 살펴보고자 한다.

6.5.1 국어과 수업 자료로서의 활용

멀티미디어 교육자료들을 국어 수업의 자료로 활용하는 예는 다음과 같은 파워포인트로 만들어진 교수-학습 자료들에서 볼 수 있다. 이는 한 차시 단위의 수업을 기준으로 교사가 제시할 내용과 학습자의 활동을 유도하는 내용을 파워포인트로 제작한 예이다. 물론 이러한 자료는 굳이 파워포인트가 아닌 HTML이나 다른 저작도구를 활용하여 제작할 수도 있다.

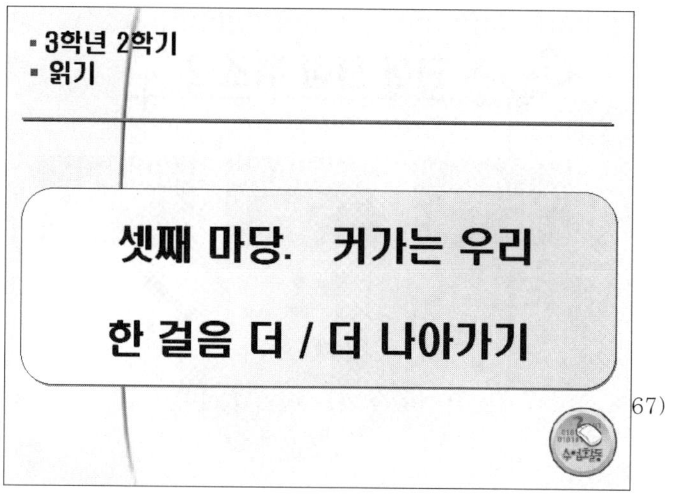

67)

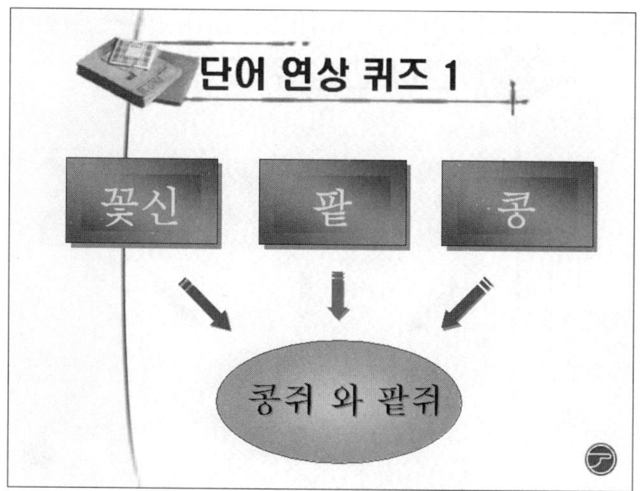

---

67) 이 자료는 에듀넷(www.edunet.net)의 선생님방에서 다운로드 받은 것이다.

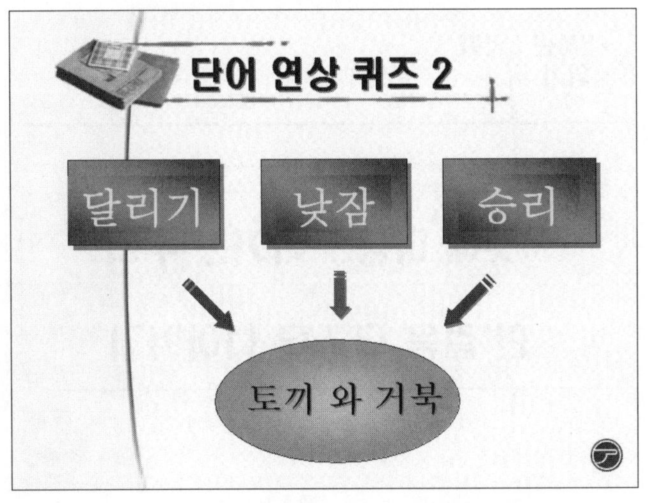

단어 연상 퀴즈 2
달리기
낮잠
승리
토끼 와 거북

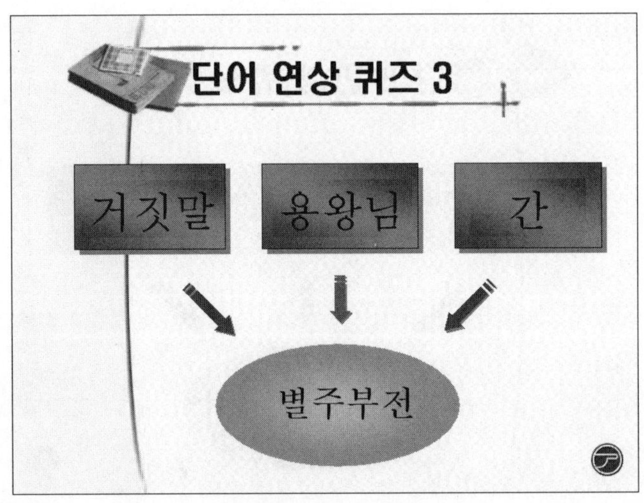

단어 연상 퀴즈 3
거짓말
용왕님
간
별주부전

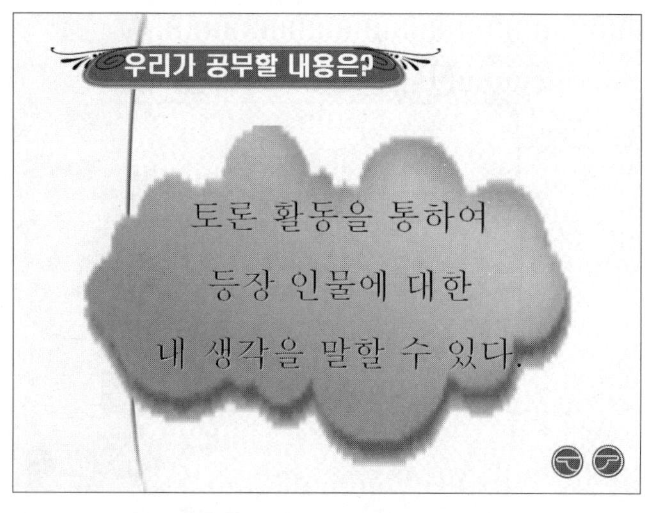
우리가 공부할 내용은?
토론 활동을 통하여
등장 인물에 대한
내 생각을 말할 수 있다.

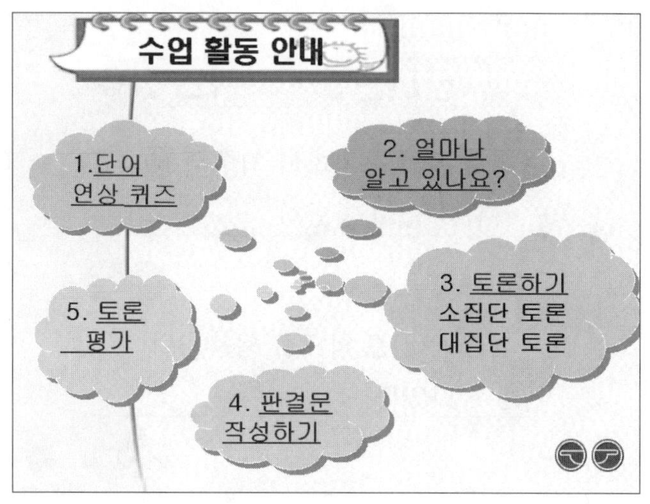
수업 활동 안내
1. 단어 연상 퀴즈
2. 얼마나 알고 있나요?
3. 토론하기 소집단 토론 대집단 토론
4. 판결문 작성하기
5. 토론 평가

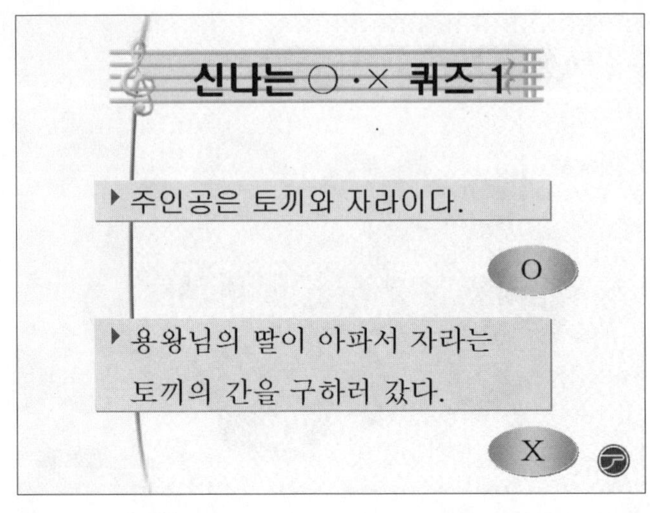
신나는 ○·× 퀴즈 1
주인공은 토끼와 자라이다.
O
용왕님의 딸이 아파서 자라는
토끼의 간을 구하러 갔다.
X

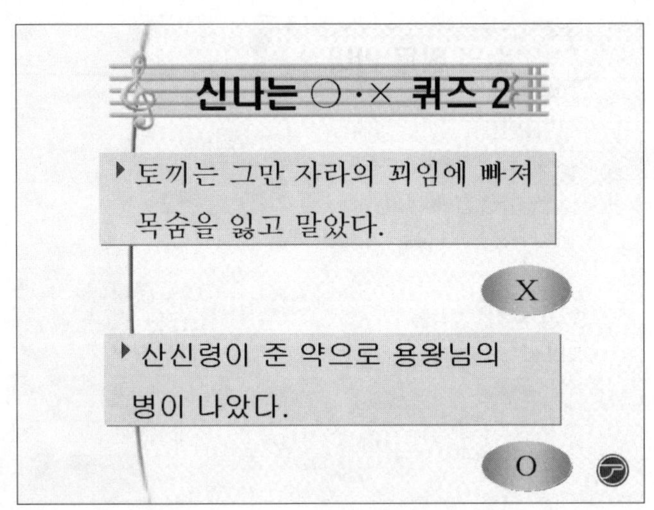
신나는 ○·× 퀴즈 2
토끼는 그만 자라의 꾀임에 빠져
목숨을 잃고 말았다.
X
산신령이 준 약으로 용왕님의
병이 나았다.
O

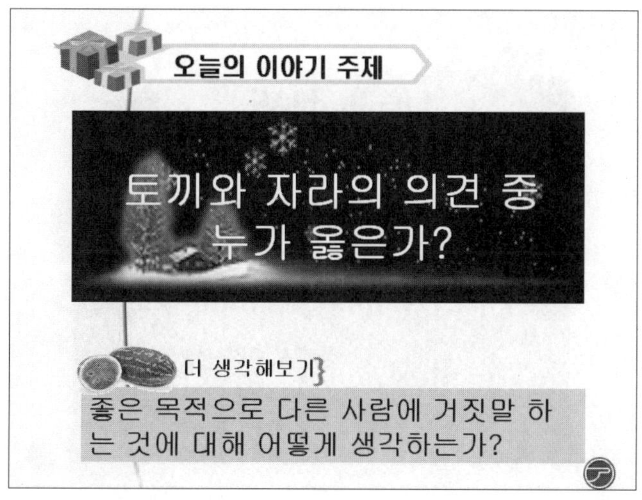
오늘의 이야기 주제
토끼와 자라의 의견 중 누가 옳은가?
더 생각해보기
좋은 목적으로 다른 사람에 거짓말 하
는 것에 대해 어떻게 생각하는가?

토 론 한 마 당
토끼와 자라의 의견 중
누가 옳은가?

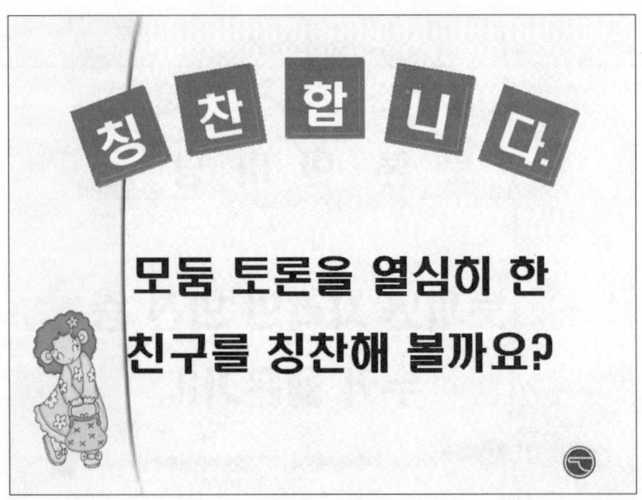

여기서 예로 든 ICT 활용 교수 학습 과정안은 초등학교의 경우인데, 읽기 영역에서 학습자의 텍스트 이해 활동, 토론 학습의 전과 후에 있을 수 있는 동기 유발 등을 위해 ICT를 활용하고 있다.

이러한 파워포인트로 만들어진 교수-학습 자료는 크게 두 가지 기능을 한다고 할 수 있다. 하나는 흩어져 있는 각종 멀티미디어 자료를 필요한 시간에 적합하게 활용할 수 있도록 묶어주는 기능이고, 다른 하나는 이렇게 묶어서 제시하는 과정에서 학습자의 다양한 활동을 유발하는 발문을 제공하는 기능이다. 이 두 기능은 파워포인트와 같은 프레젠테이션 도구를 국어과 교수-학습 과정에 도입할 때 생기는 순기능이라 할 수 있는 것으로, 필요에 따라 적절하게 활용한다면 보다 효과적으로 국어과의 교수-학습 목표를 달성할 수 있도록 도와주는 역할을 하리라 기대된다.

그렇지만, 한편으로는 이러한 프레젠테이션 도구를 필요 이상으로 자주 쓰게 되면, 오히려 식상함과 지루함을 유발할 수 있고, 수동적이고 획일화된 수업으로 치달을 우려가 있다.

6.5.2 활용상의 유의점

이러한 멀티미디어 교육자료의 활용, 재구성에 있어서 유의할 점은 지나치게 교사 주도로 보여주는 데에 집중되지 않도록 하는 것이다. 대부분의 이런 시각화 자료의 경우, 학습자가 직접 활동을 해야 하는 부분임에도 불구하고, 미리 교사에 의해 주어짐으로써 학습자의 적극적인 활동이 오히려 축소되게 하거나, 학습자의 창의적 사고 활동을 제한하는 역효과를 낳는 경우가 있다.

따라서 매 차시 활용에 있어서 학습자가 활동할 부분에 대한 교사의 고려가 전제되어야 하며, 가능한 한 필요한 정도로만 보여주도록 하는 것이 중요하다. 어떤 경우에는 한 차시 수업 내내 이러한 자료를 보여주기만 하기도 하는 데, 이는 해당 차시의 학습 목표나 학습자의 활동에 대해 전혀 고려하지 못한 데에서 나오는 오류라고 할 수 있겠다.

　그리고 또 한 가지는 너무 자주 이런 시각 자료를 활용할 경우, 학습자가 이런 자료에 식상할 수 있다는 것을 고려해야 한다는 것이다. 파워포인트를 활용하든, 플래쉬 프로그램을 활용하든 이렇게 만들어진 시각 자료들을 적정하게 수업시간에 도입한다면, 학습자들이 즐겁게 활동을 할 수 있겠지만, 지나친 제시는 오히려 호기심을 저하시키고 학습 의욕을 상실하게 할 수 있다.

　따라서 이러한 자료의 적정한 활용 시간 배분이 필요하며, 근본적으로 해당 학습 목표와의 관련성을 최대한 고려하고, 목표로 하는 학습 목표를 달성할 수 있도록 해야 한다. 그리고 학습자의 활동을 중심으로 구성해야 한다.

'멀티미디어 교육자료' 활용 방법 - 중학교 부문

멀티미디어 교육자료는 '제7차 교육과정의 국민공통 기본 교과 수업'에서 정보통신기술 10% 이상 활용을 지원할 수 있는 디지털 수업 자료로 개발되었다. 이 자료들은 에듀넷 선생님 채널의 「정보통신기술(ICT) 활용 교육」 코너에서 제공되고 있다. 초등학교와 마찬가지로 그래픽, 소리, 동영상, 애니메이션, 모듈 등 다양한 유형으로 만들어져서 선생님들이 ICT 활용 수업에 쉽게 사용할 수 있다.

7.2 어떤 자료가?

멀티미디어 교육자료에 개발·서비스되고 있는 자료는 초등학교 1, 2, 3, 4학년 전교과와 특수학교 자료 그리고 중학교 1학년 국어, 도덕 교과 자료에서부터 개발되어 단계적으로 추가, 확장되어 이제는 전학년 자료가 제공되고 있다. 이들 자료를 전체적으로 보면, 몇 만종에 달하는 방대한 자료이지만, 중학교 자료만을 찾으려 하면 매우 부족하게 느껴질 것이다. 이것은 이번 개발의 범주가 국민 공통 기본 교과로 제한되어 있어서 2종 도서를 사용하는 대다수 교과의 내용에 해당되는 멀티미디어 교육자료는 개발되지 못했기 때문이다. 그렇지만 내년 초쯤에는 2종 도서를 사용하는 교과의 멀티미디어 교육자료가 개발·서비스될 예정이므로 이 문제에 대해서는 그리 큰 걱정은 하지 않아도 될 것 같다.

이를 국어과에만 초점을 맞추어 보면, 시급한 시일 안에 필요한 자료들을 선정하여 개발하다보니, 다양한 수업을 지원할 수 있을 만큼 충분하게는 개발하지 못한 문제가 있다. 이러한 멀티미디어 자료의 부족은 여기에서 제공되고 있는 종류에 얽매어 활용하는 것으로만 해결할 것이 아니라, 이외의 다양한 웹 사이트에서 제공되는 자료로 눈을 돌려 보다 풍부한 자료를 찾아서 해결할 필요가 있다.

7.3 컴맹도 한다!

그렇다면 어느 정도 수준이라야 멀티미디어 교육자료를 수업에 활용할 수 있을까? 이에 대한 답은 너무나 간단하다. "클릭만 할 수 있으면 된다" 적어도 기능적으로는. 그리고 마음 속에 있는 괜한 부담감을 지우고, 대담하게, 교과 전문가로서 수업의 어느 국면에 어떤 내용의 자료가 필요할지를 생각하면 된다. 물론 거꾸로 「멀티미디어 교육자료」 서비스 메뉴의 디렉토리 검색을 이용하여 관련 단원에서 제시되는 자료를 중심으로 수업에의 활용성을 생각할 수도 있겠다.

7.3.1 일단 찾자

멀티미디어 교육자료를 쓰기 위해서는 일단 원하는 자료를 찾아서 갖고 있어야 한다. 자료를 찾는 방법은 키워드 검색, 바로찾기, 디렉토리 검색 등이다. 검색하여 제시된 목록에서 자신이 찾는 자료가 있는지를 살펴서 선택을 하고, 선택한 자료가 어떤 내용으로 구성되어 있는지, 어떻게 활용될 수 있는지를 중심으로 자료 설명을 읽어 본다. 그래서 필요한 자료라고 판단이 되면, 다운을 받아 컴퓨터에 저장한다. 이때 같은 시간에 쓸 파일은 한 곳에 모아두는 것이 좋다.

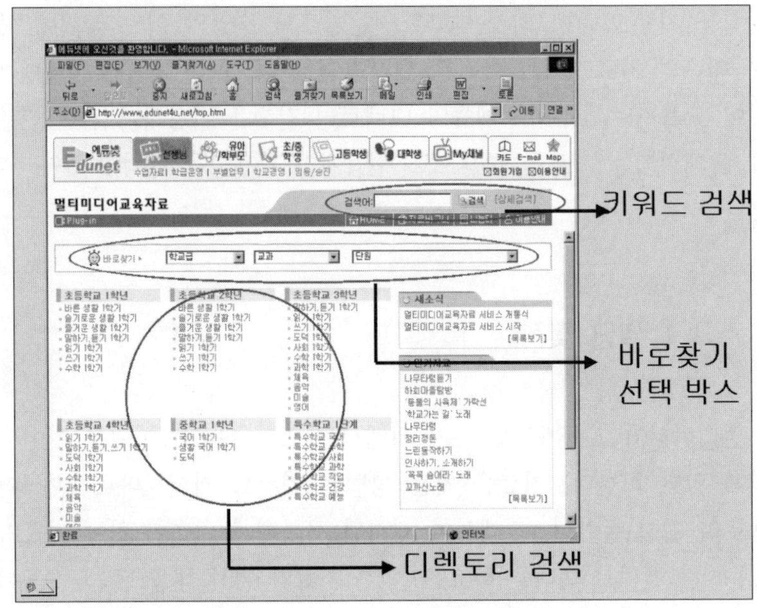

7.3.2 활용 단계를 결정하자

찾아서 저장해 둔 파일을 꺼내서 클릭하여 보자. 그러면 어떤 자료인지 확인할 수가 있을 텐데, 이때 만들어진 자료를 확인하고 수업의 어느 단계에서 어떻게 활용할 것인지를 결정할 필요가 있다.

도입부에서 학습자의 흥미를 유도하는 제시 자료로 활용할 것인지, 쓰기 시간에 학습자에게 쓰기 제재를 제공하고 쓰기 활동을 유발하는 자료로 활용할 것인지, 한 차시 학습을 정리하는 자료로 활용할 것인지, 실생활에서는 경험할 수 없는 사실이나 현상을 시뮬레이션으로 체험하게 할 것인지 등 교수·학습의 내용과 교과목 특성, 해당 차시의 성격에 따라 다양한 국면에서 다양한 방식으로 활용될 수 있을 것이다.

7.3.3 모아 두었다가 클릭!

이제는 수업에 활용할 멀티미디어 교육자료의 파일 이름 앞에 일련 번호를 붙여 순서대로 정렬해 두기만 하면 된다. 이로써 수업 준비가 끝나고…. 수업 시간에 필요한 자료들을 클릭하여 실행시키면 멀티미디어 교육자료 활용은 성공리에 마치는 것이다. 항상 수업 전에 자료를 실행하여 확인하는 것을 잊지 않도록 하자.

7.3.4 고난도 활용법

이미 컴퓨터에 익숙한 선생님들은 앞에 서술한 정도의 활용은 실제 수업에서 적용하고 있으리라 생각한다. 이러한 컴퓨터에 능숙한 선생님들을 위해 약간의 고난도 활용법을 소개한다. 그것은 파워포인트와 같은 프레젠테이션 프로그램을 활용한 멀티미디어 교육자료의 재구성이다. 요즘 들어 새로 시도되고 있는 "ICT 활용 교수·학습 과정안"이 바로 이것인데, 단원이나 학습 주제 제시 화면, 교수·학습 활동 설계 화면(기존의 교수·학습 과정안을 압축적으로 정리한 것이다), 설계한 교수·학습 활동을 구현한 화면(도입부, 전개부 등), 정리 화면, 차시 수업 과제 등으로 한 차시 교수 활동을 설계하고, 자신이 설계한 수업에서 자료 제시나 활동 유도 화면을 활용할 필요가 있는 부분을 중심으로 파워 포인트 등의 프레젠테이션 자료를 작성하면 된다.

〈ICT 교수·학습 과정안 예시〉

■학습 주제 제시 화면

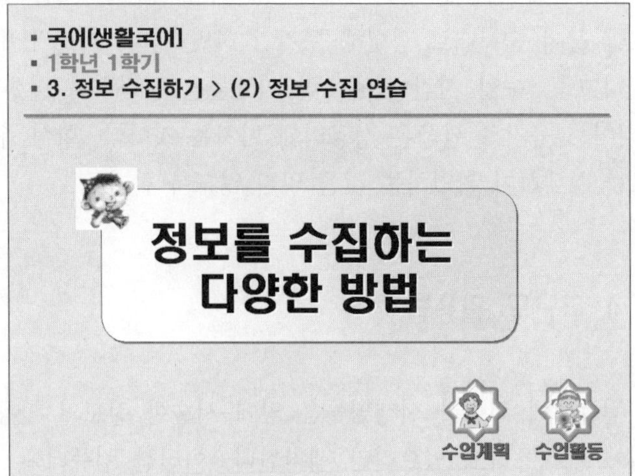

■교수·학습 활동 설계 화면
- 이 화면은 전적으로 선생님을 위한 것이다. 해당 차시의 수업 설계를 요약적으로 정리하기 위한 과정안의 핵심이라고 할 수 있을 것이다. 이 설계안을 중심으로 필요한 자료들을 배치하고 구성하면 된다.

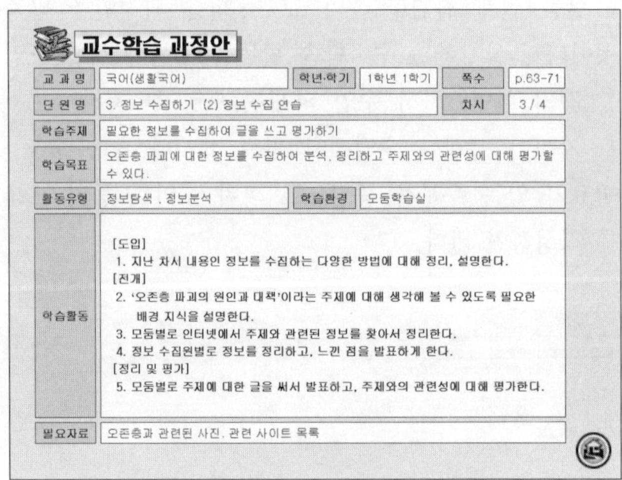

교 과 명	국어(생활국어)	학년·학기	1학년 1학기	쪽수	p.63-71
단 원 명	3. 정보 수집하기 (2) 정보 수집 연습			차시	3 / 4
학습주제	필요한 정보를 수집하여 글을 쓰고 평가하기				
학습목표	오존층 파괴에 대한 정보를 수집하여 분석, 정리하고 주제와의 관련성에 대해 평가할 수 있다.				
활동유형	정보탐색 , 정보분석	학습환경	모둠학습실		

■ 도입부 화면

■ '오존층 파괴의 원인과 대책'에 대해 생각해 봅시다.
■ 기초 정보 알아 보기
□ 오존층
□ 성층권
□ 프레온 가스

■전개부 화면

■ '오존층 파
봅시다.
■ 기초 정보
□ 오존층
□ 성층권
□ 프레온
Flash
File View Control Help
● 성층권 ●
● 지구의 표면으로부터 12~50 km 사이에 있는 대기중
● 오존층이 있어서 태양으로부터 오는 자외선을 흡수하여 가열
고도(km)
기압(hPa)
120
100
80
50
10
0
회기권
열권
전리층
중간권계면
중간권
성층권계면
성층권
대류권계면
오존층
대류권
0.002
0.1
0.8
1.0
10
194
500
1013
-100 -80 -60 -40 -20 0 20
온도(℃)

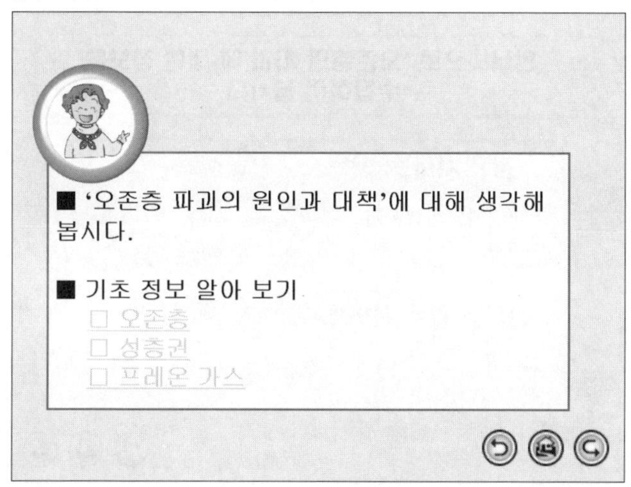

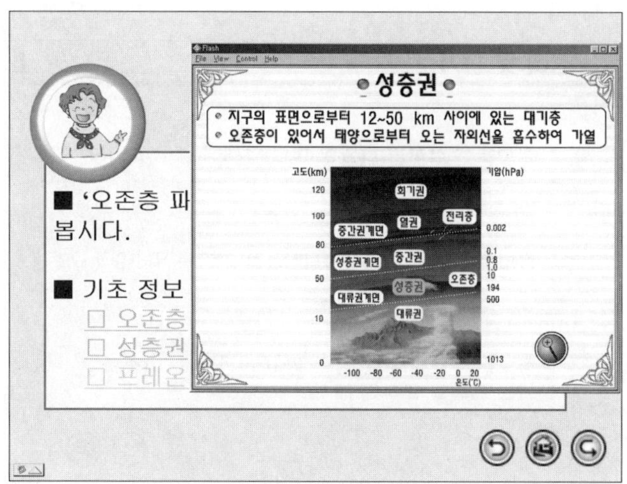

■ 전개부 화면

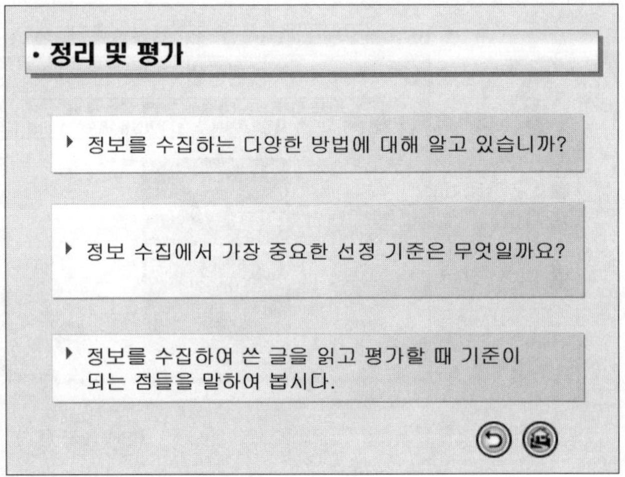
인터넷으로 '오존층의 파괴'에 대한 정보를
수집하여 봅시다.

참고 사이트

한국자원재생공사 : www.kqreco.or.kr
금강 환경 관리청 : www.kumriver.moenv.go.kr

인터넷 검색 사이트

http://www.empas.com/
http://kr.yahoo.com

■ 정리 화면

· 정리 및 평가

정보를 수집하는 다양한 방법에 대해 알고 있습니까?

정보 수집에서 가장 중요한 선정 기준은 무엇일까요?

정보를 수집하여 쓴 글을 읽고 평가할 때 기준이
되는 점들을 말하여 봅시다.

저 자 소 개

■ 서 유 경

· 서울대학교 사범대학 국어교육과 졸업   · 동 대학원 석, 박사학위 취득
· 현재 한국교육학술정보원 재직

【논문】 '공감적 자기화를 통한 문학교육 연구' 등 다수

인터넷 매체와 국어교육

◉ 인쇄 2002년 10월 23일 ◉ 발행 2002년 10월 28일 ◉ 지은이 서 유 경 ◉ 펴낸이 이 대 현

◉ 영업 안 현 진 ◉ 편집 이 은 희·조 유 미 ◉ 펴낸곳 도서출판 역락 / 서울 성동구 성수2가

 3동 301-80 (주)지시코 별관 3층 ◉ Tel 대표 3409-2058 ◉ 편집부 3409-2060 ◉ FAX 3409-2059

◉ E-mai yk3888@kornet.net / youkrack@hanmail.net ◉ 등록 1999년 4월 19일 제2-2803호

◉ 정가 10,000 ◉ ISBN 89-5556-179-2-03370 ◉ ⓒ역락출판사, 2002

  *잘못된 책은 교환해 드립니다.